W0188705

Über das Buch

Szilien. Kein Tag vergeht, ohne daß in unseren Medien über das Land und seine Probleme berichtet wird: Mafia, Korruption, Armut, Unterdrückung. Da hat sich wenig geändert seit der 25jährige Danilo Dolci dorthin ging – Anfang der fünfziger Jahre. Er ist Norditaliener, und er hatte es sich zum Ziel gesetzt, an den vermeintlichen »gottgewollten« Zuständen Siziliens etwas zu ändern. Ein erster Schritt auf diesem Weg waren Gespräche, die er mit Frauen und Männern führte; zweiundzwanzig sind hier zusammengestellt. Er wollte damit erreichen, daß die Menschen über ihr Leben nachdenken und die immer wiederkehrenden Strukturen ihrer Unterdrückung, die Ursache ihrer Armut erkennen:
Eine alte Frau schildert, wie ihr Vater vor den Augen der Familie die Mutter, wegen Ungehorsams, brutal erschlägt; Andrea berichtet von seinem Beruf als »Behördengeher« in Palermo, wo er sich von den Analphabeten ein paar Pfennige verdient; Antonio fischt vor der Küste mit Dynamit, es ist verboten, und er weiß auch, daß er sich damit seine Lebensgrundlage zerstören wird; Vicenzo, der Hirt, ist im Überlebenskampf wild und unbarmherzig wie seine Tiere; Rosario sammelt wilde Kräuter, Schnecken und Frösche.
Unter so verzweifelten Menschen Hilfe durch Selbsthilfe, Bildung, Schulen, Kooperativen zu propagieren, mag traumtänzerisch anzumuten. Und doch hat der »Ghandi Siziliens«, wie ihn seine Freunde nennen, in jahrelanger zäher Arbeit all das geschafft. In einer Zeit, in der die Probleme für den einzelnen so unlösbar erscheinen, kann ein Mensch wie Danilo Dolci Mut machen.

Der Autor

Danilo Dolci, geboren 1924 in Sesana bei Triest, gab sein Architekturstudium auf und ging 1952 nach Trappeto, einem Fischerdorf in der Nähe von Palermo. Von hier aus verwirklichte er seinen Plan, den Ärmsten der Armen zu helfen. Er organisierte »Umgekehrte Streiks«, eine Demonstration von Arbeitslosen für das Recht auf Arbeit. Er initiierte Kooperativen, in denen Bauern lernten, gemeinschaftlich zu wirtschaften. Er gründete Schulen, die allen zugänglich waren. Er engagierte sich in einem Staudammprojekt und trat in Hungerstreik, als seine Verwirklichung gefährdet schien. Er kämpfte gegen die Mafia, lieferte Material für einen Prozeß – den er verlor gegen einen übermächtigen Gegner. Wer so kompromißlos seinen Weg geht, bleibt nicht ohne Feinde. Immer wieder wurde versucht, Dolci auf eine politische – linke – Linie festzulegen – er ist bis heute ein Einzelgänger und Einzelkämpfer geblieben.

Danilo Dolci

Sizilianische Geschichten

Aus dem Italienischen von
Anna Mudry und Christine Wolter

Mit einem biographischen Essay
von Peter Müller

Kiepenheuer & Witsch

Titel der Originalausgabe
Racconti siciliani
© 1987 Danilo Dolci
Aus dem Italienischen von Anna Mudry und Christine Wolter
© 1987 by Verlag Kiepenheuer & Witsch, Köln
© Aufbau Verlag Berlin und Weimar 1976 (deutsche Übersetzung)
Umschlag Hannes Jähn, Köln,
unter Verwendung einer Fotografie von Erika Stegmann
Gesamtherstellung Clausen & Bosse, Leck
ISBN 3 462 01842 6

Inhalt

Revolution heißt, das Heilbare heilen

Biographischer Essay zu Danilo Dolci
von Peter Müller

Danilo Dolci, einmal der »Gandhi Siziliens« genannt, ist eigentlich kein Sizilianer. Am 28.6.1924 wird er in Norditalien, in dem Dorf Sesana bei Triest, geboren. In seinem katholischen Elternhaus sind gleich mehrere Nationalitäten vertreten: Der Vater, ein Eisenbahner, war Italiener, seine Mutter Slovenin, und ein Großvater stammt aus Deutschland. Obwohl in Italien seit über dreißig Jahren prominent und umstritten, hat er sich noch nicht zu einer Autobiographie durchgerungen. Nur in dem kurzen Aufsatz »Was ich gelernt habe« (»Ciò che ho imparato«, in: Esperienze e riflessioni) erzählt er aus seinem Leben.

Ganz normal verlaufen seine ersten fünfzehn Lebensjahre. Musik und Lesen mag er besondes, und die Schule strengt ihn nicht sehr an. »Mit sechzehn Jahren«, schreibt er, »ich weiß nicht mehr genau warum, wurde das Bedürfnis zu lesen, die Erfahrungen und Gedanken anderer Menschen, die vor mir gelebt hatten, durch Bücher kennenzulernen, so heftig, daß ich sie gestohlen hätte, wenn ich in meiner Umgebung (...) keine gefunden hätte.« Die Tage werden dem Sechzehnjährigen zu kurz. Seit dieser Zeit steht er jeden Morgen um vier Uhr auf, um in Ruhe zu lesen und zu schreiben.

Er sucht keine Unterhaltung, sondern Wissen. Anders als die meisten seiner Altersgenossen greift er zu den großen Literaten und Philosophen. Er schreibt: »Noch bevor der übliche Tagesablauf eines Schülers begann, traf ich in aller Stille für drei Stunden die Meinigen: Zuerst ein wenig durcheinander und später fast systematisch war ich jeden Morgen im Dialog mit Plato oder ständig mit einer Tragödie von Euripides, Shakespeare, Goethe, Schiller oder Ibsen beschäftigt; dann, um die Interpretationen der Menschen vor mir von Anfang an zu begreifen, las ich die Bibel, die Upanischaden, die Gespräche Buddhas, die Bagavadgita, bis zu Dante, Galileo und Tolstoi. Ich war wirklich glücklich.«

1943 nimmt Danilo Dolci in Mailand ein Architektur-Studium auf. Der Zweite Weltkrieg wütet noch, und die Herrschaft von Mussolinis Faschisten beginnt zu zerbrechen. Im gleichen Jahr besetzen die Alliierten Truppen bereits Sizilien, als Dolci noch zur faschistischen Armee einberufen wird. Er weigert sich, kommt in Genua ins Gefängnis, bricht aus und überquert die weit nach Norden vorgerückte Frontlinie. In Rom läßt er sich nieder, um weiterzustudieren.

In seinem Aufsatz über seinen Werdegang handelt er diese Episode in wenigen Sätzen ab. Seine Entwicklung schildert er ausführlicher: »Es verging der Krieg, ich machte die ersten Erfahrungen der Arbeit, mein Wissensdurst wuchs. Bis ich dann mit fünfundzwanzig Jahren glaubte verstanden zu haben, was die Menschen durch ihre besten Vertreter begriffen und ausgedrückt hatten.« Während dieser Zeit wuchs immer mehr ein Konflikt in ihm: der Widerspruch zwischen den Erkenntnissen im Kopf und dem tatsächlichen Leben. Diesen Konflikt sieht er zunehmend klarer auch bei seinen Mitmenschen, »die auf die eine Art denken, oft anders reden und noch anders leben«.

Nach Kriegsende setzt er sein Studium in Mailand fort, bricht es 1949 aber endgültig ab. An Prüfungsangst wird es wohl nicht gelegen haben, Beharrlichkeit und Ausdauer hat er in seinem Leben reichlich bewiesen. Sein Land ist im Wiederaufbau. Als Architekt und Stahlbeton-Experte steht ihm eine attraktive bürgerliche Karriere offen. Aber die Aussicht auf ein sattes Privatleben erschreckt ihn. »Den Schlendrian der Welt« will er partout nicht mehr mitmachen, »sondern wirklich nur das tun, was mich überzeugt. Es war ein Bruch. Ich war allein. Ich wußte nicht, wie es enden würde.«

Auf der Suche nach einer neuen Form des Zusammenlebens der Menschen trifft er 1949 den Priester Zeno Saltini. Der hatte in Nomadelfia in Mittelitalien eine »Stadt Gottes« gegründet, eine christliche Gemeinschaft von etwa 1400 Kriegswaisen. Drei Jahre arbeitet Dolci dort. »Die Begegnung mit Nomadelfia hat mir die Möglichkeit grundlegender Erfahrungen und direkter Erkenntnisse gegeben«, berichtet er. Und weiter: »Ich hackte, brachte Jauche auf die Felder, lebte mit Waisen, ehemaligen kleinen Dieben, Kranken und probierte so aus, was es heißt, in der Gemeinschaft zu wachsen. (...) Jetzt spürte ich wirklich, daß es unabdingbar für jeden einzelnen ist, sich selbst Klarheit zu schaffen und nach den eigenen Überzeugungen zu leben, wie auch das Leben in der Gruppe und der Gemeinschaft ein unabdingbares Instrument ist für die Überprüfung und den persönlichen und gemeinschaftlichen Aufbau.« Nomadelfia erscheint ihm wie eine Insel, wie ein »warmes Nest«. Doch Dolci will der ganzen Welt helfen und geht.

1952 sieht er sich in Norditalien, in der Gegend von Ancona, nach einem armen Dorf um. Bald stellt er aber fest: Sie sind »nicht arm genug«, als daß er sich dort niederlassen will.

Er erinnert sich an das sizilianische Fischerdorf Trappeto, 40 Kilometer westlich von Palermo. Sein Vater, der Eisenbahner, war einmal dorthin versetzt worden. Und Dolci hat ihn als Siebzehnjähriger da besucht. Er macht sich auf den Weg. Ohne Geld, ohne Ideen oder Ziele trifft er am 10. Februar 1952 in dem 2500-Seelen-Dorf ein. Anfangs schläft er vor dem Dorf unter Zeltbahnen. Die Fischer wundern sich über den gewichtigen Hünen aus dem Norden. Dolci derweil nimmt voll Tatendrang die Kinder auf der Straße in den Arm und putzt – wie die Leute berichten – ihnen erstmal die Nase. »Ich war unwissend gegenüber den Problemen des Südens, unwissend, was die Technik der sozio-ökonomischen Arbeit betraf. An der Universität hatte ich Architektur studiert; aber die Beziehungen zwischen den Menschen interessierten mich jetzt mehr als die Harmonie der Steine. Nun arbeitete ich mit den Bauern und Fischern zusammen, nahm an ihrem Leben teil.«

Während seines ersten Jahres auf Sizilien richtet Dolci sich in Trappeto ein. Am Rande des Dorfes baut er ein Haus. Nicht für sich allein will er es haben. Seine »Borgo di Dio«, »Burg Gottes«, soll Platz bieten für ein Heim für Waisenkinder und jene, deren Väter im Gefängnis sitzen. In der »Borgo« richtet er auch eine »Volkshochschule« ein. Dort unterrichtet er die Leute aus dem Dorf, fast alles Analphabeten, im Lesen und Schreiben.

Im August 1953 heiratet er die verwitwete Vincenzia Formica, deren Mann von Mafiosi ermordet wurde. Fünf Kinder bringt sie mit in die Ehe. Nach und nach kommen fünf gemeinsame Kinder dazu, schließlich nehmen sie noch sieben Waisen auf.

Schon kurz nach seiner Ankunft in Trappeto trägt er den ersten Konflikt mit den Behörden aus. Als ein Kind im Ort verhungert, tritt er sofort in den Hungerstreik, um so offizielle Hilfe zu erzwingen. Schlagzeilen in der Presse folgen und Versprechungen. Dieser erste Hungerstreik, der erste gewaltlose Druck auf die Behörden, ist noch spontan und unstrukturiert.

1955 zieht er von Trapetto nach Partinico, eine Kleinstadt mit damals 25000 Einwohnern, 8 Kilometer landeinwärts von Trapetto. Im Stadtteil Spine Sante, in der Gasse Largo Scalia No. 5 wohnt er noch heute. Dort beginnt er die systematische Sozialarbeit.

Der Gandhi Siziliens

Der Norweger Johan Vincent Galtung vergleicht Danilo Dolci bereits 1957 mit Mahatma Gandhi. Galtung, damals 27 Jahre alt, gründete später das Institut für Friedens- und Konfliktforschung an der Universität Oslo. Seine Thesen in der Zeitschrift *Il Ponte* vom März '57:

- Beide sehen ein Minimum an Glauben als Grundlage der Zusammenarbeit an. Nicht christlicher Glaube ist hier gemeint; vielmehr der Glaube an ein gemeinsames Ziel, eine gemeinsame Vision einer besseren Welt, einfach der Glaube an Freiheit und Frieden.
- Beide identifizieren sich bewußt mit den Ärmsten, um Sozialarbeit, politische Veränderungen »von unten« durchzusetzen.
- Jede gewaltfreie Aktion und Demonstration muß sorgfältig vorbereitet und begründet sein, damit sie glaubwürdig ist. Darum hat Dolci zuerst Sozialforschungen betrieben.
- Die beiden Revolutionäre zeigen persönlichen Opfergeist, etwa in den Hungerstreiks.
- Gewaltlosigkeit gilt beiden als Grundsatz. Nicht nur, um sich nicht selbst ins Unrecht zu setzen. Auch weil, so Dolci, »die Gewalt, auch wenn sie zu großartigen Zielen führt, immer den Keim des Todes in sich trägt«.
- Beide beanspruchen das Recht auf Widerstand für sich und ihre Ideen. Daß bei mancher gewaltfreien Aktion gegen Gesetze verstoßen wird, haben sie in Kauf genommen. Das Naturecht der Menschen stellen sie über die geschriebenen Gesetze.
- Fasten und Selbstreinigung erachten sie als notwendige Voraussetzungen jeder Aktion. Dolci: »Nur mit reinem Herzen wird man eine Aktion der Gewaltlosigkeit zum guten Ende führen können.«

Gewaltlosigkeit ist von Anfang an Dolcis Grundsatz, Pazifismus bedeutet für ihn aber nicht Passivität. »Der Gegensatz von Frieden ist nicht der Konflikt, sondern die Gewalt.« Nicht Konflikte also bedeuten Unfrieden, sondern allein die Gewalt. Konflikte sind nötig, um Veränderungen zu bewirken. Gewalt aber schadet dabei. Diese Gedanken faßt er zusammen in seinem Gedicht »Chi spaventa quando sente dire ›rivoluzione‹ forse non ha capito.« »Wer erschrickt, wenn er sagen hört ›Revolution‹, hat vielleicht nicht verstanden.«:

Non è rivoluzione
tirare una sassata in testa a uno sbirro
sputare adosso a un poveraccio
che ha messo una divia non sapendo
come mangiare
(...)
Rivoluzione è curare il curabile
profondamente e presto
è rendere ciascuno responsabile.
Rivoluzione
è incontrarsi con sapiente pazienza
assumendo rapporti essenziali
tra terra, cielo e uomini: ostie si
quando necessita, sfruttati no,
i dispersi atomi umani divengano
nuovi organismi e lottino nettando
via ogni marcio, ogni mafia.

Es bedeutet nicht Revolution,
einem Schergen einen Stein an den Kopf zu werfen,
einen armen Kerl anzuspucken,
der eine Uniform angezogen hat, nur
um sein täglich Brot zu essen;
(...)
Revolution heißt das Heilbare heilen,
gründlich und schnell,
heißt jedem Verantwortung geben.
Revolution
heißt einander begegnen in weiser Geduld,
wesentliche Beziehungen herstellen
zwischen Erde, Himmel und Menschen: opferwillig

14

wenn nötig, doch nicht um ausgenutzt zu werden,
sollen die zerstreuten Menschenatome
zu neuen Organismen sich vereinen und tilgen
alles Verfaulte und jegliches Mafiose.

Die Wirkungsfelder Dolcis

Dolcis gewaltlose Sozialarbeit besteht aus vielen unterschied-
lichen Teilen. Die Stränge der einzelnen Handlungen verlaufen
teilweise gleichzeitig, sie überlagern und beeinflussen sich. Sein
Werk gliedert sich in drei Wirkungsfelder:
- Die Sozialstudien, sein erster Arbeitsbereich. Als Grundlage
  für seine Arbeit analysiert der Akademiker Dolci die Lage auf
  Sizilien, unorthodox und sorgfältig.
- Die gewaltlosen Aktionen. Mit den spektakulären Projekten
  dieses Teilbereichs will er jeweils die Lösung von Einzelpro-
  blemen erreichen. Dazu gehören der »Umgekehrte Streik«,
  eine Demonstration von Arbeitslosen für das Recht auf Arbeit; und der Kampf um einen Staudamm, um die Lebens-
  grundlagen der Leute in Westsizilien zu verbessern. Das Ziel
  seines Kampfes gegen die Mafia ist es, die mafiose Korruption
  in Schranken zu weisen.
- Die Bildungs- und Entwicklungsarbeit. Dolci entwickelt eine
  eigene Pädogogik und betreibt auf seine Art Erwachsenenbil-
  dung. Diese Arbeit hat den Charakter stiller Entwicklungshilfe. Er initiiert Kooperativen, in denen die Bauern lernen,
  gemeinschaftlich zu wirtschaften. Zum Schluß beschränkt er
  seine Bildungsarbeit auf einen kleinen Kreis: Er widmet sich
  nur noch einer kleinen, von ihm gegründeten Schule.

Die Sozialstudien

Klarheit will Dolci sich verschaffen über Art und Ursachen des Elends auf Sizilien. Ungezählte Menschen befragt er für die »Autoanalisi popolare«, »Selbstanalyse des Volkes«. Er stellt ihnen Fragen und läßt sie frei aus ihrem Leben erzählen, wie sie die Dinge sehen, was sie gern ändern würden und was sie beibehalten möchten. Für die Leute ist es etwas völlig Neues, daß sich jemand für sie, für ihre Nöte interessiert.

Selbst ohne Arbeit und Einkommen macht Dolci sich auf in die Armenviertel in Westsizilien, um direkt ein Bild von der Lebenssituation und dem Bewußtsein der Menschen zu gewinnen. In den schmutzigsten Vierteln der Städte geht der Bürgersohn aus dem Norden von Tür zu Tür. Er tritt in die Hütten aus vier rissigen Wänden, ohne Fenster, mit einer Tür aus rohem Holz und gestampfter Erde als Fußboden. Zwei Personen müssen sich damals im Durchschnitt ein schmales Bett teilen. Um den einzigen Tisch einer Hütte stehen weniger Stühle als sich Familienmitglieder zum Essen setzten wollen. Darüber schreibt Dolci: Die Not ist so groß, daß »zu untersuchen und zu berichten, statt unverzüglich und um jeden Preis zu helfen, als ein Luxus erscheint, der einem eigentlich Gewissensbisse verursachen sollte«.

Die Ergebnisse seiner Umfrage und typische Biographien und Erzählungen erscheinen 1955 als Buch (»Banditi a Partinico«, »Banditen in Partinico«). Dies ist schon ein erster Schritt zur Sozialarbeit. Er verdient damit dringend benötigte Lire. Und die Schilderung der Not durch diese Dokumente läßt dazu die ersten Spenden fließen.

Ein Jahr darauf erscheint Dolcis zweite Sozialstudie (»Inchiesta a Palermo«, »Umfrage in Palermo«), in der er sich auf ähnliche Art »dem Drama« der Unterbeschäftigung und Arbeitslosigkeit zuwendet. Den Hauptteil dieser Untersuchung bilden die rund dreißig erzählten Biographien von Tagelöhnern, Wahrsagern, Zigarettenschmugglern, Hirten, Froschverkäufern, Schneckensammlern und so weiter. Damit »die Ästhetik der Sprache die Schwere des Inhalts nicht erleichtert«, legt Dolci großen Wert auf authentische, unveränderte Schilderungen. Statistische Grundlagen runden die Sammlung der Biographien ab: Die Menschen in den Elendsvierteln von Palermo besuchten im Durchschnitt nur 1,7 Jahre eine Schule, verbrachten aber 8,7 Jahre im Gefängnis.

Warum regieren Mangel und sogar Hunger in Sizilien, obwohl es eine blühende Insel sein könnte, fragt sich Dolci. »Spreco«, »Vergeudung« findet er als Ursache heraus. Durch Tradition und Aberglauben, Unkenntnis und Egoismus, Vetternwirtschaft und mafiose Korruption werden Menschenleben, Rohstoffe und Hilfsmittel vergeudet. »Spreco«, »Vergeudung« heißt darum sein nächstes Buch (1960). Dolcis Erkenntnis: Wenn die Armen Solidarität lernen, könnte vieles verbessert werden.

Folgerichtig forscht er hier weiter. 1966 erscheint »Chi gioca solo« (»Wer allein spielt«, nicht ins Deutsche übersetzt). In diesem letzten Teil der Sozialstudien untersucht Dolci, wie tagtäglich Macht ausgeübt und hingenommen wird, wie Korruption und Klientelismus funktionieren; kurz: wie mafioses Verhalten das Gemeinwesen lähmt. Der Buchtitel entstammt dem sizilianischen Sprichwort: »Wer allein spielt, verliert nie.«

Die biographischen Erzählungen in diesem vorliegenden Buch sind eine Auswahl aus Dolcis Sozialstudien von »Banditen in Partinico« bis »Chi gioca solo«.

Strengen Maßstäben sozialwissenschaftlicher Arbeit können die Untersuchungen Dolcis und seiner Mitarbeiter nicht genügen. Angefochten werden die unpräzisen Methoden, nach der er die Interviewpartner auswählt und befragt. Doch Dolci will kein akurates Zahlenwerk erstellen mit dem Nimbus der Objektivität. Sein Ehrgeiz gilt nicht akademischen Meriten. Er will das Bewußtsein seiner Mitmenschen beschreiben und entwickeln. Er will mehr dokumentieren als diagnostizieren. Kommentarlos führt er die Erzählungen seiner Gesprächspartner vor. Fern von Sizilien fällt die Deutung nicht leicht; schon die bilderreiche Sprache ist nicht immer zu durchschauen. Dennoch zollt ihm am 3. 12. 1968 die Universität Bern mit der Ehrendoktorwürde Anerkennung für seine eigenwillige Sozialforschung.

Der »Umgekehrte Streik«

Das erste Kapitel seines gewaltfreien Kampfes schlägt er mit dem »Umgekehrten Streik« auf. Im Winter '55/56 setzen Arbeitslosigkeit und Hunger den Menschen in Partinico besonders hart zu. Früher war es zu kurzen Gewaltausbrüchen gekommen, wenn der Druck zu stark wurde. Deshalb berät sich Dolci mit den Bauern. Es kommt der Vorschlag, das Rathaus anzuzünden. Der »Gandhi Siziliens« duldet aber keine Gewalt. Stattdessen entwickelt er einen Plan: Ein eintägiger gemeinschaftlicher Hungerstreik soll die gewaltfreie Aktion einleiten: einen Streik. Kein normaler Streik aber. Sie planen etwas völlig Neues: Gesellschaftlich sinnvolle Arbeit wollen sie leisten als Demonstration für ihr Recht auf Arbeit, das der Artikel 4 der Verfassung verbrieft.

Eine verfallene Straße in der Nähe von Partinico wollen sie unentgeltlich reparieren. Diese Wahl ist durchdacht: Ein entscheidender Grund für die Unterentwicklung und Not in Sizilien war die schlechte Infrastruktur, die isolierte Lage der Städtchen und Dörfer.

Sie stoßen sofort auf Widerstand: Die Polizei verbietet jede Zusammenrottung in Partinico. So weichen Dolci und seine Freunde nach Trappeto aus, um den Hungestreik durchzuführen. Auch da droht die Polizei mit gewaltsamer Auflösung der Versammlung. Am 30. Januar fasten sie schließlich am Strand.

Die Behörden verbieten auch die geplante Demonstration und fordern aus Palermo Verstärkung an. Trotzdem ziehen im Morgengrauen des 2. Februar 150 Männer (amtliche Schätzung) mit Hacken und Schaufeln zur Landstraße hinaus.

»Wir werden das Brot brechen!« hat Dolci zuvor verkündet. Dieses biblische Bild unterstreicht einerseits den friedfertigen Charakter, die bedingungslose Gewaltfreiheit. Andererseits belegt sie, daß alle sogar ihre Brotmesser zu Hause gelassen haben, damit sie nicht zu Waffen umgedeutet werden können.

Um 6.30 Uhr stehen sich Polizei und Demonstranten gegenüber. Der Chefkommissar aus Palermo, Tommaso die Giorgi, fordert die Demonstranten auf, sich zu entfernen; Dolci verweist auf das Recht auf Arbeit. Gewaltsam wird die gewaltlose Demonstration aufgelöst, Dolci und einige Mitstreiter werden als Rädelsführer in Hand- und Fußfesseln abgeführt. Haftverschonung bis zum Prozeß erhalten sie nicht wegen »der besonderen Schwere des Vergehens und vor allem der Gesinnung und der Persönlichkeit der Angeklagten«.

Die scharfe Reaktion der Polizei erklärt sich daraus, daß die Polizisten seinerzeit noch auf Sizilien mehr als andernorts traditionell die Schergen der Mächtigen waren. Und Dolci war zu einer Bedrohung für die Mächtigen geworden.

Der folgende Prozeß »um dem Artikel 4« erregt Aufsehen in der noch jungen italienischen Republik. Bald aber wird nicht mehr um das Recht auf Arbeit gestritten, sondern allein um den Waffencharakter der Spaten und Hacken und um den beleidigenden Ausruf Dolcis »Wer gegen uns Arbeiter vorgeht, ist ein Mörder«. Am 30. März im Jahre des »Umgekehrten Streiks« werden Dolci und 21 Mitstreiter der widerrechtlichen Besetzung eines Grundstücks für schuldig befunden. Das Urteil: fünfzig Tage Gefängnis, 20000 Lire (ca. 130 DM) Geldstrafe für Dolci und einen Anführer, die Verfahrenskosten zu Lasten aller Verhafteten.

Noch am Tage der Urteilsverkündung wendet Dolci sich mit einer umfangreichen Erklärung an die Presse: »Wir brauchen eine neue, große ethisch-politische Kraft: Wenn sich etwas während der letzten Jahre geändert hat, dann zu wenig, und wir lassen gefährlichen Übeln Zeit und die Möglichkeit, sich tief einzuwurzeln. (...) Lieber im Zuchthaus mit den Opfern als ›frei‹ unter den Priviligierten. (...) Wir wollen keinen Haß, sondern entschlossene, kluge und koodinierte Liebe für alle. (...) Morgen wird man das sehen, was heute noch unglaublich scheint.«

Dolci ist in aller Munde, auch über Italien hinaus. Die ersten Freundeskreise entstehen in den USA, Schweden, England, der Schweiz und der Bundesrepublik. Sie unterstützen Dolcis Arbeit mit Geld.

Das Staudamm-Projekt

Viel kostbares Wasser bleibt im Winter ungenutzt, das im trokkenen Sommer so dringend gebraucht wird. Ein Staudamm könnte zusätzliches Land fruchtbar machen und damit vielen Bauernfamilien endlich Arbeit bringen. Darum engagiert sich Dolci für den Bau eines Staudammes. Der Fluß Jato in Westsizilien erscheint ihm dafür geeignet. Pläne für einen Jato-Staudamm existieren seit 1927: Schon Mussolinis Faschisten wollten aus dem Jato-Tal einen Obstgarten machen. Nicht aber um der Menschen willen, sondern um Italiens Selbstversorgung zu sichern. Pragmatisch greift der Antifaschist Dolci den Plan der Faschisten auf.

Der Staudamm soll Wasser verfügbar machen. Und zusätzlich will Dolci mit diesem Kampf vor Augen führen, daß Veränderungen möglich sind, daß dem allmächtigen System etwas abgetrotzt werden kann.

Der gewaltfreie Streit für den Jato-Staudamm dauert Jahrzehnte, denn Mafiosi wehren sich dagegen. Wasser ist knapp während der trockenen sizilianischen Sommer. Es zu kontrollieren, bedeutet Macht. Wer an den Quellen und Brunnen sitzt, läßt sich das Wasser nicht gern abgraben.

1955 packt Dolci das Projekt zum ersten Mal an. Mit einem zweiwöchigen Hungerstreik macht er auf dieses Mittel gegen die Armut und Arbeitslosigkeit in der Region aufmerksam. Die folgenden Jahre bringen nur Stellungnahmen von Ämtern und Verwaltung. Darum entschließt sich Dolci 1962 erneut zum Hungerstreik mit begleitender Öffentlichkeitsarbeit. Am neunten Tage des Hungerstreiks erreicht ihn die Meldung, daß die »Cassa per il Mezzogiorno« den Jato-Staudamm finanzieren wird.

Die »Cassa per il Mezzogiorno«, kurz »Cassa« oder »Casmez« genannt, war ein inner-italienischer Entwicklungsfonds, der seit 1950 bestand. 1984 hat der sozialistische Ministerpräsident Craxi die hoffnungslos verschuldete Casmez aufgelöst. Es ist ein offenes Geheimnis, daß sie von allerlei Mafiosi im sizilianischen Baugaschäft allzu lange allzu dreist gemolken wurde. Auch der Bau eines Staudamms ließ Geld in die Taschen von Mafiosi fließen, die das gesammte Bau- und Betongeschäft der Insel kontrollieren.

Die Zusage von der Casmez kommt 1962, mit dem Bau begonnen wird ein Jahr später. Und erst 1971 wird der letzte Beton vergossen. Die Planung sieht vor, daß nach dem vollständigen Ausbau der Bewässerungsanlagen 9000 Hektar Land zusätzlich bebaut werden und 4000 Menschen Arbeit finden können. Aber mit dem Bau des Damms ist der Kampf noch nicht gewonnen: Die Wasserleitungen zu den Feldern können nicht gebaut werden, weil quälend langsam Parzelle um Parzelle aufgekauft oder in langwierigen Verfahren enteignet werden muß. Repression und Bodenspekulationen stehen im Weg. Nach der Fertigstellung steht der Jato-Staudamm fast ein Jahrzehnt lang ungenutzt im Land. Zusätzlich lockt die neue Bewässerung Mafiosi an, die bei den Verteilungskämpfen um das neue Wasser ein Geschäft wittern. Dolci und seine Mitarbeiter setzen dem eine demokratisch aufgebaute Genossenschaft zur Verteilung des Wassers entgegen.

Bis heute haben sich die hochtrabenden Hoffnungen nicht erfüllt, die mit diesem Projekt verbunden waren. Dies hat mehrere

Gründe: Der Fluß füllt das Staubecken weniger als erwartet. Und das Bewässerungsnetz ist noch immer nicht ganz fertig. Dagegen stieg der Wasserbedarf, auch von Palermo. Damit erhöhte sich der Preis für das Wasser. Manche Bauern können oder wollen es nicht mehr bezahlen. Der Wasser-Genossenschaft wird die Arbeit dadurch schwer.

Gegen die Mafia

Eine der Ursachen von Armut und Mangel auf Sizilien und deren Erhaltung hat der Sozialforscher Dolci schon früh erkannt: die Mafia. Es existiert keine Organisation »Mafia«, sondern viele Mafiosi und deren jeweilige Klientel und Gefolgschaft. Sie tun nichts anderes, als ihre eigenen wirtschaftlichen und politischen Interessen durchzusetzen. Auf Kosten der anderen Leute. Es hat zum Beispiel doppelte Wirkung, die Gelder für Schulen abzuleiten: Neben dem direkten Ertrag aus der Korruption werden die Menschen ohne Bildung in alten Abhängigkeiten gehalten.

In »Spreco«, »Vergeudung« beleuchtet Dolci einen Mafioso von drei Seiten: Er läßt ihn selbst zu Wort kommen und dazu je einen seiner Freunde und Feinde. Später, in »Chi gioca solo«, wendet er sich ausführlich der sizilianischen Mentalität und der dadurch gewachsenen Mafia zu. Und nicht nur einzelnen Mafiosi bietet er die Stirn, gleich mit dem ganzen politischen Establishment nimmt er es auf, indem er dessen Spitzen angreift; zu einer Zeit, als über Mafia noch geflüstert wird.

Zwei Jahre lang, von 1965 bis 1967, kämpft Danilo Dolci gegen die Mafia. Franco Alasia, ein Studienfreund, unterstützt ihn dabei. Anders als bei dem Staudamm-Pojekt kann er die Bevölkerung hier kaum mobilisieren.

Am 22. September legen die beiden der Presse in Rom die Ergebnisse ihrer Untersuchung über die Beziehungen zwischen Mafiosi und Politikern in Westsizilien vor. Daß diese Beziehungen traditionell sehr eng und fruchtbar sind, bezweifelt unter der Hand niemand. Jeder weiß um das Tauschgeschäft von erpreßten und gefälschten Wählerstimmen gegen politische Protektion auf allen Ebenen. Auch eine parlamentarische Anti-Mafia-Kommission in Rom, die 1963 ihre zehn Jahre dauernde Arbeit aufnimmt, kann daran nichts ändern.

Danilo Dolci und Franco Alasia greifen mit ihren Veröffentlichungen ranghohe Politiker an. Die weisen alle Schuld entrüstet von sich und ziehen Dolci und Alasia wegen Verleumdung vor Gericht. Am 20. November 1965 beginnt der Prozeß, in dem unter anderen sich Bernardo Mattarella, der Minister der sizilianischen Regionalregierung und ehemalige Außenhandelsminister, der Vorwürfe erwehren (nicht zu verwechseln mit dem Mafia-Gegner Piersanti Mattarella, der während seiner Amtszeit als Ministerpräsident von Sizilien und Angehöriger des linken, des »Moro-Flügels« der Democrazia Cristiana, am 6. 1. 1980 ermordet wurde).

Während des Prozesses betreibt Dolci Öffentlichkeitsarbeit: In Castellamare del Golfo, einem Badeort der reichen Leute in der Nähe von Palermo, tritt er im Januar 1966 für eine Woche in Hungerstreik. Währenddessen werden die Anti-Mafia-Dokumente verlesen und diskutiert. »Eines der Haupthindernisse für eine demokratische Entwicklung muß aus dem Weg geräumt werden: die Mafia! Man muß es einmal klar sagen, daß es der Mafia gelungen ist, ihre Tätigkeit nicht nur bis ins Parlament, sondern sogar bis in die italienische Regierung auszudehnen. Ein demokratisches Leben ist so lange nicht existenzfähig, als sich ein großer Teil des politischen Lebens auf die Lüge, die Furcht und die Resignation gegenüber scheinbar allmächtigen Männern gründet.«

Eine wirkungsvolle Aktion auf jeden Fall. Die Presse berichtet darüber auch weit über Italien hinaus. Die öffentliche Meinung polarisiert sich, man ist entweder für oder gegen Dolci.

Mit diesem Prozeß haben sowohl Beklagte als auch Richter

Probleme: Dolci und Alasia bleiben eine Reihe von Beweisen schuldig. Doch der Gerichtshof hat auch eine Liste ihrer Zeugen pauschal abgelehnt, ohne Angabe von Gründen. Daraufhin verzichten Dolci und Alasia auf jede weitere Verteidigung und bleiben dem Prozeß fern. Im Urteil vom 21. Juni 1967 verdoppeln die Richter dafür das vom Staatsanwalt beantragte Strafmaß: Zwei Jahre Gefängnis und umgerechnet 1100 DM Strafe für Dolci, für Alasia etwas weniger; die bis dahin härtesten Strafen für Verleumdung. Zugleich entscheidet das Gericht, daß die Strafe unter eine Amnestie von 1966 fällt. Es bleiben die Prozeßkosten und Schadenersatz: 20 000 DM. Minister Mattarella hatte inzwischen seinen Hut nehmen müssen.

Die beiden legen Berufung ein, doch die angegriffenen Mafiosi siegen weiter. Dolci und Alasia entziehen wieder ihren Anwälten das Mandat und verweigern die Mitarbeit, um nicht, wie sie sagen, durch ihre Fügsamkeit den Prozeß zu legitimieren. Im Juli 1973 wird das Urteil unverändert bestätigt.

Der Pädagoge Dolci

Nicht um ihrer selbst Willen veranstaltet Dolci die gewaltlosen Kämpfe und öffentlichen Auseinandersetzungen. Personen und Institutionen greift er nicht an, um sie bloßzustellen oder zu bestrafen. Über allem steht Dolcis Vision von einer besseren Welt. Die spektakulären Aktionen sind ein Teil von Dolcis Sozialarbeit. Sein drittes Wirkungsfeld, die Bildungsarbeit, sieht er als wichtige Grundlage für den Aufbau dieser besseren Welt.

Im Mai 1958 gründet Dolci in Partinico das »Centro studi e iniziative per la piena occupazione«, das Studien- und Initiativzentrum für Vollbeschäftigung, kurz »Centro studi« oder »Centro« genannt. Der Kampf für die Vollbeschäftigung gab dem Centro den Namen. Eine Voraussetzung für Vollbeschäftigung ist Bildung. Das Centro studi ist Dolcis Zentrale geworden.

Was dem Revolutionär Dolci die Gewaltlosigkeit, ist dem Pädagogen die Mäeutik. Platon entwickelte diese »Kunst des Hervorbringens«, um seinen Schülern in den (fiktiven) Dialogen Erkenntnisse zu vermitteln. Diese Methode nannte er Mäeutik, wörtlich: »Hebammen-Kunst«. Wesen dieser Methode ist es, durch geschicktes Fragen einen Gesprächspartner zu neuen, durch eigenes Denken gewonnenen Erkenntnissen zu führen. Das schon unbewußt Vorhandene wird emporgefödert. Der Lehrer holt fragend die Ideen der Schüler aus ihnen hervor. So bewußt geworden, können die Schüler ihre Gedanken selbständig weiterentwickeln und ausgestalten.

Die »Conversazioni«

Auf der Grundlage der Mäeutik vermittelt Dolci Bildung auf seine Weise. Während der endfünfziger und frühen sechziger Jahre organisiert er in Partinico einen wöchentlichen Gesprächskeis, die »Conversazioni«, »Gespräche«. Jeder mit Interesse an der Sache ist willkommen. Zwischen zwanzig und dreißig Personen treffen sich abends in einem gemieteten Lokal: Hirten, Hausfrauen, Rentner, Kinder, Tagelöhner und Bauarbeiter und manchmal auch ausländische Gäste. Die Spielregeln sehen vor, daß jeder sich äußert. Am Anfang eines Abends erhält der Reihe nach jeder das Wort. Wer durch Wissen, Prestige oder Rhetorik dominiert und andere hemmen könnte, spricht jeweils zum Schluß. Dann wird die freie Diskussion zu dem Thema des Abends eröffnet.

Seinerzeit war es fast revolutionär, Frauen gleichberechtigt mitsprechen zu lassen und obendrein einen ganzen Abend lang zum Beispiel über das Rollenverhalten der Geschlechter nachzudenken. Fragen wie »Welche Eigenschaften muß ein Mann besitzen, um ein wahrer Mann zu sein?« und »Wie muß eine Frau sein, um als tüchtig zu gelten?« werden behandelt. Manchen

Leuten aus Partinico sind Dolcis Gesprächsabende suspekt, denn es werden rigoros traditionelle Werte in Frage gestellt. Dolci sieht die »Conversazioni« als Fortsetzung der »Selbstanalyse des Volkes«, die er im Rahmen seiner Sozialstudien begonnen hat.

Zum Teil behandeln sie grundlegende Probleme, zum Teil nehmen sich die Gruppen konkreter Probleme an. Sie diskutieren zum Beispiel: »Ist es recht zu töten?«, »Was ist Leben?«, »Was sind Entwicklungspläne? Sind sie notwendig?«, »Was möchten wir beibehalten und entwickeln, und was möchten wir an unserem Leben hier ändern?«, »Wie sollte man die Kinder erziehen?«, »Wie werden (...) Weinfälschungen gemacht und wie sollte man sie bekämpfen?«

Danilo Dolci, der Mann, der sich in seiner Jugend mit Platon und Sanskrit befaßte, diskutiert ganz ernsthaft und geduldig Ansichten und Bewertungen von Hirten und Kindern. Trotzdem behält er immer die Führung. Der große, hellhäutige Mann mit der erstaunlichen Leibesfülle im Kreise der sehnigen Bauern mit gegerbten Gesichtern bleibt nur gemessen an der Zahl der Wörter im Hintergrund. Der Intellektuelle aus dem Norden lenkt durch seine Fragen und Impulse die Gespräche. Ganz mäeutisch. Und in Zweifelsfällen wendet sich die Gemeinde an ihn.

Mäeutik, die Kunst des Hervorbringens, bleibt nicht nur ein Instrument in der Diskussion und der gemeinsamen Suche nach Erkenntnissen. Mäeutisch ist auch Dolcis Konzept seiner organisatorischen Arbeit: Initiieren will er, Starthilfe geben und sich dann aus den lebensfähig gewordenen Projekten zurückziehen. »Einen Teil unseres Zieles wird dann erreicht sein, wenn die Koordinierung der Versammlungen jemandem von der Bevölkerung selbst anvertraut werden kann«, ist seine Überlegung.

Einen Teil der »Conversazioni« hat Dolci dokumentiert. In dem Buch »Spreco«, »Vergeudung« veröffentlicht er Protokolle von Tonbandmitschnitten der Gesprächsabende.

Die Kooperativen

Aus der »Selbstanalyse des Volkes« wird Dolci deutlich: Die Lage der Bauern und Fischer könnte besser sein, wenn sie nicht einzeln arbeiten würden, noch dazu mit Konkurrenzgefühl. Mit ihrer privaten Entwicklungshilfe geben Dolci und seine kleine Schar der Mitarbeiter Anleitung und Hilfestellung zur Selbsthilfe. Bauern und Handwerker sollen lernen, sich zu organisieren. Wenn die Bauern gemeinschaftlich produzieren, können sie auch solidarisch mafiosen Zwischenhändlern gegenübertreten, die die Preise diktieren. Alte Abhängigkeiten können so überwunden werden.

Dolci gründet vier Ableger seines Centros von Partinico in anderen Orten Westsiziliens, um die Reichweite seiner Ideen zu vergrößern. In Trappeto, Roccamena, Menfi und Corleone nahmen Centri die Arbeit auf. Diese Centri sollten ebenfalls möglichst schnell selbständig werden.

Die Herkunft des Startkapitals für diese Centri trägt Dolci Anfeindungen ein, denn die rund 140 000 DM kommen aus Moskau. Dort wird ihm 1958 für sein Wirken der Lenin-Preis zuerkannt. Es nützt nichts, daß er sich wie zuvor später auch nie einer Partei, Gruppierung oder auch nur weltanschaulichen Richtung anschließt. Mit aller Konsequenz hat er sich immer, ohne Ausnahme, gegen jede Vereinnahmung gewehrt.

Die fünf Centri vermögen Anstöße zu zwölf Kooperativen zu geben. Das Centro in Menfi etwa initiiert 1962 die Weinbau-Genossenschaft »Il Progresso«, in Partinico entsteht 1969 die Bewässerungsgenossenschaft Jato und 1970 die Füchte- und Gemüsegenossenschaft »Cooperativa ortofrutticola«. Auch in diesen Kooperativen waren allerdings Gewinninteressen einzelner oft stärker als die Idee der Gerechtigkeit.

Die Centri zehren nicht nur von den Mitteln des Lenin-Preises. Die Freundeskreise in Schweden, der Schweiz, der Bundesrepublik, England, Finnland und den USA unterstützen diese

Entwicklungshilfe dauerhaft. Teils sind diese Freundeskreise freie Kreise, teils Vereine (Schweiz), teils kirchlich getragen von »Brot für die Welt« und dem Diakonischen Werk (Bundesrepublik). Zusätzlich bezahlen sie Mitarbeiter und Lehrer, die für einige Zeit in Partinico arbeiten und vermitteln Helferinnen, die dort ein Freiwilliges Soziales Jahr ableisten.

Erdbeben und Aufbauplan

Plötzliche Not unterbricht die laufende Arbeit der Centri: In der Nacht vom 14. zum 15. Januar 1968 erschüttert ein Erdbeben Westsizilien. In sieben Städtchen, Ghibellina, Santa Margherita, Montevago, Menfi, Salaparute, Poggioreale und Santa Ninfa wird die Hälfte der 50 000 Einwohner obdachlos. Schnell strömen Hilfsgelder aus vielen Richtungen zusammen. Ein Teil der Gelder versickert. Es wird, so Dolci »in Kanäle umgeleitet, wo sie schmarotzenden Wildwuchs bewässerten«. Die offiziellen Hilfsmaßnahmen bleiben uneffektiv, obwohl Rom 400 Milliarden Lire (1,76 Milliarden DM) für den Wiederaufbau bereitstellt.

Als erste Maßnahme organisiert Dolci bei den Freundeskeisen Mittel zur Linderung der ersten Not. Dann ruft er einen Stab Spezialisten zusammen: Agrartechniker, Ingenieure, Architekten, Städteplaner, Verkehrsspezialisten, Ökonomen, Sozialarbeiter und Erzieher. Diese Mannschaft entwirft mutig einen großen Plan. Das vom Erdbeben zerstörte Gebiet, rund 300 000 Hektar mit 350 000 Einwohnern in 35 Ortschaften, wird völlig neu konzipiert: Bewässerungsanlagen und die dazugehörigen Verteilungsanlagen, Aufforstung weiter Gebiete, Straßen, Flugplätze, Wohngebiete, Erschließung der Küsten für den Tourismus und natürlich Schulen und Krankenhäuser. Die Kalkulation sieht vor, daß dieser Plan innerhalb von fünf bis zehn Jahren verwirklicht sein kann; das Geld für den Wiederaufbau ist da, und Arbeitskräfte gibt es reichlich.

»Man darf Planung«, sagt Dolci, »nicht nur als ein wirtschaftliches Mittel auffassen, sondern auch als Bewußtwerdung von Problemen.« Dieser Plan ist noch mehr: das Konzept einer neuen Welt in Westsizilien.

Im Herbst 1968 wird der Plan der Presse vorgestellt. Die offiziellen Stellen ignorieren ihn völlig, obwohl er der einzige für das Notstandsgebiet bleibt. Sogar viele der Betroffenen können sich mit dem umfangreichen Werk nicht anfreunden. Der gewaltlose Kämpfer Dolci ruft deshalb eine fünfzig Tage dauernde Kampagne aus, »Giorni di pressione«, »Tage des Drucks«. Mit Hungerstreiks, Demonstrationen und Aufschriften auf Mauern und Straßen ringt er um Anerkennung für den Plan.

Nicht einmal Teile davon werden verwirklicht. Vielleicht waren Konzept und Ziel zu weit vom Machbaren entfernt. Vor allem standen andere und stärkere Interessen dem entgegen: In den folgenden Jahren gibt die Verwaltung viel Geld für aufwendige Autobahnen aus. Das Bau- und Betongeschäft ist bis heute eine Domäne der Mafia.

Die frühen siebziger Jahre bringen das Ende der Centri. Nur das Centro studi in Partinico bleibt über 1972 hinaus als Dolcis Zentrale bestehen. Die »Borgo« in Trappeto, Dolcis erste Gründung auf Sizilien, wandelt sich in ein Kongreß- und Seminarzentrum. Vorwiegend ausländische Jugendgruppen treffen sich dort, und verbringen von kirchlichen Kreisen getragene Informations-Urlaube. Nach optimistischer Deutung haben die Centri sich – ganz im Sinne der Mäeutik – überflüssig gemacht, da die Bevölkerung aktiviert ist und Kooperativen gegründet hat. Nach pessimistischer Interpretation sind sie obsolet geworden, weil nicht nur Hunger und Armut Menschen lähmen, sondern auch die Versorgung mit Konsumgütern die Bereitschaft zur Veränderung schwinden läßt. Zwar sind Sizilien und der italienische Süden noch immer ein Entwicklungsgebiet in Europa, aber heute verhungert dort kein Kind mehr. In Trappeto stehen heute gepflegte Wohnhäuser von reichen Palermitanern.

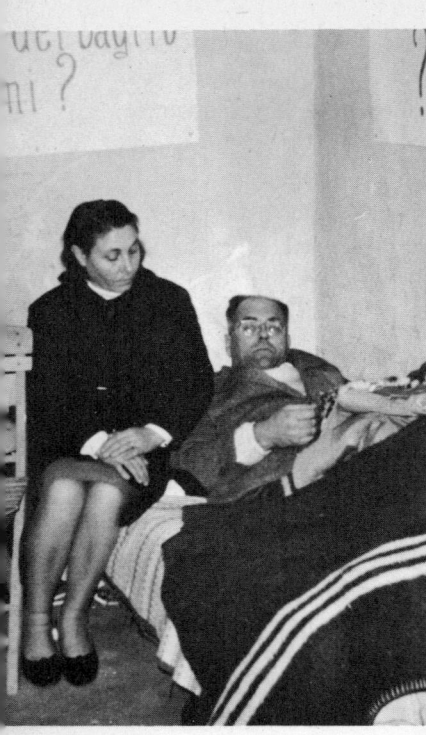

10. Januar 1966:
Dolci tritt in
Castellamare del Golfo
in Hungerstreik.
Er protestiert
gegen die Ablehnung
seiner Zeugen
im Anti-Mafia-Prozeß
in Rom.
Neben ihm
seine Frau Vincenza.

Dolci im
Anti-Mafia-Prozeß
in Rom, 1965

Gewaltfreie Aktionen

Dolci und Mitangeklagte im Prozeß
wegen des »Umgekehrten Streiks« 1956
(Dolci sitzend, zweiter von links)

Dolci heute: Er erklärt seine Theorie
von den menschlichen Beziehungen:
»Einseitige Beziehungen sind immer
Formen der Gewalt;
die Menschen müssen wieder lernen,
wechselseitig sich befruchtende
Beziehungen zu leben.«

Gewaltlose Aktionen im Rahmen
der «Fünfzig Tage des Drucks»
zur Durchsetzung des Wiederaufbaus
nach dem Erdbeben im Belice-Tal 1968

Danilo Dolci und Joan Baez
auf einem Kongreß in New York

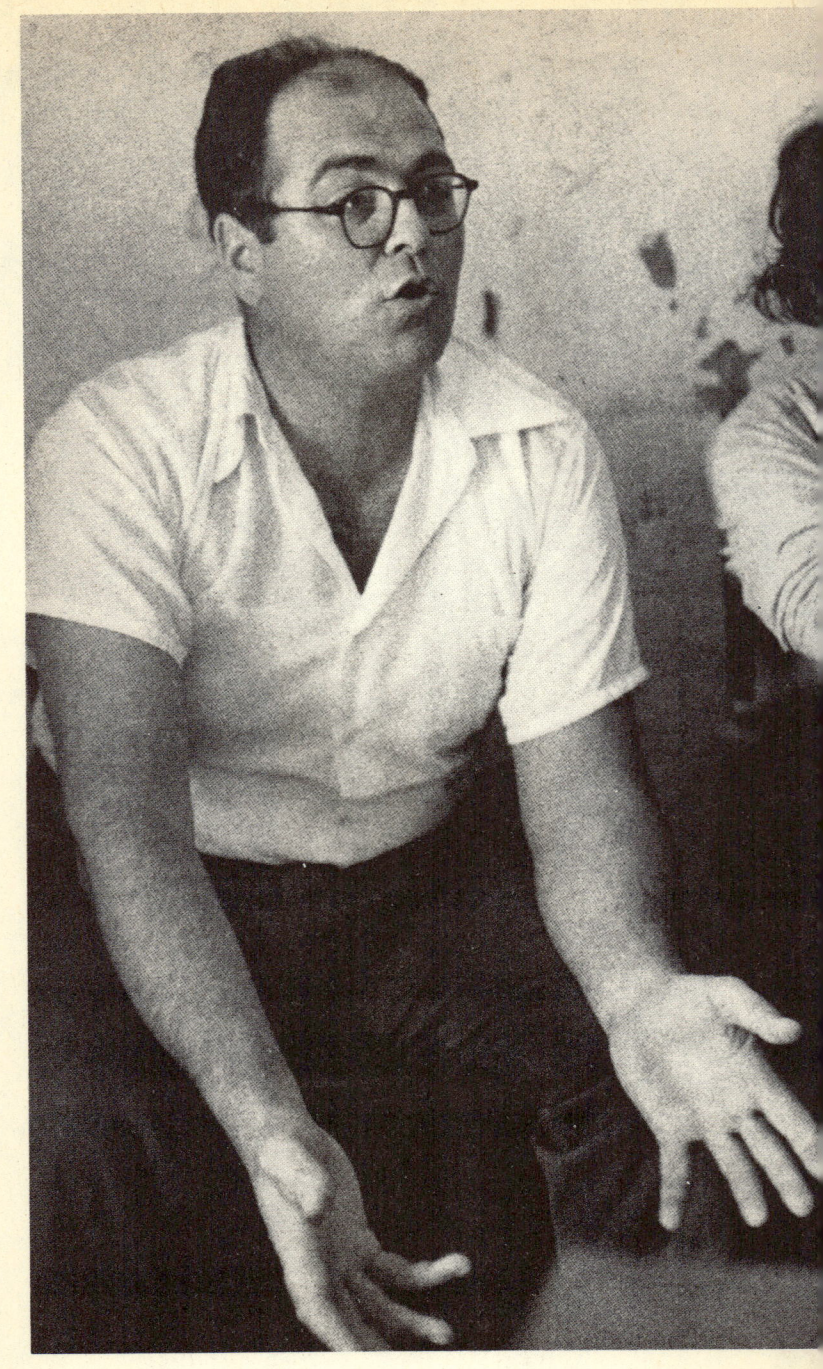

Die Schule Mirto

Nach dem Ende der Centri kämpft Dolci nicht mehr gleichzeitig an vielen Fronten. Ohne spektakuläre Aktionen flaut auch das öffentliche Interesse an ihm ab. Er widmet sich seitdem in erster Linie seinem Projekt einer experimentellen Schule. Dort packt er die Verbesserung der Welt nun im Detail an: Kinder sollen Startchancen erhalten. Noch heute besuchen viele Kinder im italienischen Süden nicht die vorgesehenen vierzehn Jahre lang eine Schule.

Der Pädagoge Dolci will jetzt seine Ideen und Konzepte von Erziehung verwirklichen und weiterentwickeln, seine Pädagogik erproben. Von antiautoritärer Erziehung mag er nichts wissen, so wenig wie von der autoritären. Beide seien nur Spielarten derselben Gedankenwelt. Die Idee der Mäeutik bleibt im Mittelpunkt seiner Pädagogik. Untrennbar verbunden mit der Mäeutik sieht Dolci aber auch ihren Gegenspieler, die Bereitschaft zur Auswahl. Eine These, die bei vielen Pädagogen Entrüstung auslöst. Leiten und Laufen-lassen gehören für ihn in dialektischer Einheit zusammen. Die Balance in diesem Spannungsfeld muß immer neu gesucht werden. Seine Grundgedanken stehen in dem Gedicht »Per educare«, »Um zu erziehen«:

Per educare
meglio non inizi
dalla grammatica, dall'alfabeto
inizia dalla ricerca del fondo interesse
dall'imparare a scoprire
(...)
E sopratutto cerca di scoprire
la necessaria dialettica
tra l'impegno maieutico e l'assumere
responsabilita scelte.

Um zu erziehen
beginnst du besser nicht
mit der Grammatik, mit dem Alphabet
beginne mit der Suche nach dem tiefen Interesse,
das Entdecken zu lernen,
(...)
Und vor allem versuche
die notwendige Dialektik zu entdecken
zwischen mäeutischem Eifer und der Pflicht
verantwortungsvoller Auswahl.

Im Frühjahr 1971 nimmt Danilo Dolci den dänischen Sonning-Preis entgegen. Dessen Dotierung mit rund 80 000 DM bildet den finanziellen Grundstock für das neue »Centro educativo pilota«, das »experimentelle Erziehungszentrum«. Das weitere Geld und die laufenden Kosten schießen zum Teil die Freundeskreise über die Jahre zu, zum Teil geben Banken Kredit. Der Standort gibt der Schule bald ihren inoffiziellen Namen: Mirto (Myrte), denn sie steht im Stadtteil Mirto, draußen am Rande von Partinico.

Als der betongebaute Komplex zu Beginn des Winterschuljahres '74/75 fertig ist, können die ersten Kinder die Vorschule besuchen. Irgendwann soll Mirto einmal so weit ausgebaut sein, daß die Schüler die gesamte Pflichtschulzeit dort durchlaufen. Doch ein Problem hemmt den Aufbau und die tägliche Arbeit: die Finanznot. Das Centro studi muß das Geld für diese Privatschule über viele Jahre selbst aufbringen, denn Schulgeld zu fordern, hieße die Idee dieses Experimentierfeldes opfern. Insbesondere die Kinder unterprivilegierter Familien sollen eine Chance bekommen.

Im Herbst 1975 kommen täglich über 90 Vier-und Fünfjährige nach Mirto in die vier Vorschulklassen. Das heißt, sie kommen nicht selbständig, sondern müssen mit einem klapprigen Bus in die Schule am Stadtrand gebracht werden. Dolci fordert, daß die

Gemeinde Partinico die Straße nach Mirto ausbaut und für Schulbusse aufkommt. Gefragt hat er sie nicht bei der Planung der Schule.

An den Ausbau von Mirto ist nicht zu denken. Im Gegenteil, die Geldnot knebelt die Arbeit in der schon bestehenden Vorschule. Nach jahrelangem Bemühen erreicht Dolci im November 1976 ein Zwischenziel: Die Regierung verspricht, die Lehrer zu bezahlen.

Diese Unterstützung steht Alternativschulen in Italien zu, sobald sie zuvor zwei Jahre lang selbständig betrieben und ein Mindestmaß an Ausbildungszielen erreicht wurden. Nachdem die staatlichen Mittel für die Lehrergehälter gesichert erscheinen, stellt Dolci sofort zusätzliche Lehrer aus der Region ein. Den Bewerbern sagt er offen, wie es um die finanzielle Lage bestellt ist und daß Unterricht und Erziehung nicht nach dem Schema der staatlichen Schulen abläuft. Die neuen Lehrer kommen aber weniger aus Interesse an Dolcis Pädagogik, sondern weil Lehrerarbeitslosigkeit herrscht.

Zwar sind die Lehrergehälter versprochen worden, aber nichts passiert. Über Monate kann den Lehrern kein Gehalt gezahlt werden. Neben dem Loch in der Kasse sorgt ein zweiter Streitpunkt für Spannungen. Diktatorische Allüren werfen die Lehrer Dolci vor: Zwar versammeln sie sich alle vierzehn Tage, Entscheidungen dürfen sie aber nicht treffen. Das macht ein vorstandsähnliches Gremium, über die Berufung in diesen Vorstand entscheidet Dolci. Für die Meinungen und Vorschläge der übrigen Mitarbeiter – so beklagen sie sich – interesiert er sich überhaupt nicht. Dazu fühlen sie sich nicht offen über die Entscheidungen des Vorstands informiert. Vertrauensvolle Zusammenarbeit kann so nicht wachsen.

Als die Lehrer Anfang Mai 1977 noch immer kein Geld erhalten haben, stellen sie Dolci vor die Wahl: Geld oder Streik. Die kommunistische Gewerkschaft CGIL unterstützt sie dabei und beschimpft Dolci als Arbeiterfeind und Ausbeuter. Paradox, denn als er 1958 den Leninpreis angenommen hatte, wurde er als Kommunist und Umstürzler verteufelt. Der Wind weht ihm ins Gesicht zu einer Zeit, da er auch in Trappeto angefeindet wird. Dort nimmt man ihm übel, daß er sich von seiner Frau Vincenzina trennte, die er 1953 geheiratet hatte.

Als der Streik in Mirto Mitte Mai tatsächlich beginnt, reist Dolci mit einer schwedischen Mitarbeiterin kommentarlos ab. Gerüchte und Häme durchziehen die Presse bis in die Bundesrepublik. Sogar die distinguierte *Frankfurter Allgemeine Zeitung* veröffentlicht unter dem flapsigen Titel »Der Apostel der Enterbten verläßt Wirkungskreis« einen Fünfzigzeiler: »(Dolci) hat jetzt ohne ein Wort seinen Wirkungskreis verlassen und ist in Begleitung einer jungen Schülerin nach Schweden abgereist.« Seitdem hat sich das Gerücht nicht mehr ausrotten lassen, Dolci habe sich zurückgezogen. Er treibt aber lediglich bei schwedischen Freundeskreisen Geld auf. Seine Rückkehr findet anschließend wenig öffentliche Resonanz.

Mirto kann erst im September 1978 wieder anlaufen. Neben den einheimischen Lehrern setzt Dolci nach dem Streik nun auf ausländische, die die Freundeskreise schicken. Gleichzeitig ringt er um die vollständige Anerkennung Mirtos als staatliche Modellschule. Dann nämlich würden mehr Mittel fließen, als nur der Lehrerlohn. 1980 entscheidet Rom schließlich positiv.

Sofort kommt ein Bündel von Reglementierungen und Auflagen, die Mirto als staatliche Modellschule zu erfüllen habe. Das Geld dagegen läßt noch zwei Jahre auf sich warten, obwohl aus Rom direkte Order an den zuständigen Inspektor in der Regionalregierung in Palermo ergeht.

Wieder arbeiten die Lehrer 16 Monate ohne Bezahlung. Ihre Unzufriedenheit wächst zusätzlich dadurch, daß Dolci sich während eines Jahres nur zwei Mal in Mirto zeigt: für Dreharbeiten des norwegischen Fernsehens und mit einer Journalistin aus Rom. Für Dolci ist die Lage klar: Wer seine Pflicht nicht erfüllt, wird entlassen.

Diese Drohung ist überflüssig. Immer wieder brechen Lehrer, von den Freundeskreisen geschickt und bezahlt, ihre Arbeit in Mirto enttäuscht ab. Eine Schweizerin erstattet nach einem Jahr Mitarbeit ihrem heimischen Freundeskreis Rapport: »An einem Arbeitsort wie dem Centro studi erwarte ich, daß elementare demokratische Grundregeln praktiziert werden; dazu gehören ausreichende Informationen, Mitsprache, Möglichkeiten, berechtigte Kritik äußern zu dürfen, ohne sie nachher widerrufen zu müssen, wie das auch schon vorgekommen ist.« Auf konkrete Fragen und Vorschläge, berichten Mitarbeiter, antwortet er häufig einfach nicht. Dem gegenüber steht die Theorie des »Gandhi von Sizilien« über die Beziehungen zwischen den Menschen: »Einseitige Beziehungen sind immer Formen der Gewalt; die Menschen müssen wieder lernen, wechselseitig sich befruchtende Beziehungen zu leben.« Auch begeisterte Stimmen allerdings finden sich unter ehemaligen Mitarbeitern.

Die Schüler in Mirto sollen in einem »nicht-autoritären« Klima zu selbständigen Persönlichkeiten erzogen werden; sie sollen lernen, sich in »kreativer Anpassung« in der Gemeinschaft zu entfalten. Das Arbeitsklima der Schule fördert dies sicher nicht.

Erschwerend kommt hinzu, daß nicht alle Eltern in Partinico von Dolcis Schule begeistert sind. Die Kinder von Mirto werden nämlich in den regulären Schulen als kritische »Anarchisten« beargwöhnt. Dazu pflegt Dolci nicht mehr wie früher den Kontakt zu den Leuten von Partinico. Die familiäre Atmosphäre der »Conversazioni« ist lange dahin; Dolci jettet in der ganzen Welt zu Kongressen, und in Mirto unterrichten fremde Lehrer mit einer fremden Pädagogik.

Im März 1982 gibt es einen Einbruch in den Finanzen: Die Schweizer Freunde unterbechen vorübergehend ihre Geldsendungen. Sie sind verstimmt, daß Dolci sie nicht mehr über die Verwendung der Spenden informiert und für Besucher von diesem Freundeskreis keine Zeit hat. Die Warnung wirkt: Kein Geld, keinen Reisen, Danilo Dolci hat wieder Zeit für seine

Gönner. Und er legt Abrechnungen und Finanzpläne vor. Daraufhin unterstützen die Schweizer Dolci wieder, wollen aber nicht länger ihr »Engagement an die Person Danilos knüpfen«.

Ab Herbst 1982 werden die Lehrer und Schulmittel vom Staat bezahlt. Obendrein befestigt die Gemeinde Partinico im Jahr darauf die Straße nach Mirto, und seit 1984 sorgt sie auch für Schulbusse und Speisung der Schüler.

Ebenfalls 1982 kommt aus den USA die Nachricht, daß die Bostoner Universitätsbibliothek ein Dolci-Archiv anlegt; so wie dort ein Martin-Luther-King-Archiv aufgebaut wurde. Alle Bücher, Korrespondenzen und Dokumente kauft die Universität dem Centro ab.

Die laufenden Kosten von Mirto ließen die Schulden des Centros unterdessen immer weiter wachsen. Im Juli 1986 wird die Last zu groß: Umgerechnet 700 000 DM. Die Zinsen verschlingen fast die Hälfte der Spenden der Freundeskreise. Dolci und seine sechs Mitarbeiter beschließen, das Centro studi aufzulösen und mit dem Verkauf der Borgo in Trappeto und Mirto die Schulden zu decken. Diesen Beschluß fassen sie nicht einvernehmlich. Ein Mitarbeiter mutmaßt später, Dolci wolle sich nur noch dem Schreiben widmen. Die offizielle Begründung lautet: »Heute beginnen die Voraussetzungen zu fehlen, welche die Gründung des Centros einst wirklich gerechtfertigt hatten.«

Mirto und die Borgo müssen verkauft werden. Die Mitarbeiter und Dolci entscheiden, nicht mehr Geld zu fordern, als zur Schuldendeckung nötig ist. Dafür sollen die Käufer auf die alten Ideen und Ziele von Mirto verpflichtet werden. Für die Schule Mirto entwerfen sie mehrere Pläne: Übernehmen soll sie entweder die Gemeinde Partinico, mit der sich Dolci all die Jahre um Unterstützung stritt; oder die »Banco di Sicilia«, Hauptgläubiger des Centros. Als öffentlich-rechtliche Bank muß sie ihre Gewinne gemeinnützig anlegen. Zusammen mit dem Diakonischen Werk in der Bundesrepublik entwickelt Dolci die Idee einer internationalen Stiftung für Mirto. Der Borgo in Trappeto mag sich wegen der sanierungsbedürftigen Bausubstanz niemand annehmen. Im Frühjahr 1987 schließlich springen jeweils die Gemeinden ein: Partinico übernimmt Mirto, und Trappeto nutzt die Gebäude der Borgo.

Und Dolci? »Jede Krise in einer Entwicklung ist der notwendige Übergang von einer Phase in die andere«, sagt er dazu. Mit zweien seiner Centro-Mitarbeiter will er künftig als Berater den Lehrern von Mirto die von ihm entwickelte Pädagogik vermitteln.

Ein Mensch seiner Tatkraft und Willensstärke hätte vielleicht mehr erreicht, wäre er nicht Einzelkämpfer geblieben. Der Prediger der Solidarität hat aber beständig Parteien, Fraktionen und Kompromisse vehement abgelehnt. Dolci selbst wird hier seinen Grundsatz zitierend antworten, dem er dreißig Jahre treu geblieben ist: »Es ist besser, in die richtige Richtung notfalls allein zu gehen, als davon abzuweichen, nur um nicht allein gehen zu müssen.«

Vincenzo

Vor drei Nächten hab ich von Schweinen geträumt. Und auch von Kühen, von Grasflecken. Ich träume jede Nacht immer nur von Kühen und Bergen, Ziegen, Schafen, Lämmern. Ich hab mich immer mit diesen Tieren abgegeben, und sie gehen mir nicht aus dem Kopf. Diese Nacht hab ich geträumt, ich war auf meiner Weide, und da kam einer herein, beinah so, als wär's mein Vater. Mein Vater trug ein Schaf mit zwei Lämmern, und das eine Lamm wurde von der Kuh gesäugt und eines vom Schaf. Ein Alter kam auch noch, und der schlug mir das Schaf tot, und dann saß da eine Henne, die legte Eier, und der Alte zerdrückte die Eier und trank sie aus oder schmiß sie auf die Erde.

Und dann machte er sich davon, der da, und ich rannte hinter ihm her, bis zu einer bestimmten Stelle, um ihn mit dem Prügel totzuschlagen. Dann kam meine Mutter und sagte: „Wer hat denn die Eier kaputtgemacht? Und wer hat das Lamm umgebracht?" – wo es doch der Alte umgebracht hatte. Er war bösartig, dieser Alte. Dann sagte mein Vater: „Jetzt braten wir es und essen es." Und ich sagte, wir sollten es unter einen Olivenbaum werfen, weil es klein war. Und er warf es unter den Olivenbaum, und dort blieb es liegen. Und ich hab geträumt, daß wir auf Lastwagen Schweine zum Markt brachten, um sie zu verkaufen. Diese Schweine hatten Halsbändchen aus Leder um.

Diese Nacht hab ich von ungefähr dreihundert Tieren geträumt, Kühen, in den Bergen, und ich ging sie tränken. Und in den Bergen waren noch mehr Kühe. Und Wasser gab es nicht, und ich ging Wasser suchen. Seit ich in diesem häßlichen Bau bin, träume ich von Tieren und von so was.

Und ich hab von meinen Onkeln geträumt, die zu mir sagten: „Nur Mut, der fehlt dir." Ich hab geträumt, daß ich draußen an einer Tür einen Nagel fand, und ein Schwein war da an einer Kette festgemacht, hinter einer Tür. Und dann kam es raus und quiekte, und wer weiß, was es wollte. Wasser war da, aber das wollte es nicht. Und jemand kam raus und sagte zu mir: „Aber hast du Grünzeug gefunden?" – „Ja." Dann ging ich mit ihm mit, und er sagte mir im Traum: „Gehst du weg?", sagt er. „Ich geh nicht, weil Sie mir nicht die Arbeit von den vergangenen Tagen bezahlen, ich geh nicht." Dann überlegte er es sich anders und gab mir tausend Lire. „Aber das ist wenig." Sicher kam es ihm zuviel vor, mir dreihundert Lire für den Tag zu geben, und er wollte mir zweihundert geben. „Entweder diese tausend Lire oder nichts", sagte er, und ich ging.

Und einmal (welcher Monat ist jetzt, Februar?), voriges Jahr im Februar, träumte ich von zwei Stieren, die mit ihren Hörnern aufeinander losgingen, während ich am Meeresufer auf dem Pferd mit einer Maschinenpistole in der Hand entlangjagte (und am Tag darauf brachte mir der Gerichtsdiener die Vorladung, aber das hab ich nicht geträumt, ich hab von den Stieren geträumt). Ich war in der Zelle, zur Strafe, der Unteroffizier hatte zu mir gesagt „bardascio", und ich zu ihm auch „bardascio". Ich weiß nicht, was das heißen soll, bardascio: es muß ein Schimpfwort sein. Dann brachte er mir den Priester, aber das war kein Traum, und der sagte mir, ich sollte nicht antworten, wenn die mich bardascio nannten. Da sagte ich: „Warum soll ich nicht antworten?" – „Weil du nichts verstehst. Wenn sie dich prügeln, darfst du sie nicht prügeln." – „Du Hurensohn und Arschloch, und der auch, hat der denn nicht bardascio gesagt?"

Ich hab auch von Weibern geträumt, als hätte ich sie im Bett bei mir, Weiber, die ich gesehen hatte; einmal träumte ich, wie mich eine rief. Sie gingen zur Messe, und ich stand da. Da ging ich dann zu ihr nach Hause, um ihr die Hand zu geben, und ihr Vater war da und ihre Mutter, und da kam ihr das schlecht vor, und sie gab mir nicht die Hand. Sie sprach heimlich mit mir; dann träumte ich, daß sie mit mir im Bett lag, es war eine Kusine von mir. Dann, als sie von der Messe kam, wie ich gerade aus dem Stall kam, da blieb ich stehen, und zwei Weiber gingen vorbei und musterten mich. Eine Mütze hatte ich auf und eine Joppe an, und sie kommt heran, sie kommt und sagt: „Was machst du denn hier?" – „Ich bin hier."

Immer träume ich von den Tieren draußen in der Freiheit, weil ich mit Vieh zu tun hatte, seit ich fünf Jahre alt bin. Ich bin unter den Tieren geboren. Als ich geboren wurde, war ich der einzige. Dann wurden hintereinander Brüder und Schwestern geboren. Dann fing ich an, das Vieh zu hüten. Nicht unser Vieh: Mein Vater war immer für ein Jahr eingestellt (ein Jahr hat wieviel Monate?) oder für ein halbes Jahr. Oder sie gaben uns viertausend oder fünftausend Lire für den Monat. Ich weiß nicht, wieviel Monate ein Jahr hat. Ich weiß nicht, ob ich siebzehn oder neunzehn Jahre alt bin. Wir können nach Hause schreiben lassen, damit sie auf der Geburtsurkunde nachsehen. Ich kann bis fünfzig zählen, aber das Geld kenne ich nicht, weil ich immer auf der Weide war und nie ins Dorf ging, und nie hab ich einen Christenmenschen gesehen, manchmal meinen Vater. Auch meine Mutter kennt das Geld nicht und kann nicht zählen. Ich hab Kräuter, Rüben, Raps gekocht und gegessen. Nur die fünfzig Lire, die kenne ich, aber mit dem anderen Geld kann ich sie nicht zusammenrechnen.

Wenn es nichts zu arbeiten gibt, ißt unsereins Grünzeug. Der Hunger treibt zu allem. Es verschwimmt einem alles vor den Augen. Man mordet, man macht alles. Einer, der arbeitet, hat alles. Wird einer richtig bezahlt, dann arbeitet der richtig, er macht sein Schwätzchen mit den Leuten auf der Straße und streitet sich nicht. Sagen wir es klar und deutlich: wir bringen uns gegenseitig um. Wenn dagegen einer vor einem Herrn aufzutreten versteht, wird er genommen und ist bei ihm gut angeschrieben. Aber wer traut schon einem wie mir? Und ich bin immer in der Klemme und weiß nicht, was ich machen soll. Wenn wir beide zum Beispiel uns einen vornehmen, der Brot oder Geld hat, und ihm das Brot wegnehmen, was machen wir, damit er später nicht redet? Wir schlagen ihn tot.

Einmal hab ich mir einen Arm gebrochen, als ich vom Pferd fiel, das ich für meinen Herrn zur Tränke brachte. Ich hab mir den Arm gebrochen, und niemand hat es bezahlt.

Manchmal waren wir sechs Burschen, die nicht das Geld zählen konnten. Meist war ich allein. Und die reichen Scheißkerle stolzieren inzwischen in ihren Stiefeln im Dorf umher.

Hier drinnen haben wir die eine Gewißheit, wie auf dem Friedhof: wir kommen alle hin. Wir werfen uns Worte an den Kopf, oder wir bringen uns gegenseitig um, der eine landet hier im Gefängnis, der andere auf dem Friedhof. Und wenn einer rauskommt, dann kommt er nicht zahmer raus; man kommt mit größerer Wut raus und sagt zu dem anderen: „Du hast mir das Blut vergiftet, ich mach dich kalt" – und bringt ihn um. Wenn es keine Spitzel gibt, erwischt uns aber keiner. Wenn wir zum Beispiel zu dritt sind, und da ist ein anderer, der einem von uns etwas Böses getan hat, und wir bringen ihn um: wenn keiner singt, kommt uns niemand auf die Spur. Uns legen immer nur die Spitzel rein; wenn die Behörden keine Spitzel hätten, würden sie Blut und Wasser schwitzen.

Ich kam sechs Monate, ein Jahr lang nicht ins Dorf, und als ich zurückkehrte, warfen die Kinder mit Strünken, Steinen nach mir; ich war ein Wilder, und sie erkannten mich nicht. Und ich rannte weg, und eines Tages, zum Karneval, hat einer eine Handvoll Konfetti nach mir geworfen, und ich biß ihm einen Finger ab.

Ich habe auch einen Bruder von dreizehn Jahren, einen von zwölf Jahren, und sie können nicht rechnen und kennen das

Geld nicht. Dann ist da noch ein kleiner Bruder von fünf Jahren und eine Schwester von sechs Jahren. Die beiden anderen sind tot; und ich habe noch eine Schwester nach mir, aber, was weiß ich, wie alt sie ist? Vielleicht zwölf, vielleicht sechzehn, ich weiß nicht. Sie hat inzwischen geheiratet, während ich im Gefängnis bin.

Dann brachten uns die Polizisten alle in die Kaserne, als ich klein war, wir weinten alle. Sie brachten meine Mutter und uns Kinder dahin. Meinen Vater, den haben sie später geholt, denn er war den Polizisten über den Karren rüber entwischt. Dann behielten sie meine Mutter mit dem Kleinen an der Brust, und uns haben sie weggeschickt. Meine Mutter, die behielten sie sechs Monate im Gefängnis; als sie meinen Vater schnappten, ließen sie meine Mutter raus.

Dann immer mit den Tieren draußen. Ich schlief im Stroh, mit all meinen Sachen legte ich mich ins Stroh, ohne Decken oder sonstwas, manchmal barfuß und manchmal mit leerem Magen. Läuse hatte ich jede Menge. Der Herr wollte nicht, daß ich Milch von den Kühen nahm, er verprügelte mich. Ich aß Brot und Quark am Morgen, und am Abend Brot und Zwiebeln oder Brot und Oliven, wenn es welche gab. Und es gab welche, wenn es regnete. Der Herr kam hin und wieder. Manchmal lief ich aus den Bergen fort, um irgendein Haus zu suchen. Die Hunde bellten, und ich ging hin, um zu sagen, daß ich Hunger hatte, um ein Stück Brot. Manche gaben es mir, manche gaben es nicht. Und es kam vor, daß ich soviel Brot hatte, wie ich wollte, und ich brachte ihnen was zurück, und manchmal nahmen sie es.

Einmal ging ich nahe beim Dorf an der Hand meines Vaters, wir kamen vom Feld, und mein Vater rannte weg, weil er die Polizisten gesehen hatte, und ließ mich allein. Und die Polizisten fingen an, auf ihn zu schießen, und er warf sich in den Fluß. Die Polizisten waren zu Pferd, zu Fuß, so große Maschinenpistolen, einundneunziger, und sie verwundeten ihn an der Schulter. Wenn sie höher oder tiefer getroffen hätten, wäre mein Vater gestorben. Da war ein Spitzel, der sagte: „Da ist er, da ist er", in einem Gebüsch. Sie durchsuchten es zigmal und sahen ihn nicht. Dann sahen sie ihn, weil der Spitzel sagte: „Da ist er", zogen sie ihn raus. Sie zogen ihn an einem Bein raus, wie ein Schaf oder Lamm. Einer fragte: „Ist er lebendig oder tot?" – „Tot", sagte einer, und mein Vater antwortete: „Ihr seid selber tot, ihr verdammtes Polizistenpack, ich nicht", und er spuckte vor ihnen aus.

Drei Jahre, einen Monat und fünfzehn Tage brachte das, denn mein Vater hat sie gezählt. Dann wurde er unter Aufsicht gestellt, immer zu Hause, so daß er nicht arbeiten gehen konnte: drei Jahre Polizeiaufsicht. Ich arbeitete, aber ich war klein und arbeitete nicht gut, und wir hatten Hunger. Ich arbeitete mit den Kühen, die mir einer gegeben hatte, eine Kuh zur Hälfte und vier andere auf Beteiligung.

Ich badete im Sommer, wenn ich mit den Tieren ans Meer ging, um Schafe, um Kühe zu waschen. Im Winter nichts. Ich stand am Ufer und konnte nicht schwimmen. Dann brachte ich die Kühe ins Gras von dem, der meinen Vater verpfiffen hatte, und der wollte mich verprügeln, und ich riß aus. Einmal hatte er ein Messer genommen, um mir die Gurgel durchzuschneiden, und ich riß aus. Da trafen mich meine Onkel und wollten wissen, wo ich die Tiere gelassen hatte. Er war gerade dabei, die Tiere ins Dorf zu treiben, und die Onkel nahmen sie ihm weg. Und ein andermal sind sie aneinandergeraten.

Zur Schule bin ich nie gegangen, keinen einzigen Tag. Niemand aus meiner Familie ist zur Schule gegangen, nie. Ich kenne keinen aus der Familie, der lesen und schreiben kann.

Diese Nacht hab ich von meinen Onkeln geträumt, wie sie ein weißes Fell zerrissen, von einem Schaf. Und von Kühen, die Gras fraßen. Was die Sterne am Himmel sind? Was weiß ich. Es gibt den Mond, der als Sonne dient. Die Sterne nachts, das verstehe ich: Sie gehen auf, und ich sehe so viele Sterne.

Es muß ein Rauch sein; der ganze Rauch, der gemacht wird, steigt zum Himmel, und nachts sieht man ihn manchmal und manchmal nicht. Der Mond ist aus Himmel gemacht, der Himmel ist aus Rauch gemacht, der auf der Erde gemacht wird und hochgestiegen ist. Und manchmal ist morgens auch der Mond da, wenn die Sonne kommt. Die Sterne wandern in der Nacht, sie wandern immer. Wenn es Tag wird, ziehen sie sich immer zurück; wie die Kühe in den Stall, so gehen auch die Sterne in ihren Stall. Wie die Sterne sind, so sind wir alle, Menschen und Tiere.

Ich habe auch von Feuer geträumt. Was bedeutet das? Und von einem Fluß aus schmutzigem Wasser, in voller Geschwindigkeit. Was bedeutet das? Und von Feuer, und ich bekam Angst und lief. Aber im Traum. Wann sollte ich sonst vor dem Feuer erschrecken? Dann träumte ich, daß sie mich ertränkten und ich schrie, während sie mich ertränkten und mich verprügelten.

Die Erde ist eine Insel, und rundherum ist das Meer. Ich weiß es, weil ich auf der Colombaia im Gefängnis war, vorher, von Trapani aus, und da habe ich begriffen, daß die Erde Erde ist, und wir sind mitten auf eine Insel gesetzt. Und als ich das sah, sagte ich mir: „Sieh einer an, wenn auch hier das Meer ist, rundherum, wie bei Castellammare, dann ist die Erde eine Insel." Ich habe die Colombaia gesehen, das war eine Insel, als sie mich gefesselt hinbrachten, da hab ich begriffen, was eine Insel ist.

Italien, was das ist? Italien gibt es auch. Italien gibt es. Hier erscheint mir alles ein Italien, auch hier das Ucciardone-Gefängnis. Hier ist Gefängnis und ist auch Italien. Und dann ist es auch in Sizilien. Welcher Unterschied zwischen Italien und Sizilien ist? Wenn man sagt „Giornale di Sicilia", bedeutet das Zeitung von allen Gegenden.

In der Welt gibt es Länder, Häuser stehen da, es ist ein Durcheinander. Hier im Gefängnis habe ich neue Sachen bekommen: das Bett mit den Laken, die Decken, die Matratzen, Kissen, wann habe ich das je gehabt? Ich weiß, daß ich im Dorf geboren bin, weil sie es mir gesagt haben, auch mein Vater hat es mir gesagt. Die Häuser, die sah ich von außen, von weitem, denn was hatte ich da drinnen zu suchen? War ich der Herr? Als mich die Polizisten holten, fanden sie mich mitten zwischen den Kühen, und als ich sie sah, rannte ich weg.

Schießen kann ich. Wenn ich auf einen Menschen ziele, treffe ich ihn. Ich hab es gelernt, als ich die Flinte bei einem sah und zu ihm sagte: „Geben Sie mir dieses Rohr?" Er sagte zu mir: „Flinte heißt das." Dann sagte ich: „Lassen Sie mich mal?", denn ich hatte gesehen, wie er schoß und traf. Und er gab sie mir, und ich zielte auf zwei Kakteenblätter, und ich traf sie. Er hat es mir gezeigt, er hielt die Flinte, und ich drückte auf den Abzug.

Aber die Kaninchen kann ich mit den Händen fangen, im Sommer, wenn sie sich zwischen den Steinen verstecken. Ich schlug sie tot, nahm die Eingeweide raus und zog das Fell ab, legte sie aufs Feuer. So, ohne Salz und Öl. Wer sollte mir denn Öl geben? Ich nahm zwei Steine, schlug sie gegeneinander, und mit den Funken zündete ich das Feuer an. Feuerstein heißt das. Das Kaninchen legte ich auf das Feuer, und wenn ich sah, daß es an der einen Seite ein bißchen angebrannt war, ließ ich es von der anderen Seite anbrennen, und dann begann ich zu essen. Manchmal aß ich sie auch roh. Auch rohe Schnecken, auch mit Gehäuse, wilden Spargel, Rüben. Boretsch, den aß ich mit der ganzen Wurzel, wenn ich ihn finden konnte, denn der schmeckt mir. Frösche, wo es Wasser gab. Denen zog ich die Haut ab und legte sie ans Feuer. Füchse, für die stellte ich Fallen vor dem Bau auf. Es gab kleine, es gab große. Einmal fing ich einen so großen, der mich in die Schulter biß. Ich habe einen Stein genommen und ihm den Schädel zerschmettert.

Auch die wilden Hunde aß ich, wenn ich sie erwischte. Ich

schmiß sie den Berg runter, und sie krepierten, oder ich schmiß sie so lange runter, bis sie krepierten. Dann kamen die Raben, und die wollten sie fressen, und ich warf mit Steinen nach ihnen. Ich trank die kleinen Eier der Stieglitze und der Rotkehlchen aus; ich legte Stroh vor den Bau, damit die Stachelschweine darauf ausrutschten. Dann schlug ich sie mit einem Knüppel tot, denn sie schmecken gut. Auch das Kaninchenfleisch ist gut. Das Fell riß ich mit den Händen runter, das, was ich runterreißen konnte, riß ich runter und warf es ins Feuer. Nachts aß ich es, ich aß alles in einer Nacht auf. Ich hatte kein Brot, ich riß es in Fetzen.

Im Gefängnis, auf der Colombaia, gaben sie mir ein bißchen Unterricht. Sie brachten mir eine Olive, und ich lernte das O. Dann ein O mit einem Füßchen, was A heißt. Dann das U, wie eine Kuh, die muuh macht... Dann das E. Dann das I. Damit hat es sich.

Wie ich mein Leben möchte? Mich mit den Tieren abgeben. Rechnen können. Das Geld kennen. Es zu etwas bringen, Sachen kaufen und verkaufen und daran verdienen. Die Schuhe für hundert Lire kaufen, zum Beispiel, und sie für zweihundert wieder verkaufen. Wieviel kostet ein Paar Schuhe? Seit ich geboren bin, habe ich vier Paar Schuhe gehabt. Als mein Vater aus dem Gefängnis kam, hat er mir das erste Paar gekauft, dann gingen sie kaputt, und er hat mir ein anderes Paar gekauft. Die hier aus Gummi, die hat mir ein Vetter von mir gebracht, als die Verhandlung war. Ich hatte ein Paar Schuhe, aber die hatten Nägel, und ich rutschte damit aus, und ich fiel auf dem Zement und auf den Treppen hin, und dann hab ich sie nach Hause geschickt und bin barfuß gegangen. Ich brauchte nur ein bißchen zu fallen, und schon wurden die Wächter auf mich aufmerksam.

Verdammt noch mal, und ob es eine Regel gibt, um anständig zu leben! Es gibt eine Regel, um anständig zu leben. Weißt du, welche? Wenn man alle Kasernen zerstören würde, wäre es besser. Wir, sagt man, würden uns dann alle gegenseitig umbringen. Ja, wir würden uns umbringen, aber mit Verstand: derjenige, der es verdient, den würden wir umbringen.

Sicher wird es einen geben, der Italien unter sich hat. Wer es ist? Mussolini, denk ich mir. Alle diese Advokaten fressen sich auf unsere Kosten durch, diese ganzen Richter machen ein großes Geschäft mit uns. Die, die Schlechtes tun, umbringen und verbrennen und nicht mal Asche übriglassen.

Welcher Unterschied zwischen meinen Bergen und diesem Leben in der Stadt ist? Ich bin verwildert, und wenn ich in die Stadt runtergehe, beachtet mich niemand. Wir sind anders. Wer in der Stadt lebt, kann lesen und schreiben, damit sie es zu etwas bringen können, damit sie mit den Leuten umgehen können. Einer aus der Stadt sieht Menschen, in den Bergen sieht er niemand. Mit Menschen zusammen leben ist schön, aber für den, der reden kann; wer dagegen nicht reden kann, wer sich nicht benehmen kann, den jagen sie mit Fußtritten weg, den bringen sie um. Sie stürzen ihn ins Unglück, sie lassen ihn verhaften; ins Gefängnis, in die Verbannung. Den Armen, den beachtet niemand, und den Reichen, den Wichtigen, den beachten alle. Die müßten sie umbringen und nicht uns Arme.

Wenn ich machen könnte, was ich will, würde ich lernen und schreiben, aber ich möchte immer bei den Tieren sein. Sie sind stumm, bloß das Wort fehlt ihnen. Statt zu rufen, machen sie muuh... Die Tiere gehorchen, sobald ich rufe. Wenn sie nicht das erste Mal hören, nimmt der Herr einen Knüppel; einen Stein gegen die Hörner, und sie bleiben wie angewurzelt stehen und laufen nicht mehr weg. Ich sehe, ob sie Durst haben. Zum Beispiel jetzt, im Mai, und in der ganzen Jahreszeit haben sie immer Durst, weil das Gras anfängt, hart zu werden. Sie sagen nichts, aber wenn der, der mit ihnen umgeht, nicht achtgibt, kommen sie von Kräften. Ich verstehe mich viel besser mit den Kühen, mit den Schafen, mit den Ziegen als mit den Menschen. Die Kuh, wenn ich mich um sie kümmere, bringt

54

mir Gewinn, sie gibt mir Milch: Ich achte sie, und sie achtet mich. Dagegen bringen mir die Menschen keinen Nutzen, sie nutzen mich aus. Mit diesen Tieren, mit den Kühen, mit den Schafen, mit den Ziegen, mit denen kann ich umgehen, aber mit den Menschen nicht, ich verstehe nicht aufzutreten. Zu mir sind die Tiere viel besser gewesen als die Menschen. Manche Tiere kamen immer zu mir. Ein Zicklein und ein Lamm, die kamen mir immer hinterher. Ich gab ihnen Brot, wenn ich was hatte. Sie brachten es sogar fertig, Nudeln mit Soße zu fressen, weil ich sie an mich gewöhnen wollte. Ich hatte sie lieb, und sie kamen mir hinterher, wo ich hinging, hinterher. Wenn ich reinging, kamen sie mit. Wenn ich ans Meer ging, kamen sie bis ans Meer. Ich rief sie, und sie antworteten mir in ihrer Sprache und kamen zu mir und sprangen um mich rum. Mir gefiel es, in Gesellschaft zu sein; aber nicht in Gesellschaft, wo man einander Haß entgegenbringt. Auch bei den Tieren hassen manche. Mich hat ein Stier gehaßt und auch die eine oder andere Kuh: eine, die schlug aus, eine, die stahl Feigen und hörte nicht auf mich, und eine andere Kuh, die war naschhaft und brachte dann ein schweres Kalb zur Welt, das immer ausriß, um zu fressen.

Aber sogar wenn die Tiere hassen, sind sie besser als die Menschen. Die Kühe sind leicht zu zähmen, und wenn sie nicht zahm werden, verkauft man sie, oder man schlachtet sie, ohne draufzuzahlen. Man verkauft sie billiger, denn ein hinterhältiges Tier ist ein Verräter; aber mit Menschen ist es gefährlicher, denn wenn man entdeckt wird – nehmen wir an, ich bringe dich um und du mich –, zahlt man drauf. Die Kühe sind nicht fähig, sich zu verabreden, um mir was anzutun; die Menschen dagegen, die sind fähig, sich zu verabreden, um was anzustellen, um mich nicht essen zu lassen, um mich nicht frei leben zu lassen.

Freunde wie das Zicklein und das Lamm hab ich nie gehabt. Mein Vater ist Soldat gewesen oder im Gefängnis oder unter

Aufsicht zu Hause, und ich habe ihn wenig gesehen. Aber ich kenne ihn, meinen Vater. Meine Mutter und meine Geschwister haben mich auch lieb. Aber so wie das Zicklein und das Lamm, so lieb hat mich nicht mal Gott. Das Lamm und das Zicklein, die hab ich zur Welt kommen sehen, ich habe sie genährt, die haben sich mir eingeprägt, ich denke immer an sie, sie waren immer um mich. Wie zwei Hündchen waren sie um mich herum.

Ich weiß nicht, warum, aber die Liebe zu dem Zicklein und dem Lamm ist schrecklich. Das Zicklein sprang um mich rum, meine Geschwister spielten. Wie das Zicklein hatte ich niemanden um mich.

Und das Zicklein hab ich dann verkauft, um mir Brot zu kaufen. Ich dachte seit einem Monat daran, weil ich das Geld und das Zicklein wollte. Ich dachte: Verkaufe ich es oder verkaufe ich es nicht? Ich wollte beides. Es war weiß, mit einem über und über rotbraun gesprenkelten Kopf, vom Hals bis zum Kopf. Augen hatte es wie ein Mensch, wie du; einen kleinen behaarten Stummelschwanz. Als es größer wurde, fingen die Hörner an, sich zu krümmen. Aber ich hatte es gern, weil es sehr an mir hing. Wenn ich es verkaufe, bin ich ohne das Zicklein. Dann habe ich es mir überlegt und es verkauft. Dann kaufte ich ein Kilo Brot, ein Kilo Fisch und aß. Und während ich aß, dachte ich immer an das Zicklein. Dann hab ich zwei Tage nichts gegessen, weil ich daran dachte, und ich hab geweint. Dann arbeitete ich, und acht Monate lang habe ich weiter daran gedacht, und noch jetzt denke ich daran.

Auch meine Mutter hatte mich lieb. Als ich in die Berge ging, sagte sie mir, ich soll aufpassen und nicht abstürzen, ehrlich arbeiten, mich von denen fernhalten, die mir Schlechtes wollen, mich von allen fernhalten. Sie küßte mich, als ich fortging, als ich für sechs Monate wegging. Wenn sie Brot hatte, gab sie mir welches, wenn sie keins hatte, gab sie mir keins.

Weihnachten und Ostern habe ich zweimal im Gefängnis erlebt; vorher war ich in den Bergen und manchmal zu Hause.

Im Gefängnis hab ich angefangen, Filme zu sehen, vorher hatte ich ein paar gesehen und nichts verstanden: Pferde rennen, Fechter von rechts und links. Dann habe ich auch einen Pferdezirkus gesehen, mit einer Signorina, die auf einem Ball lief, und ein Pferd, das auf einem kleinen Stück Brett ging. Das erste Mal, daß ich mit dem Zug fuhr, mit elf Jahren, das war, um meinen Vater im Gefängnis zu sehen, auf der Colombaia; aber die Wellen gingen hoch, und wir standen vor der Landungsbrücke und mußten umkehren. Das zweite Mal, als ich mir den Arm gebrochen habe, vom Pferd. Das dritte Mal, um ins Gefängnis zu kommen.

Parteien? Es gibt drei oder vier. Sozialisten, die Democrazia der Priester, Monarchisten und Kommunisten. Der Democrazia müßten sie alle die Hälse abschneiden, um mit den Köpfen Ball zu spielen. Die Monarchie, das sind die Reichen, die Besitzenden, sie hängen dem Volk am Hals, um es auszusaugen. Ich mag keine Partei, weil ich in keiner Partei drin bin, weil ich vorbestraft bin. Ich möchte sie alle an die Wand stellen. Sie sind alle Hurensöhne. Ein Advokat oder ein Scheißkerl von einem Richter sprechen nie ehrlich. Die anderen schenken uns bei den Wahlen sogar ein Hemd, diese verdammten Hurensöhne. Ich weiß es, weil ich den Leuten zuhörte und ein paar Worte behalten habe.

In Amerika und in Rußland ist dieselbe Regierung wie hier. Wie Rußland ist? Eine kleine Insel. Was China ist? Schiene? Nie gehört.

Ich bin im Gefängnis wegen zwei Büschel Grünzeug. Ich war auf ein Feld Grünzeug holen gegangen, und ein Junge paßte auf. Kaum hatte er gepfiffen, flog ein Stein auf einen, der kam. Ich riß aus mit der Kuh, die vorneweg lief. Dann kamen die Polizisten zum ersten Mal. Ich war im Stall und hörte den Lärm von Pferdehufen, während ich Mist auf einen Haufen schaufelte. Sie wollten mich in die Kaserne bringen, wollten mich fesseln. Ich wollte nicht mitgehen.

Ein zweites Mal sind sie gekommen, als ich beim Melken war, sie nahmen mich zwischen die Pferde und brachten mich in die Kaserne. Dort fuchtelten sie vor mir mit dem Messer herum, schlugen mich auf den Rücken, gaben mir Fußtritte und schrieben ohne Feder, klick, klick, wer weiß, was das für ein Hurending war. Ich mußte ein Kreuz machen, und ich ging.

Nach vier Monaten holten sie mich und brachten mich ins Gefängnis. Dann brachten sie mich auf die Colombaia. Dann machten sie mir den Prozeß und verurteilten mich zu vier Jahren und zwanzig Tagen. Sechs Jahre hatten sie gefordert. Sie fragten mich, ob ich Berufung einlegen wollte; ich weinte und konnte nicht aus den Augen sehen. Und ich bin hier im Ucciardone-Gefängnis, um auf die Berufung zu warten, aber die Klägerpartei kommt nie.

Rosario

Es gibt fünf oder sechs Sorten Grünzeug; wildes Grünzeug, das baut keiner an, es wächst von selbst.

Du gehst und gehst, und was du findest, nimmst du; morgens stehst du auf, so um vier, um drei, um fünf, das hängt von der Jahreszeit ab und davon, von wo du losgehen mußt. Du stehst auf und gehst auf die Felder, gehst zehn oder zwölf Kilometer und fängst mittendrin an, nach Grünzeug zu suchen. Mittendrin, denn wie soll man an der Landstraße Grünzeug finden? Denn an der Landstraße ist entweder Staub, und mit dem Staub ist es nicht gut, oder es kommen Leute vorbei und nehmen es mit, um zu Hause daraus Suppe zu kochen, oder die Kühe zertrampeln es oder fressen es auf – es ist übel zugerichtet.

Man geht oft vier oder fünf Kilometer oder mehr querfeldein, um einen Sack voll zu bekommen, von dem man zweihundert Bund machen kann. Gewöhnlich sind wir zu zweit oder zu dritt oder auch zu viert, um uns gegenseitig zu helfen: Es kann immer irgendein Unglück passieren. Denn auf den Feldern kann es immer wieder vorkommen, daß ein Besitzer uns Vorwürfe macht, daß wir die Erde zertrampeln, und manchmal verbieten sie uns, dort zu sammeln, denn sie sagen uns, daß sie das Grünzeug für sich brauchen.

Wenn zwei sich einig geworden sind, daß man das Grünzeug, das man findet, zusammentut und das Geld hinterher teilt, dann bleibt man sich einig, aber wenn wir zwei Männer sind, wo jeder auf eigene Faust loszieht, fängt das Auge an zu rennen, weil der andere den Sack als erster voll haben und das beste Grünzeug sammeln will. Wenn wir beide aber zusammen sind, und du siehst ein Rapsbüschel, läufst du, um es als erster zu haben: wenn du es nicht schaffst, schafft der es zuerst. Und so geht es das ganze Leben lang, bis der Sack nicht mehr voll wird. Denn manchmal gelingt es einem nicht, den Sack voll zu bekommen. So ist's auch mit den Schnecken. Wenn du dich beeilen und sechs oder sieben Kilo Schnecken sammeln willst, mußt du schon die nächste ins Auge fassen, bevor du die erste aufhebst; die Augen müssen scharf, flink sein. Du nimmst die eine, und schon schaust du nach der anderen und rennst hierhin und dorthin.

Und man muß sehen, ob das Grünzeug gut ist, ob es nicht Würmer hat, auch nur ganz kleine. Wie jetzt der Fenchel Würmer hat: nicht der ganze, aber beinah. Es gibt zwei Sorten wilden Fenchel; den gemeinen Fenchel und den im Gebirge: den gemeinen Fenchel kann man nicht essen, weil er zu sehr stinkt. Er sieht fast genauso aus, aber wir erkennen ihn, weil er andere Blätter hat.

Wir gehen und gehen und sammeln alle Sorten von Grünzeug, wie sie kommen, die wilden, versteht sich: Zichorie, Raps, Rüben, Boretsch, Disteln, Fenchel, wilder Spargel. Wir stopfen alles in den Sack, und wenn der Sack prall voll ist, gehen wir ins Dorf. Zu Hause bringt die Frau eine Bütte voll Wasser, weil man viel Wasser braucht, um sie gut zu waschen, sonst nimmt der Händler sie nicht ab; man sortiert das Grünzeug ordentlich: jede Sorte auf einen Haufen. Wenn ich es an den Händler weiterverkaufe, gebe ich das Bund zu vier, zu drei Lire ab; wenn ich es am nächsten Tag selbst verkaufen will, kann ich zwei Bündel zu fünfzehn, ein Bündel zu fünf Lire verkaufen: aber ich verliere zwei Tage und obendrein einen Tag, um zu verkaufen.

So verdiene ich zwischen sechshundert und siebenhundert Lire, manchmal achthundert: aber dem Händler schenkt man an die zwanzig Bund. Diese Arbeit gibt's den ganzen Winter über bis März, denn danach fängt man an, in den Weinbergen zu hacken; denn im Heu findest du nur ein paar Stengel Zichorie und Disteln.

Man geht auch sonntags los, manchmal. Wenn es regnet, bevor wir uns auf den Weg machen, dann gehen wir nicht; wir gehen nach Schnecken; wenn es regnet, und wir sind an der Stelle, wo das Grünzeug wächst, und es nieselt nur, sammeln wir, bis wir klitschnaß sind, sonst gibt es an diesem Tag nichts zu essen, oder man borgt sich was und kann es dann nicht zurückgeben.

Hier sind wir von 25 000 Einwohnern ungefähr fünfzig, die von Beruf aus Grünzeug sammeln: alle Landarbeiter gehen, wenn sie ohne Arbeit sind, für sich selbst Grünzeug sammeln, um zu essen. Auch die Eigentümer sammeln.

Wenn der März kommt, wo es hier nur ein paar Stengel gibt und man nichts zu beißen hat, weil man den ganzen Tag herumlaufen muß, um hundert Bund zu sammeln, fahren wir mit dem Rad nach Balata, dreißig Kilometer weit, nur Straße: denn dort wird weniger gesammelt, weil da nicht so viele wohnen, und das Grünzeug kommt da später. Dann stellen wir die Räder ab und machen uns mit den Säcken in die Berge auf.

Hinterher müssen wir mit den schweren Säcken kilometerweit zu Fuß gehen und zurück mit dem Rad. Abends kommt man spät und müde nach Hause und ist unfähig, das Grünzeug zu bündeln; so kann man am nächsten Tag nicht weg. Das geht so bis April, denn später schießt das Grünzeug ins Kraut, und die Leute wollen es nicht, weil es bitter ist. Da gibt es nur Zichorie und höchstens ein paar Stengel Boretsch.

Um nach Schnecken zu gehen, mußt du mindestens um zwei oder drei aufstehen. Denn bevor es hell wird, mußt du an Ort und Stelle sein, weil die Schnecken bei Sonnenaufgang weg sind: sie verschwinden unter der Erde, kommen nicht mehr hervor. Wenn es ein nebliger Tag ist, machst du bis elf weiter, denn später verschwinden sie auch, sie kriechen ja nicht den ganzen Tag herum. In den Weinbergen gibt es überhaupt keine

Schnecken, vielleicht deshalb, weil sie vier-, fünfmal im Jahr gehackt werden, aber auf den unbebauten Flächen, auf Brachland, auf Flächen, die mit Bohnen, Weizen und Lupinen bestellt sind. In die Nähe von Wasser, da gehen sie hin. Noch mehr findet man, wo Tau ist. Aber durch diese Mittel, die es gibt, sterben die Schnecken jetzt aus: da werden all diese Salze ausgestreut, Ammoniak und alles mögliche: du gehst und findest überhaupt nichts. An manchen Stellen findet man sie dicht an dicht. Aber wenn Schneckenzeit ist, gehen fast alle, Jäger und Leute vom Land, mit Weidenkörben und Kindern, beim ersten Regenschauer ziehen alle los nach Schnecken. Wir sind zum Beispiel vier oder fünf in der Familie, die Mutter sagt zu den Kindern: „Geht nach Schnecken." Und sie gehen los, holen zwei oder drei Kilo, je nachdem wieviel sie finden, und wenn sie zurück sind, wird gegessen.

Wir Berufsmäßigen müssen sie dagegen verkaufen, um uns Brot zu beschaffen. Es gibt drei Schneckenarten: Attuppatedde, Babbaluce und Crastuna. Aber von den Crastuna gibt es sehr wenig: das sind die dickeren. Davon gibt es wenig. Mehr gibt's von den Attuppatedde. Schon wenn ein Wind aufkommt, machen sich die Babbaluce vom Gestein los, stecken die Köpfe unter den Felsen hervor, denn sie haben sich unter den Steinen festgesogen. Das ist der Stein: die Babbaluce kriecht nicht in die Erde, sie saugt sich an dem Stein fest, unten und an der Seite, sie sitzen am Stein, am Stein dran. Sie kriecht zum Schlafen nicht in die Erde, sie bleibt auf dem Stein: wir haben nie welche auf der Erde gefunden, wenn sie schlafen. Wenn sie in ein Loch kriechen, in einer Brücke zum Beispiel, und sie haben nicht genug Platz, klammern sie sich aneinander fest, übereinander, wie eine Traube: zuerst saugen sie sich fest, dann klammern sich die anderen an sie an, wenn es viele sind. Wir stecken die Finger rein oder irgendein Stück Holz. Und wenn wir nach Babbaluce gehen, lockern wir alle Steine und drehen jeden einzeln um. Wo bloß ein oder zwei Steine sind, gibt es keine; sie befinden sich im Geröll. Die Berge bei Lo Zucco sind zum Beispiel eine richtige Babbaluce-Stelle. Die Babbaluce schmecken zarter.

Die Attuppatedde, die essen wir auch roh. Wenn ich zum Beispiel nach Attuppatedde gehe und eine kleine Hacke nehme, um sie herauszuholen, weil sie in der Erde sind, hacke ich dabei immer welche durch, und dann mache ich sie sauber und esse sie. Unter den Steinen gibt es sie aber auch, und in der Erde. Neben den Steinen, weil sie Schatten suchen, um im Feuchten zu bleiben, um es immer frisch zu haben, sonst werden sie im Sommer von der Erde selbst ausgedörrt, weil die Erde im Laufe des Sommers Risse bekommt. Denn sechs Monate lang fressen sie nichts, im Sommer schlafen sie sechs Monate. Im März fangen sie an, sich festzusetzen, sich in ihr Gehäuse zurückzuziehen; später sondern sie Schleim ab, dann beginnt der Schleim einzutrocknen, und es entsteht ein weißes Häutchen. Am Anfang sieht es wie ein dünnes Zwiebelhäutchen, das obere, aus, im April dann, wenn die Luft sich zu erwärmen beginnt, wird es langsam härter, fast so wie das Gehäuse. Aber es ist schwer, sie zu sammeln, weil die Eigentümer es nicht wollen: wir kennen die Stellen, aber die Eigentümer, wie hier in den Bergen zum Beispiel Don Ciccio, haben Kühe, und wenn wir hacken, machen wir das Gras kaputt.

Wenn dann im September und Oktober der erste Regen in die Erde eindringt, wird die Haut wieder nach und nach weicher, und sie fangen an herauszukommen. Und dann sagen die Eigentümer nichts.

Wenn sie anfangen herauszukommen, haben sie noch nicht gefressen und sind süß. Aber später fangen sie an, Gras zu fressen, und sind bitter. Und damit sie wieder süß werden, kommen sie in einen Tiegel, in einen Eimer, man wirft eine Handvoll Kleie hinein: nach zwei oder drei Tagen sind sie wieder süß. Aber die Babbaluce sind immer süß; sie werden nie bitter.

Da gibt es die Regenwürmer, die wie lange Würmer sind, die zuerst die Schnecken töten, dann in sie hineinkriechen und sie fressen; sie kriechen auf sie zu, und die Attuppatedda zieht sich zurück, immer weiter, doch sie kann sich nicht wie die Babbaluce zurückziehen, weil sie dick ist, doch der Regenwurm kriecht in sie rein und frißt die Attuppatedda und auch die Babbaluce. Aber im Sommer frißt er die Attuppatedda nicht, weil sie im Gehäuse bleibt, die Babbaluce klebt am Stein: und der Regenwurm kommt nicht voran, weil der Boden hart und trocken ist, und er kriecht dahin, wo Wasser und Mist sind, wo der Boden viel weicher, wo große Feuchtigkeit ist. Aber, sagt man, woher weißt du das? Ich war in diesen Tagen in Corleone Aale fangen, und auf halbem Wege zwischen Corleone und Contessa mußten wir die Körbe für Aale zurechtmachen. Wir nehmen einen Regenwurm, zehn, zwölf Regenwürmer für jeden Korb und spießen jeden einzeln auf Eisendraht, und dann legen wir ihn in den Korb. Nachdem wir die Regenwürmer in den Korb gelegt haben, gehen wir an den Fluß und werfen den festgebundenen Korb in Wasserlöcher. Am selben Tag geht der Aal nicht rein. Er geht nachts rein, weil er was zu fressen sucht. Morgens, denn wir schlafen dort am Fluß, morgens stehen wir auf und gehen auf gut Glück los. Wir ziehen die Körbe hoch, und wenn wir was finden, finden wir es, wenn wir nichts finden, suchen wir den Fluß an anderen Stellen ab. Wenn keine da sind, ziehen wir weiter. Wenn in einem Korb was drin ist, können es sogar vier oder fünf oder sechs oder sieben sein. Oder auch nichts. Aber in die Körbe gehen die kleinen, von höchstens hundert oder zweihundert Gramm. Die großen gehen da nicht rein. Aber jetzt gibt es keine, weder kleine noch große, denn sie werfen Gift in den Fluß, um sie zu fangen. Und es krepieren auch die, die noch nicht geboren sind.

Bei wenig Wasser und wenn es nicht vergiftet ist, fangen wir sie auch mit Gabeln, mit denen zum Essen, die binden wir an einem Stock fest und schieben die Steine beiseite. Und sie machen sich wie Blitze davon, und wir verfolgen sie, solange wir sie sehen. Wenn wir sie nicht mehr sehen, schieben wir zehn Meter weiter die Steine noch einmal beiseite, denn sie flüchten nach unten, um davonzukommen. Und wir müssen zu zweit oder zu dritt nach Aalen gehen. Nur im Sommer, denn im Winter ist Hochwasser.

Dann gibt es die Babbaluccedde, das sind kleine Babbaluce. Die kriechen auf Stiele, von Dornbüschen zum Beispiel, alle aneinandergeklammert, dicht an dicht. Sie fangen im Juni an, bis Juli, August, solange es nicht regnet. Was soll man danach mit ihnen? Die anderen, dickeren, fangen an. Sie sitzen auf den Dornen, und sie trocknen nie aus, sie halten sich nur oben auf den Dornen und trocknen nie aus, ihr Platz ist dort. Man kocht sie mit dem ganzen Gehäuse, wie die anderen, dann lutscht man sie aus.

Wir gehen drauflos, was wir finden, nehmen wir. Aber während wir sammeln, merken wir schon, wo sie hinwandern, im Winter, wohlgemerkt. Wenn sie die Sonne sehen, während sie herumwandern, dann kriechen sie einen Zentimeter unter die Erde, um nicht gesehen zu werden. Wenn einer von uns, die wir die Erde kennen, einen solchen lockeren Erdhügel sieht, die sind ganz klein, aber es sind welche, scharren wir die Erde mit den Fingern auseinander und finden sie mit ihrem Kopf, mit dem sie sich ein winziges Loch gemacht hat, gerade groß genug für ihn, wie einen Pilz in der Erde: und wir ziehen sie raus. Weil sie an bestimmten Stellen Eier haben, so groß wie Reiskörnchen, bloß rund. Denn sie paaren sich und klammern sich über der Erde Kopf an Kopf aneinander, und man weiß nicht, wer das Männchen und wer das Weibchen ist. Einige Male, im September, habe ich diese Pärchen genommen und voneinander gelöst, und wie ich sie mir ansehe, sehen beide gleich aus. Manchmal sieht man vier oder fünf Pärchen; sie sind meist dicht beieinander. In solchen Fällen kommen sie schneller zusammen, mit einem Griff hast du auf einmal acht oder zehn Attuppatedde.

Im März gibt es die neue Brut, winzig klein mit dünnem Gehäuse, sie sind durchsichtig, sie glänzen. Ich gehe zum Beispiel, und es sind keine Schnecken da, aber ich sehe Schleim, der auf der Erde glitzert, ich gehe ihm nach und finde sie entweder unter der Erde oder angeklammert, aber sie entgehen mir nicht. Nachts kriechen sie überallhin, im Winter. Warum wir uns in aller Frühe an den Stellen einfinden? Um bereit zu sein, sie zu fangen, solange sie noch draußen sind. Vielleicht mögen sie uns nachts besser sehen, aber auch wenn du am Tage den Finger ranhältst, ziehen sich die Fühler zurück. Wenn es windig ist, ziehen sie sich zurück und bewegen sich nicht, was auch geschieht. Wenn es sehr kalt ist, dasselbe. Wenn es heftig regnet, dasselbe, sie bewegen sich nicht: sie bleiben oben auf der Erde, aber zusammengezogen, im Gehäuse. Aber wenn ein kleines Gewitter heraufzieht, wo es ganz ganz langsam regnet, gehen sie los. Wenn ein leichtes Lüftchen weht, ganz leicht, ziehen sie sich zurück. Wenn ein paar Tropfen fallen und sich der leichte Wind legt, kriechen sie gleich weiter.

Oder nimm zum Beispiel die Krebse, was fressen sie? Würmer; wenn sich irgendein totes Tier findet, machen sie sich gleich drüber her, und du siehst dreißig, vierzig Krebse auf diesen Tieren, Flußkrebse. Die sind wie die aus dem Meer, bloß nicht behaart. Man kann sie auch essen. Man macht daraus kräftige Brühe, aber es ist wenig dran, weil sie fast nur Knochen sind. Man hat in bestimmten Monaten was davon, wo sie dick und rund sind. Vielleicht hängt das vom Mond ab. Es gibt eine Zeit, wo sie mager sind, und es gibt eine Zeit, wo sie fett werden.

Dann die Frösche, die fressen Würmer, aber die ganz kleinen. Aber, sagen die Leute, wie merkst du das? Wenn ich sie abziehe, die Frösche, nehmen wir die Eingeweide raus und dann den Darm, durch den die Nahrung durchgeht, und wir sehen alles, was sie fressen: Insekten und so. Dann gibt es die Ringelnattern, die schwarzen Schlangen, die in den Flüssen leben; die sehen dir eine Kröte, die vielleicht vierhundert, manchmal fast ein halbes Kilo wiegt, und die Ringelnatter bringt es fertig, die Kröte aufzufressen, sie ganz runterzuschlingen. Sie behext sie, als wenn dich einer mit seinem Blick lähmt, macht sie bewegungslos und verschluckt sie dann.

Die Brut des Frosches. Also, wenn wir den Fröschen die Haut abziehen, merken wir gleich, wenn wir ein Männchen abziehen. Sie fragen: Woran erkennt ihr ihn? Vor allem, daß wir ihn uns ansehen, bevor wir ihn abziehen. Wir sehen uns seinen Bart an, denn er hat einen Bart, wie wir. Oder wir sehen beim abgezogenen Frosch, daß er Hoden hat, richtig wie ein Mann ist der Frosch. Wenn wir ein Weibchen nehmen, merken wir es genauso: bevor wir es abziehen, denn einen Bart hat es nicht, am Bart ist es glatt. Und dann, wenn der Frosch trächtig ist, merken wir es. Wenn wir ihn hinterher abziehen, sehen wir, daß er schon zwei Eiertrauben hat, daß er viele Junge kriegen wird. Und wir sehen, ob er sie heute oder morgen legen sollte. Denn sie, die Weibchen, laichen zweimal: einmal, weil wir sie am Hals packen, den Bauch gegen den Hals drücken, wobei uns die Eier in die Hand spritzen. Dagegen bleibt beim zweitenmal innen alles fest haften, sie bleiben drin, denn sie sind noch nicht soweit, sie sollen erst einen Monat später abgelegt werden.

Um die Frösche zu verkaufen, schneiden wir ihnen den Kopf und die vier Füße mit der Schere ab und ziehen die Haut ab. Wir nehmen die Eingeweide und die Galle raus. Dann brechen wir die Beine, um ihm die Schenkel aufzublasen; mit den dikken Schenkeln macht sich der Frosch besser. Wenn du die Frösche mit den dicken Schenkeln siehst, dann sagst du: „Geben Sie mir ein Kilo." Und selbst mit gebrochenen Beinen, ohne Haut, ohne Kopf, ohne Füße, ohne Galle bewegen sie sich noch. Und nach zwei Stunden Wässern gehen wir sie für zweihundert

Lire das Kilo verkaufen. Am Tage werden sie gefangen und nachts abgezogen, weil der Frosch nach sechs Stunden zu stinken anfängt, wenn man ihn abgezogen liegenläßt.

Wenn ich diese Welt der Tiere so sehe, geht es mir durch den Kopf, daß wir genauso sind. Wenn ich eins essen muß, esse ich es; mit ihm ist es genauso. Und auch das Leben der Tiere ist beschwerlich.

Manches Mal, wenn ich abends die Sterne sehe, besonders wenn wir nachts draußen Aale fangen sind, und da mache ich mir meine Gedanken, und ich sage mir: Ist das wirklich die Welt? Ich glaube nicht, daß das die Welt ist. Wenn ich ein klein bißchen zur Ruhe komme, glaube ich an Jesus, und wer zu mir Schlechtes über Jesus sagt, den könnte ich umbringen. Aber es gibt Augenblicke, wo ich nicht einmal an Gott glauben will, denn in manchen Augenblicken habe ich gesagt: „Wenn es Gott wirklich gibt, warum schenkt er mir nicht das Glück zu arbeiten?"

Aber dann denke ich daran, daß ich Kinder habe, und hänge mich nicht auf. Aber manchmal . . . Wenn ich keine feste Arbeit finde – ich weiß bald nicht mehr aus noch ein.

Wenn ich den Fröschen die Haut abziehe, tun sie mir leid, weil ich daran denke, daß ich sie unbedingt umbringen muß. Mir tun sie sehr leid, aber es bleibt ihnen nichts anderes übrig, als zu sterben. Wenn der Frosch mich sieht, denkt er sicher, daß das die Stunde des Todes ist, wenn er da unter meinen fünf Fingern ist. Ich glaube, daß er sicher so denkt. Aber, sagt man, woher weißt du das? Wenn wir den Frosch an den Flanken packen, uriniert er, mehrere Male, bevor du die Schere ansetzt, genau wie die Menschen. Deshalb glaube ich, daß er sicher so denkt. Jedes Tier, das merkt, daß es von einem Menschen gegriffen wird, fängt an zu zittern. Ich nehme manchmal einen Vogel aus dem Nest: In der Hand fühlt sich seine Brust wie eine Glocke an. Sie schlägt, sie spüren den Tod: es ist dasselbe, als wenn du auf einen Menschen mit einem Revolver zielst.

Auch die Schnecken, glaub nicht, weil sie ein wertloses Tier ist, daß sie nicht auch daran denken müssen. Sie denkt es sicher auf ihre Art. Ich meine, daß sicher alle an den Tod denken.

Wenn man einen Aal fängt, macht er, bevor man ihm den Kopf abschneidet, um sofort die Eingeweide herauszuziehen, das Maul auf, er möchte atmen, möchte beißen, mit den winzigen Zähnen. Und es ist kein Wasser da, und er fängt an, sich zu winden, bis er betäubt ist, ihm geht die Luft aus, und man schneidet ihm von unten den Kopf weg, und man schneidet über Kreuz, um die Galle und die Eingeweide rauszunehmen.

Wenn wir die Frösche abziehen und uns alle um den Korb rumsetzen, zieht meine Frau die Haut ab, mein Vetter schneidet die Köpfe mit der Schere ab, meine Kusine schneidet die Füße ab, und ich nehme die Eingeweide, die Galle raus und zerbreche ihnen die Beine. Und dabei kommt es manchmal zu Gesprächen, um uns die Zeit zu vertreiben. Und wir fangen an: für meinen Vetter, der die Köpfe abschneidet, dreißig Jahre, weil er der Mörder ist; für meine Frau so zwanzig Jahre, weil sie anfängt, dem toten Frosch...; für meine Kusine weitere zwanzig Jahre, weil sie die Füße abschneidet; und ich lebenslänglich, weil ich derjenige bin, der für die Tragödie verantwortlich ist. Und wir machen eine Art Gericht, wo wir Richter und Angeklagte sind.

Wenn du dem Frosch den Kopf abschneidest und ihn auf den Tisch legst und dir seine Augen ansiehst, sind sie anscheinend noch lebendig, wie wenn du dir ein Bild ansiehst, es scheint, als ob sie dich immer ansehen. Wenn du alle Köpfe abgeschnitten hast, sieht es wie ein Gemetzel aus: wenn du alle Köpfe nebeneinanderlegen würdest...

Die ersten Male machte es einen furchtbaren Eindruck auf mich, dann... Im vorigen Jahr habe ich hundertfünfzig Kilo geschlachtet. Und wenn mir jetzt einer beim Abziehen entwischt und ich habe es eilig und der bringt mich in Wut, dann beiße ich ihn in den Kopf, so, bis er krepiert, oder ich schmeiße ihn auf die Erde. Wer seine Mitmenschen sterben läßt, um Besitz, Land zu kriegen, alles für sich selbst, und nicht an unsereins zu denken, der müßte dafür statt von einem Korb mit Froschköpfen von einem Korb mit Menschenköpfen träumen, mit Augen von den Menschen, die durch seine Schuld sterben.

Das ist mein Gewerbe, um mein Brot zu verdienen; denn ich mache alles. Von acht Jahren an, nach der zweiten Volksschulklasse, lebe ich so und schlage mich, so gut es geht, durch. Gott sei Dank habe ich bis heute nichts mit der Polizei zu tun gehabt. Und das Brot, das ich meiner Familie bringe, ist sauer verdientes und sauberes Brot. Dies ist eine schwerere Arbeit als auf einer festen Stelle: es ist auch eine Kopfarbeit. Heute gehst du in die eine Richtung, und morgen mußt du wissen, wohin: abends denkst du nach. Und ich habe es immer mit Liebe gemacht. Aber will ich denn eine Arbeit, die mich so fertigmacht? Ich will eine geordnete Arbeit, die weitergeht, wenn ich morgens aufstehe, will ich wissen, wohin ich arbeiten gehe. Nicht, daß ich mich drücken möchte, aber ich kann Besseres lernen als das hier; weil ich die Intelligenz habe, das hier zu lernen, habe ich die Intelligenz, Besseres zu lernen. Zuerst werde ich wie ein Stück ungehobeltes Holz sein, aber dann nach zehn, vierzehn Tagen werde ich den Dreh raushaben. Seit ich von den Soldaten zurück bin, vor fünf Jahren, habe ich als Handlanger gearbeitet: das erste Jahr drei Monate; das zweite Jahr vier Monate; das dritte sechs Monate; das vierte Jahr drei Monate; das fünfte Jahr fünf Monate. Die übrige Zeit auf den Feldern; man nennt uns Grünzeugsammler.

Ich sammle auch Kapern, das sind kleine Blütenknospen; später, wenn die kleine Knospe aufbricht, entsteht eine kleine Gurke, die man aufschneidet und mit Salz in die Sonne legt. Die Kapern sind Zeug, das man in den Tälern findet, weil sie zwischen Steinen und nicht auf flachem Boden gedeihen.

Von siebzehn Jahren an bis neunzehn sammelte ich Grus oder Kohle. Ich ging in die Berge, wo das Holz in den mit

Erde bedeckten Meilern verbrannt wurde. Wenn wir sahen, daß der Meiler niedergebrannt war und sie die Holzkohle schon weggeschafft hatten, kamen wir ran und stocherten mit einem spitzen Stück Holz darin herum, denn die Erde war locker und ausgebrannt, um die übriggebliebenen Stückchen Holzkohle zu finden. Jeder von uns konnte zehn, fünfzehn Kilo mitnehmen. Wenn wir da nichts fanden, gingen wir zur Bahnlinie runter, um an den Gleisen Kohle zu sammeln, verbrannte und nicht verbrannte. Fünfzehn, zwanzig Kilo, dasselbe wie dort. Wenn die Lok fährt, fällt immer was runter. Und manchmal werfen die Heizer auf den Bahnhöfen die verhärteten, verbrannten Kohlestücke weg, die wie Steine aussehen, die nicht mehr verwendbar sind. Die verbrannten brauchen die Klempner, weil sie keinen Rauch machen. Die nicht verbrannten verkaufen wir dagegen an die, die Hufeisen für die Pferde machen, denn sie brauchen Hitze.

Manchmal gehen wir in diesen Jahren Blei sammeln. Denn die Polizei schießt, am Schießstand. Hörst du nicht, wie sie singen? Jetzt im Mai sind sie den ganzen Tag, bis zum Abend, beim Schießen, beim Geldausgeben; und für uns Arbeitslose ist nichts da. Manche Bleistücke findest du draußen, aber nach anderen mußt du ein bißchen buddeln, weil sie in die Erde gehen. Blei ist genug da, aber man kann nicht alles finden. Oft geben sie Salven von vierzig Schuß ab. Zuerst suchen wir in den Löchern. Wenn man keine Löcher mehr sieht, buddeln wir. Mit einer kleinen Hacke nehmen wir uns Bahn für Bahn vor, schnurgerade, um nicht das kleinste Stückchen Boden auszulassen. Wir sammeln auch Aluminiumstückchen, denn sie werfen Handgranaten. Wir finden manchen Blindgänger, den sie nicht sehen und liegenlassen. Und wir sammeln sie auf und verkaufen sie dann. Das ist das Brot, das sie unsereinem geben: das ist das einzige Blei, das sauberes Brot abwirft. Luft muß in der Kirche sein, aber der Luftzug darf nicht die Kerzen auslöschen und womöglich den Altar davonblasen.

Santo

Das Gut Túdia, an der Grenze zur Provinz Palermo, gehörte traditionsgemäß einem gewissen Cavaliere G.; es umfaßte tausend salme. Nach einer bestimmten Zeit gab er es zur Hälfte dem Advokaten D., zur anderen Hälfte dem Cavaliere P. in Pacht; aber anfangs besaßen sie nicht mehr als den Schwanz eines Esels.

Die Pächter mußten für jede salma zahlen: vierzig tumuli Bohnen oder Getreide, ein tumulo für das Ewige Lämpchen in der Kirche, ein tumulo für die Straßen des Gutsherrn, ein tumulo für den Feldhüter, außerdem das Geschenk für den Angestellten, der die Ernte auflud, um sie zum Eigentümer zu bringen, und das Geschenk für die Carabinieri.

Diese Strohhütten sind von den Halbpächtern gebaut worden, als wir Kinder waren: aber der Gutsherr zwang jeden Halbpächter, im Jahr eine Abgabe von etwa zehn Hühnern dafür zu leisten, daß sie in den Strohhütten leben durften. Und immer und immer wieder verlangte er, wenn er sich nach Túdia begab, daß die Halbpächter ihre Frauen zur Hausarbeit schikken sollten.

Anfangs waren es ungefähr zweihundert Halbpächter. Wenn sie morgens alle gegen vier auf die Tenne kamen, um das Saatgut zu holen, zogen sie sich sofort zurück, sobald die Tür oben auf dem Balkon aufging, weil sie wußten, daß der Gutsherr die Gewohnheit hatte, vom Balkon zu pissen. Bezeugen können es Giuseppe B., Antonio T., Francesco M., Mario P. und Dutzende Bauern. Wenn irgendein Bauer das gemacht hätte, wäre es ein öffentlicher Skandal gewesen.

Don Eugenio hatte Pfauen zwischen den Hühnern. Der Herzog von S. hielt im Hof ebenfalls Pfauen, wegen des imposanten Anblicks, den sie bieten. Jedesmal, wenn die Ernte aufgeteilt wurde, mußte sich der Halbpächter, wie jetzt, auf den Hof des Besitzers begeben, um das Saatgut und die Vorauszahlungen zu verrechnen. Wenn zum Beispiel, was oft der Fall war, der Halbpächter die vom Besitzer gemachte Aufstellung als ungerecht bezeichnete und sie beanstandete, erhob der sich vom Stuhl: „Leben Sie wohl, leben Sie wohl!"

Nach all diesen Sachen, die er sich bezahlen ließ, haben jetzt die Erben von D. das Gut gekauft, und sie lassen weiterhin die Halbpächter das bezahlen, was die Halbpächter nicht bezahlen müßten: hier gerieten einmal fünf Strohhütten in Brand, und dann immer wieder irgendeine.

Ich bin 1941 nach Túdia gekommen, ich lebte in einem Bauernhaus und war Besitzer von sieben Stück Rindern, über die der Besitzer Cesare D. und ich miteinander einig wurden, daß sie taxiert und in Halbpacht genommen werden sollten. Aber erst nach einigen Monaten kam es zur Abschätzung der Tiere, die so taxiert wurden, wie er es verlangte, weil er mir drohte, daß die Tiere von seinem Hof runter müßten, wenn ich nicht zustimmte. In Anbetracht dessen, daß ich keine Möglichkeit hatte, woanders hinzuziehen, war ich gezwungen nachzugeben.

Im nächsten Frühjahr, als es zur Aufteilung der Futtermittel kommen sollte, verlangte er mehr Prozente, denen ich niemals zugestimmt hatte, dem Gesetz entsprechend. Hier nimmt die Reiberei mit dem Besitzer ihren Anfang. Eines schönen Tages kriege ich die Kündigung. Ich war nicht da; als ich zurückkomme, finde ich meine Frau in Sorge: „Sieh mal, was der Gutsherr geschickt hat." Ich wußte nicht, wohin ich mich wenden sollte, weil ich die gewerkschaftliche Lage nicht kannte, und als ich mit verschiedenen Leuten sprach, sagten sie mir, daß in Petralia Sottana die Partei war, die mir Hinweise geben könnte, um mich zu verteidigen. Eines Tages nehme ich mir die Stute und reite nach Petralia, was ein Weg von sechseinhalb Stunden war. Als ich ankam, fragte ich, wer der Beauftragte der Partei war, der mir Auskunft geben könnte. Damals war dort der Sohn des Müllers, ein junger Student: als ich ihm die Angelegenheit erzählt hatte, schickte er mich zum Doktor B., wo ich sofort hinging. Den Doktor traf ich nicht zu Hause an, der war unterwegs auf Visite, und ich habe fast zwei Stunden gewartet. Er kam herein und bemerkte gleich voller Freundlichkeit das unbekannte Gesicht und fragte mich als erstes, was ich brauchte. Als ich ihm erzählte, daß mich der Besitzer entlassen hatte, sagte er zu mir: „Im Moment rühren Sie sich nicht vom Fleck, selbst dann nicht, wenn ein Bataillon Carabinieri anrückt. Ich werde nach Palermo schreiben und werde Ihnen genau Bescheid geben, wie zu verfahren ist." Er fragte mich nach meiner Adresse, wir haben uns verabschiedet, und ich bin wieder nach Túdia zurückgekehrt.

Am 28. Juni begebe ich mich zum Sankt-Peters-Jahrmarkt nach Petralia Soprana, wo ich Bekanntmachungen über die Aufteilung der Ernte sah. Unterzeichnet Landwirtschaftsminister Gullo. Ich habe in der Schule die fünfte Klasse abgeschlossen. Wieder in Túdia, habe ich mich mit allen Halbpächtern in Verbindung gesetzt und ihnen erklärt, daß es auf öffentlichen Bekanntmachungen ein Gesetz gab, das man nicht verheimlichen konnte. Und einige Bekanntmachungen hatte ich mir mitgenommen und hängte sie aus, damit die Ernte 60 zu 40 verteilt werden sollte. Kurz bevor die Mahd beendet ist, kommt der Besitzer, der sich niemals dafür interessiert hatte, den Drusch zu beschleunigen, nach Túdia und ordnet an, sofort zu dreschen. Wenige Halbpächter waren bereit zu dreschen, und kaum war das Korn sauber, wollte es der Besitzer nach dem alten System aufteilen.

Die Halbpächter sagten nein. Er drohte ihnen mit den Carabinieri, daß er sie festnehmen lassen würde, wenn sie nicht die von ihm angeordnete Aufteilung durchführten. Die Halbpächter kommen zu mir, und es kamen auch Halbpächter vom Gut L., und ich fühlte mich sehr ermutigt. Wegen der größeren Sicherheit begab ich mich zusammen mit diesen Halbpächtern nach Petralia. Wieder zu Pferd, dreizehn Stunden, dreizehn Stunden hin und zurück, mit Giovanni Neglia und einem anderen, die mit mir, nachdem wir zu später Stunde aufgebrochen waren, in Fontanelle übernachteten, oben auf einem Berg, wo sich ein großer Stall befindet. Und das hat Eindruck auf mich gemacht, den jungen Studenten mit uns im Stall liegen zu sehen, nicht auf Stroh, auf dem nackten Boden. Wer trieb ihn dazu, das zu tun? Das hat einen großen Eindruck auf mich gemacht, und auch heute noch, wenn ich von ihm höre...

Am nächsten Tag bietet uns der Halbpächter dort ein bißchen Milch an, und so haben wir uns auf den Weg zu den Höfen gemacht. Eine große Versammlung wurde abgehalten, an die dreihundert Bauern und Halbpächter. Ich ging als letzter hin, und als ich da ankam, teilten mir die Bauern mit, daß die Abordnung von dort unten zum Besitzer hochgegangen war. Und gleichzeitig war ihre Stimmung niedergedrückt, weil sie glaubten, daß sich die Anführer wie schon immer für das Spiel der Herren Eigentümer hergeben würden, sie meinten, daß es mit diesen dasselbe war. Ich beruhigte sie und sagte ihnen, daß man Vertrauen haben muß, daß es bewußte und ehrliche Männer waren, um die Klasse der Arbeiter zu verteidigen, daß sie sich von niemand bestechen ließen. Ich bitte darum, mich durchzulassen, und höre, wie mir einer meiner Brüder, mit dem ich zwei Jahre nicht mehr gesprochen hatte, belanglose Familienangelegenheiten, zuruft: „Wo gehst du hin?" Weil er daran dachte, daß es in Túdia einen Polizeistützpunkt gab, nahm er an, sie könnten mich verhaften. Ich bleibe auf einmal stehen und denke nach. Aber weshalb nicht gehen? Ich habe nichts verbrochen. Und ich gehe weiter.

Der Gutsherr sieht mich hochsteigen und kommt mir auf der Treppe entgegen, reicht mir zum Zeichen der Sympathie die Hand, und mit der Linken schlug er mir auf die Schulter, und ich höre ihn leise sagen: „Seien wir Männer, Santo!" Im Saal waren der Unteroffizier der Carabinieri, die Polizisten und die Abordnung. „Hör zu, der Besitzer ist bereit, die Ernte zur Hälfte zu teilen und euch dann das übrige zu geben, weil ja im Augenblick unter anderem Aldisio und Minister Gullo miteinander verhandeln. Wenn nicht, warten wir die Entscheidung ab." Ich habe geantwortet: „Liebe Kameraden, dieser adlige Herr hat kein Interesse daran, die Ernte zu teilen, weil er Millionen auf der Bank hat. Es ist unser Interesse, denn wir müssen mit diesem bißchen unsere Familien ernähren."

Da sagt er zu mir, der Besitzer: „Aber habt ihr kein Vertrauen zu mir?" Ich sagte zu ihm: „Nein", denn ich konnte überhaupt kein Vertrauen zu ihm haben, insofern als es manchmal, sogar oft, bei der Aufteilung vorkam, daß er etwas mehr nahm und zugestand, es mir wiedergeben zu müssen; anfangs mußte ich mich zigmal zum Gut aufmachen, und er redete sich heraus, daß er einmal keinen Schlüssel zum Lager hatte, ein anderes Mal hatte er zu tun, und ich ging sechs Kilometer hin und zurück und kam gedemütigt nach Hause, als ob ich um Almosen gebettelt hätte.

Er antwortet mir: „Hast du die Kündigung bekommen?" – „Ja. Was die Kündigung betrifft, wollen Sie mir bitte vor den Herren erklären, warum Sie mir die Kündigung geschickt haben?" Er antwortet mir: „Du bist ein braver Bursche, aber wir kommen nicht unter einen Hut." Ich habe darauf geantwortet: „Es tut mir leid, Sie nicht zufriedenstellen zu können. Santo S. bleibt in Túdia, solange es das Gesetz erlaubt. Im übrigen brauchen wir nicht miteinander zu schlafen."

Ich bin rausgegangen, und er tritt auf den Balkon und sagt zu den in großer Menge versammelten Bauern, daß man die Teilung unter Vorbehalt vornehmen könnte, gemäß der von Aldisio und Gullo getroffenen Entscheidung, und wenn er den Halbpächtern etwas schuldig wäre, würde er es zurückgeben.

Ich habe ums Wort gebeten und gesagt: „Wir können die Aufteilung sehr gut vornehmen, 60 zu 40, im übrigen ist das, was wir vorläufig aufzuteilen haben, wenig im Vergleich zu dem, was wir dreschen müssen." Er sagt darauf nein. Und ich antworte ihm, daß wir nicht nur nicht aufteilen, sondern den Rest auch nicht weiterdreschen würden, wenn es keine Abmachung darüber gab, das Gesetz zu befolgen.

Jetzt müssen wir eine beschämende Sache eingestehen, daß sich alle beugten, aber auf seine Drohung hin.

Als es 1947 zu einem Generalstreik kam, hat sich die Bevölkerung aus Verzweiflung darüber, an die UPSEA Getreide abliefern zu müssen, das sie nicht hatte, den Streik zunutze gemacht und ist zur Stadtverwaltung hinaufgezogen, wo sie die Büros der UPSEA verwüstete und die Akten verbrannte. Ich hatte versucht, die Leute zu beruhigen und Zwischenfälle zu verhindern, aber sie haben einundzwanzig von uns festgenommen und ins Gefängnis gebracht. Achtzehn Monate Gefängnis. Achtzehn Monate die Familie allein im Dorf. Verhandlung und Berufung: vier Monate Gefängnis. In der Zeit, wo ich im Gefängnis war, terrorisierte der Besitzer die Familie, er wollte sie auf die Straße setzen, und er versprach, ihr hunderttausend Lire auf die Hand zu geben, wenn sie bereit war fortzuziehen. Meine Frau wollte sich nicht darauf einlassen.

Das Jahr darauf ging es mit dem Heu los. Aber jetzt mit Don Vittorio. Die übliche Geschichte immer genau im Augenblick der Aufteilung. Er wollte nie das Gesetz befolgen. Und der Kampf aller Halbpächter beginnt von neuem. Als ich die Bohnen ausgedroschen hatte, verlangte ich zusammen mit einigen Halbpächtern, nach dem Gesetz aufzuteilen. Er wollte wie immer nicht darauf eingehen. Ich habe das Eingreifen der Provinzverwaltung gefordert, und während ich dabei war, dem Genossen Totò A. aus Caltanissetta Bericht zu erstatten, rief mein Sohn an und sagte, daß sich der Besitzer Leute aus Modica zum Bohnendreschen und zum Aufschichten der Getreidegarben für den Drusch geholt hatte. Ich kehre nach Túdia zurück und erfahre, daß ein Lastwagen voll Carabinieri gekommen ist. Am nächsten Tag ist Totò A. in Túdia, und wenige Minuten später haben wir Halbpächter alle eine Versammlung durchgeführt. Zusammen mit den Carabinieri kommt Unteroffizier A. und fordert den Genossen Totò A. auf, die Versammlung aufzulösen, weil er gegen das Gesetz verstieß. Totò A. antwortet ihm: „Verehrter Herr Unteroffizier, tun Sie mir den Gefallen, sich zu entfernen und mir nicht meine Versammlung zu unterbrechen. Wenn Sie glauben, daß ich mich gesetzwidrig verhalte, können Sie mich verklagen."

Als ungefähr eine halbe Stunde vergangen war, daß wir die Versammlung beendet hatten, kam der Polizeikommissar mit einem Mannschaftswagen. Und mit was für einem Gesicht! Ich forderte ihn auf, in mein Haus einzutreten, mein Kamerad sagte: „Es ist nicht so, daß wir nicht zum Vergleich kommen wollen, daß wir das Gesetz voll und ganz anwenden wollen, aber wenigstens etwas..."

Am 13. Juli um vier Uhr haben wir uns zur Präfektur aufgemacht, in der es zu keiner Unterredung kam, weil die Herren nicht erschienen waren. Bei der Rückkehr erwarteten die Bauern hoffnungsvoll den guten Ausgang, und Don Vittorio und der Unteroffizier kamen in einem Fiat 1400 vorbei. Ich höre, wie mich der Gutsherr ruft und mir zuflüstert: „Nimm dir deinen Anteil, und die anderen sollen sehen, wie sie zurechtkommen." Ich habe geantwortet, daß es zuerst um die anderen ging, und zuletzt würde ich mit ihm ins reine kommen. Er antwortete mir hochmütig, und ich sagte ihm: „Sie setzen so ein Gesicht auf, weil Sie gewisse Leute von der Polizei an der Hand haben, die, statt das Gesetz durchzusetzen, Ihren Interessen dienen." Sie gingen weg, und ich kehrte mit den Halbpächtern zurück.

Einige Minuten später sehe ich den Chauffeur mit dem Auto des Gutsherrn zurückkommen, und er sagt mir, daß der Unteroffizier mich sprechen will. Ich habe geantwortet: „Ich bin nicht verpflichtet zu kommen, aber weil ich ja ein reines Gewissen habe, komme ich trotzdem." Als ich dort erscheine, sagt mir der Unteroffizier: „Warum reden Sie so, Herr S.?" Ich habe geantwortet: „Weil Sie den Beweis für das erbracht haben, was ich Ihnen sagte." Inzwischen bittet uns der Besitzer ins Büro, wo über die übliche Geschichte diskutiert wird. Danach erscheint der Koch und bittet uns zum Mittagessen. Ich wollte weggehen, aber der Herr sagt: „Ich möchte die Ehre haben, daß du heute an meiner Seite ißt." Da bin ich mitgegangen, und er tat wie ein Kellner und sagte zu mir: „Iß, Santo, trink, Santo, wir bleiben immer Freunde", und schlug mir mit der Hand auf die Schulter: „Seien wir Männer", und drängte zum Essen, zum Trinken. Und mich kam das Lachen an, denn er war es überhaupt nicht gewohnt, sich so zu benehmen, vielmehr hielt er es nicht einmal für nötig, den Halbpächtern, die für ihn so oft Erbsen und Bohnen von einem Lager zum anderen brachten, ein Glas Wasser zu geben.

„Iß, Santo, trink, Santo. Du gefällst mir, Santo", und er zwinkerte mir zu. „Versuch, vernünftig zu sein, wenn du deine Familie nicht ins Verderben stürzen willst. Selbst wenn du dir deine ganze Ernte nimmst, interessiert mich das nicht. Und wenn es dir nicht reicht, gebe ich was dazu." Aber ich paßte auf und trank keinen Wein, um nicht in die Falle zu gehen. Während wir aßen, hatte der Verwalter das mit Maschine geschriebene Protokoll vorbereitet. Sobald wir fertig waren, gingen wir ins Büro, und der Gutsherr hat unterschrieben und brachte mir das Blatt zum Unterschreiben. Ich habe nicht unterschrieben. Der Unteroffizier drängte im Befehlston: „Lesen Sie es doch wenigstens!" Da habe ich es gelesen und auf den Tisch geschmissen, gegenüber dem Platz des Gutsherrn. Der Unteroffizier erhebt sich und herrscht mich an: „Also Sie unterschreiben nicht!?" – „Ich unterschreibe nicht", sagte ich zu ihm. „Können Sie mich zwingen zu unterschreiben?" – „Ich bevollmächtige den Besitzer, sich vier Zeugen zu nehmen und sich die ganze Ernte zu holen und sie in den Speicher zu bringen." Ich bin gegangen. Sie sagten zu mir: „Warten Sie doch auf das Auto." – „Danke, ich habe meine Füße."

Und ich finde die Bauern versammelt. Der Angestellte war mit dem Auto gekommen, um die Ernte in Säcke zu füllen. Als der Unteroffizier die Kreuzung der Landstraße erreicht hat, gibt er seine Anweisungen und kommt zu uns. Als erstes fragt er mich: „Herr S., wer hat Ihnen die Erlaubnis erteilt, diese Versammlung durchzuführen?" Ich habe geantwortet: „Das Gesetz der Republik Italien." Wir sind dann zusammen mit den Bauern auf die Tenne gegangen, wo der Angestellte neun Säcke mit Bohnen gefüllt hatte. Ich fragte den Verwalter: „Wer hat dir die Erlaubnis gegeben, die Säcke zu füllen?" Er antwortete nicht. Ich rufe meinen Sohn Giuseppe: „Hol Säcke, damit wir nach dem Gesetz aufteilen." Gerade ist das erste tumulo, das Maß, gefüllt, da verläßt der Carabinieri-Unteroffizier die Tenne und geht auf die Landstraße. Sie benachrichtigen den Besitzer, der sofort zum Polizeikommissar gegangen ist, daß wir in Gegenwart von Zeugen 60 zu 40 geteilt hatten.

Gegen zwanzig Uhr kommt der Kommissar mit seinem Mannschaftswagen vorgefahren. Wir sangen gerade im Bauernhaus zur Mundharmonika. Sie haben das Haus umstellt und uns auf den Lastwagen gestoßen, vierzehn Mann. Indessen haben sie die Bohnen beschlagnahmt. Sie haben uns in die Kaserne von Resuttana gebracht und am nächsten Tag ins Gefängnis von Polizzi Generosa. Abends verhörte uns der Richter, und zwei Tage später haben sie uns ins Gefängnis von Termini Imerese gebracht. Acht Tage später wurden wir vorläufig entlassen. Dann kam es zum Prozeß, und wir wurden freigesprochen.

Acht Tage später, als die Aufteilung des Getreides vorgenommen werden sollte, die üblichen Geschichten: und achtundzwanzig Tage Gefängnis. Ein weiterer Prozeß: freigesprochen, weil keine strafbare Handlung vorlag. Aber sie nutzten die

Zeit, wo ich verhaftet war, und brachten mit ihrer Art zu rechnen vierzehn Zentner von meinem Getreide in ihren Speicher.

Aber es endete damit, daß dann ein Jahr lang 60 zu 40 aufgeteilt wurde.

Aber nur ein Jahr lang, weil ich zu allein bin. Ich bin zu schwach, zu allein. Wir hielten Versammlungen ab, und ich hatte Fieber. Ich sagte: „Paßt auf, seid vorsichtig, weil sie uns sonst verhaften, mich als ersten." Sie antworteten, daß der Kampf weitergehen würde, solange einer draußen blieb. Und dann, wie viele Male bekamen sie es angesichts der Macht der Polizei und der Carabinieri so mit der Angst zu tun, daß sie zum Gutsherrn sagten: „Santo ist es, man müßte ihm den Kopf abschlagen, denn er ist es, der hetzt", und sie gehen und bringen ihm Körbe mit Eiern, um bei ihm wieder in Gunst zu kommen. Es ist nicht so, daß die Leute das nicht zugeben. Aber du weißt ja, was dir jeder einzelne sagt, wenn du fragst: „Es gibt keine Einheit." – „Wenn du überzeugt bist, komm, wir sind zwei, mach mit. Die Einheit fällt nicht vom Himmel." – „An mir soll es nicht liegen", antworten sie, aber wenn ich mich umdrehe, ist keiner da, oder so gut wie keiner. Die Polizei sagt wie immer: „Ihr seid Unruhestifter." Irgendwann ...

Acht Kilometer von hier haben sie Epifanio Li Puma ermordet, die Mafia des Gutsherrn; aber der Boden ist aufgeteilt worden.

Gaspare

1949 merkte ich, daß ich krank war. Ich merkte, wie mir beim Hacken elend wurde, der Abend kam, und ich wurde müde, aber auf so eine Art müde, daß ich zu meiner Frau sagte, als ich abends nach Hause kam, ich werde am nächsten Tag nicht zur Arbeit gehen können. Das zog sich drei Monate hin, und vielleicht mehr. Eines Tages bekomme ich an einer Seite Schmerzen, rechts. Der eine sagte, daß dieser Schmerz eine Zerrung war, der andere, daß es Rheuma war; aber mir ging es noch schlechter, weil sie mich wirklich verunkten.

Vier oder fünf Tage später, als ich sah, daß es immer schlimmer wurde, ließ ich den Arzt kommen, und der Arzt sagte zu mir: „Es ist eine Brustfellreizung." Ich ruhte mich ein paar Tage aus und bin wieder zur Arbeit gegangen.

Ich habe noch an die zwei oder drei Monate weitergearbeitet. Eines Tages, in der Nacht, muß ich mich übergeben. Ich gehe nachsehen und zünde das Licht an: es war ein Blutsturz.

Und dann am nächsten Tag Familienrat. Ich ließ mich durchleuchten. Das Schirmbild zeigt einen kleinen Fleck. Aber man sagte mir, daß das in kurzer Zeit heilen würde, und ich wurde auf Kosten der Sozialversicherungskasse behandelt.

Einige Monate später bestellten sie mich zur Kontrolluntersuchung. Bei der Kontrolluntersuchung erklärten sie mich für arbeitsfähig, in der Sozialversicherungskasse von Partinico.

Sie erklären mich für arbeitsfähig, aber mein Zustand wurde immer schlimmer. Drei Tage später gehe ich dann schließlich nach Balestrate – denn mit den Ärzten von Trappeto ist es so, als ob sie gar nicht wären –, und er stellt feuchte Pleuritis fest. Und weil es da gerade Ostern war, hat der Arzt von Balestrate nur eine Untersuchung gemacht, um zu sehen, ob Flüssigkeit da war und wie sie war. Als er sieht, daß die Flüssigkeit sauber ist, sagt er: „Geh nach Hause, denn Dienstag kommt Doktor C."

Der kommt aus Trappeto, um mir diese Flüssigkeit abzuziehen. Er erscheint mit Instrumenten, aber nicht mit allen, nur eine kaputte Spritze und Nadel, dann fängt er an, Einstiche zu machen. Er macht den ersten und hat mir dabei fast die Rippe durchstochen, beim zweiten Mal trifft er zwar die richtige Stelle, findet aber die Flüssigkeit nicht direkt und stochert mit der Nadel hin und her, bis mir die Nadel hier drinnen abbricht.

Nachdem die Nadel abgebrochen ist, kommt er so durcheinander, daß er nicht einmal auf die glückliche Idee verfällt, einen kleinen Schnitt zu machen, solange er die Nadel rausholen konnte, weil sie noch zu sehen war, sich rausholen ließ.

Voller Angst geht er zum Bahnhof, um mich nach Palermo zur Unfallstelle bringen zu lassen. Dort durchleuchten sie mich mehr als zwei Stunden lang, weil sie die Nadel nicht finden konnten, und drehten und wendeten mich. Als sie die Nadel fanden und gesehen hatten, wo sie steckte, sagten sie mir, daß sie mich operieren würden, daß ich noch vor Mitternacht operiert werden solle. Mitternacht geht vorbei, ich sehe keinen und bleibe, wie ich war. Die Nadel ist dann dringeblieben, und ich habe sie schon seit mehr als fünf Jahren drin, weil jetzt die Nadel nichts mehr schadet und die Operation gefährlich wäre, wie mir die Ärzte sagten.

Ich blieb achtundzwanzig Tage zur Behandlung der Pleuritis im Krankenhaus. Aber ohne geheilt zu sein, mußte ich nach Hause gehen, um meiner Frau Mut zu geben, die kurz vor der Entbindung stand.

Zu Hause hab ich mich selbst kuriert; mich nicht ausgeheilt, aber besser gefühlt, doch die Krankheit ging weiter, ohne daß ich es merkte. Weil ich die Not der Familie sah und mich auch ein bißchen aufs Schustern verstand, habe ich mich an die Arbeit gemacht und die Schuhe der Leute ausgebessert, von jedem. Der Verdienst reichte nicht aus, aber die Familie wurde satt. Die Krankheit war immer da, ich spuckte hin und wieder ein bißchen Blut. Aber das kam, weil ich mich zuviel bewegte. Meine Arbeit als Schuster zog sich an die fünf Monate unter Mühe und Anstrengung hin.

Damals, am Anfang, hatte ich keine Ahnung von der Krankheit, weil ich niemals krank gewesen war, ich bemerkte dieses Unwohlsein, machte aber nicht viel Aufhebens davon. Ich begriff nicht den Ernst der Krankheit, weil ich noch nie einen solchen Kranken gesehen hatte. Aber, als mir dann einige klarmachten, daß es zur Tuberkulose führen könnte, wie es ja wirklich zur Tuberkulose geführt hat, war ich immer in Sorge. Und je mehr ich grübelte, um so schlimmer wurde das Übel.

Um Mai 1950 herum war ich gezwungen, ins Sanatorium zu gehen, ins Militärkrankenhaus von San Lorenzo Colli. Als sie bei der Behandlung die rechte Seite erkrankt finden, fangen sie den Pneumothorax an, aber er konnte nicht gemacht werden, weil schon das Brustfell angegriffen war. Und sie setzten eine Operation an, einen Schrägschnitt. Sie sagten mir, im vierten Monat, aber gemacht wurde er im sechsten. Es ging nicht eher, weil ich Fieber hatte.

In der ersten Zeit, wo ich dort hinkam, ekelte ich mich. Ständig, weil ich nicht an die Gefährlichkeit der Krankheit dachte, die ich mit mir herumschleppte. Ich sah manchen Alten, der nur Haut und Knochen war, sechsjährige Kinder, vielleicht auch jünger. Ich scheute mich immer, die Zimmergefährten zu berühren – mit denen man sich dann doch befreundet –, überhaupt etwas anzufassen, zu essen. Die Betten stehen so dicht zusammen, und ganz leicht berührt man etwas, und ich hatte sogar Angst, die Betten zu berühren. Sogar zu atmen; alles machte mir zu schaffen.

Sie starben jeden Tag, man sah die Leute sterben: das ist

es, was mir am meisten zu schaffen machte. Wir waren zwanzig in einem großen Saal, dann insgesamt vierzig mit schlecht verteilten Tür- und Fensteröffnungen, nur auf einer Seite. Und es gab immer Streit zwischen uns, weil es durch die eine Tür zog. Wer in der Nähe lag, wollte sie zu, wer aber weiter weg war, wer kaum Luft bekam, wollte sie offen haben. Und nachts mußte oft der wachhabende Offizier, der Arzt vom Dienst, gerufen werden. Die Ärzte waren Oberleutnants und Hauptleute.

Einmal war es stickend heiß, der Schirokko wehte, ausgerechnet in dem Saal, in dem wir zu vierzig lagen. Wir waren alle schwerkranke Leute, vorgesehen für die neuen Hydrazit-Medikamente, alle abgesondert. Bei dieser großen Hitze erstickte man, aber zwei, ein Alter aus Montelepre und ein Bursche aus Bagheria – zwanzig Jahre alt, ein schöner, stattlicher junger Mann –, litten am meisten, und in jener Nacht ließen sie keinen in Ruhe, alle Augenblicke wollten sie Wasser. Der junge Mann aus Bagheria, den sie gegen elf Uhr nachts einlieferten, war wirklich schwer krank, er fängt an, ununterbrochen nach dem Krankenpfleger zu klingeln. Aber das war nicht mehr er, das war der Schatten des Todes. Der Pfleger, aus demselben Dorf wie er, und nicht nur das, sondern ein Freund der Familie, kommt in Wut, und im Glauben, etwas Gutes zu tun, behandelt er ihn wie einen Verrückten und bindet ihn mit einem Laken fest.

Der kriegte keine Luft. Ich lag sechs Betten weiter. Ich sah, wie er litt, und zog mir die Decke über den Kopf, um ihn nicht zu sehen. Dann sagt einer, der in der Nähe lag, zum Pfleger: „Mach ihn los. Siehst du nicht", sagte er, „daß er tot ist?"

In der Zwischenzeit verlangte der Alte aus Montelepre wie ein Verrückter nach Wasser. Weder der Pfleger noch die beiden diensthabenden Posten brachten es fertig, etwas Wasser zu holen, und ließen ihn krepieren, während er immer sagte: „Wasser."

Da war auch ein Alter, den niemand besuchte, denn seine Frau war gestorben und hatte ihm die Krankheit hinterlassen.

Wenn unsere Familien uns etwas brachten, gaben wir ihm auch etwas ab, aber nicht nur einer, sondern das ganze Zimmer. Dann waren da auch Kinder, und auch diese Kinder wurden von ihren Müttern vergessen, nicht alle, sondern einige. Und oft wird das eine oder das andere entlassen, und wir gaben ihnen ein paar Lire – man weiß, daß die Kinder Schokolade und so was mögen.

Es gab andere, die von ihren Frauen keinen Besuch bekamen. Weil die Krankheit ansteckend war, machten die Frauen Stunk zu Hause und trennten sich. Und das bedeutet viel, das nimmt einem den Mut. Es macht viel aus, wenigstens zu wissen, daß die Familie einen achtet, wenn man krank wird.

Ich sehe an mir selbst, daß es für mich besser gewesen wäre, mich lebendig in einen Sarg zu legen, wenn nicht die Familie wäre, die sich wirklich um mich kümmert, denn alle Freunde, die ich hatte, als ich gesund war, kehren mir den Rücken zu, wenn sie mich sehen. Sie grüßen nicht einmal mehr.

Im sechsten Monat wurde ich operiert. Aber dieser Eingriff reichte nicht aus. Und es ging mir noch schlechter als vorher. Ich blieb noch drei Jahre und zwei Monate im Sanatorium.

Ich verbrachte auch die Zeit mit Lesen von Zeitungen, Zeitschriften, von allem, was mir unter die Hände kam, denn ich hatte kein Geld, um es zu kaufen.

Ich war als Junge bis zum elften Lebensjahr in die Schule gegangen: ich bin bis zur zweiten Klasse gekommen. Dann habe ich alles vergessen, bis ich zum Militär kam, denn ich war Bauer und arbeitete Tag und Nacht. Ich kam an einen Besitzer, bei dem wir im Winter um fünf und teilweise um vier aufstanden und erst zwei Stunden nach Einbruch der Dunkelheit nach Hause zurückkehrten; im Sommer um zwei, halb drei, und erst abends um acht zurück nach Hause. Wieviel Stunden man auch für denselben Lohn schuftete, es reichte kaum für Brot und Nudeln.

Mit zwanzig mußte ich zur Fahne. Wenn ich an meine Familie

schreiben wollte, habe ich einen Kameraden gebeten, der eine Karte an meinen Onkel und einen Brief an meine Mutter schrieb – ich bin Waise seit meiner Geburt: ich wurde geboren, und mein Vater starb, an der spanischen Grippe, sagte man.

Einige Tage später bekomme ich Antwort, der Briefträger gibt mir zwei Briefe, und bevor ich sie aufmachte, fing ich an zu weinen, ein bißchen wegen der Entfernung, an die ich dachte, und ein bißchen, weil ich daran dachte, daß jemand, der mir bis dahin unbekannt war, vertrauliche Familienangelegenheiten erfahren sollte. Aber um gegenüber meinem Kameraden nicht unhöflich zu sein, habe ich ihn selbst die Briefe aufmachen lassen, und er hat sie gelesen. Als er einen gelesen hat, sagt er zu mir: „Mußt du auf den Brief deiner Mutter antworten?" Aber weil ich immerzu daran gedacht habe, daß nun alle möglichen Leute unsere Familienangelegenheiten erfahren sollten, habe ich ihm folgendes geantwortet: „Hör zu, Giuseppe, ich schreibe selbst, denn ich bin zur Schule gegangen; sicherlich kann ich nicht gut schreiben. Aber du wirst mich verbessern, wenn ich einen Fehler mache." Und so haben wir es auch gehalten. Wir haben einige Monate weitergemacht, bis ich ein bißchen Übung bekommen hatte. So habe ich sieben Jahre lang geschrieben, als ich bei den Luftstreitkräften und Kriegsgefangener war, von 1939 bis 1946, von der Ägäis bis Siracusa, von Udine bis Neapel, wo ich in Gefangenschaft kam, in Preußen.

Im Krankenhaus konnten wir dann lesen, soviel wir wollten. Und wenn ein Mensch nichts zu tun hat, fängt er um so mehr an zu lernen, weil er so viele Dinge sieht, wie meine Erfahrung zeigt. Wenn ich auf dem Feld arbeitete, habe ich mich nicht mit Politik, mit Zeitungen, mit den Angelegenheiten des Staates und des Landes beschäftigt. Ich hackte, weil ich wußte, daß es notwendig war, um zu essen. Denn wenn ich nicht so früh aufstand und nicht so spät abends nach Hause kam, konnte ich die Familie von dem bißchen, was ich ihr geben konnte, nicht satt kriegen, das reichte dann nicht. Aber heute, wo ich im Unglück bin und so leben muß, habe ich, teils weil ich darüber nachdenke – über die Vergangenheit und das, was mit mir heute geschieht –, den Lauf vieler Dinge begriffen.

So sehe ich meine Erfahrungen wirklich. Ich bin sicher, daß die Krankheit hauptsächlich durch die Gefangenschaft in Deutschland verursacht wurde, denn ich hatte immer Beschwerden. Ich bin nach Hause zurückgekehrt, und die Unbekümmertheit der Jugend ließ mich die Beschwerden vergessen.

Als ich krank wurde, habe ich eine Rente beantragt. Mit sieben Jahren Militärdienst steht mir eine Rente zu, oder steht sie mehr denen zu, die mit einer Bombe herumspielen und sich einen Arm abreißen lassen, oder einem Hirten, nach dem die Kuh ausschlägt und der dadurch ein Auge verliert, und dem, der vom Esel fällt und sich einen Arm bricht? Ich spreche nicht für mich allein, aber so vielen, denen es geht wie mir, lehnen sie die Anträge ab, weil ihnen keine Rente zusteht. In den sieben Jahren, in denen ich krank bin, hat sich keiner verpflichtet gefühlt zu sagen: „Dir steht eine Rente zu." Und wären nicht meine Verwandten, meine Mutter und meine Schwiegermutter, die mir ein Stück Brot geben, wenn sie es haben, ich weiß nicht, was aus mir geworden wäre. Und an manchen Tagen muß ich auch auf das Essen verzichten, weil ich sehe, daß das Brot knapp ist, und ich bin froh, wenn meine beiden Kinder es essen, weil die Kinder es nicht begreifen und nicht wissen, und sie sollen es auch nicht erfahren, wie traurig es um uns bestellt ist.

Dort im Krankenhaus ging es mir schlechter als vorher, auch wegen der ungenügenden Pflege. Eines Tages wurde ich doch noch dem Chirurgen A. aus Neapel vorgestellt. Denn er war für komplizierte Operationen zuständig. Er hat mir vorgeschlagen, mir die halbe Lunge rauszunehmen. Aber er gab mir keine Sicherheit. Er gab mir zu verstehen, daß die Operation sehr gefährlich war, daß die Wahrscheinlichkeit zu sterben größer war, als davonzukommen. Daraufhin habe ich mit meiner Familie gesprochen. Und meine Familie und alle meine Angehörigen haben nicht gewollt. Und dann, als ich nicht operiert werden wollte, hat mich der Direktor des Sanatoriums gefragt, ob ich im Sanatorium bleiben oder nach Hause gehen wollte. Aber weil es einem im Sanatorium schlechter als zu Hause geht, bin ich lieber nach Hause gegangen.

Großmutter Nedda

Ganz richtig, daß der Mann die Frau schlägt. Wenn er recht hat, natürlich. Ist es nicht richtig? Womöglich keifen, das letzte Wort haben wollen? Der Mann läßt sich auf nichts ein und schlägt. Ist es denn richtig, daß die Frau die Hand gegen ihren Mann erhebt? Schlechte Erziehung nennt man das. Dagegen, wenn der Mann die Frau verprügelt, wenn er recht hat, ist er nicht schlecht erzogen. Wenn der Mann schlägt, sagen die Leute: „Weshalb hat er dich denn geschlagen?" Und die Leute sagen: „Einfach so? Geht ihr nicht immer aufeinander los?" Das ist eine Schande. Zu einer mit allen Wassern gewaschenen Frau, die ihre Erfahrungen hat, sagt man: „Warum erhebst du deine Hand gegen deinen Mann?" Schlechte Erziehung, heißt es. „Eine Stute", sagt man über solch eine Frau. Und eine, die zu ihrem Mann sagt, wenn er sie schlägt: „Bin ich nur gut, wenn ich unten bin?" und so was, so eine ist mit allen Wassern gewaschen, eine Stute, sagen wir.

Von Zeit zu Zeit muß es sein. Sicher gibt es welche, die es gleich an die große Glocke hängen. Aber das sind die, die wir Stuten nennen. Ist es richtig, daß sie ihren Mann beschimpft, weil er sie verprügelt hat? Sie soll ruhig sein. Meine Enkelin Saridda hat er neulich zu Tode geprügelt. Ich hab zu ihr gesagt: „Was ist mit deinem Auge? Wer war das?" – „Ich bin die Treppe runtergefallen, Großmutter." Sie lag im Bett und rührte sich nicht. „Aber wie konntest du hinfallen, wo du das Kind erwartest?" Sie hatte ganz schwarze Augen. „Am Bauch hab ich mir nichts getan. Ich hab mir nichts getan. Er hat's mir ins Gesicht gegeben." Eine ordentliche Frau sagt nicht, daß es ihr Mann war. Selbst die Mutter darf es nicht von ihr erfahren, sie erfährt es von den Leuten. Ich hab's nicht einmal gesagt, als er mir eine Rippe gebrochen hat: ich sagte, daß ich Kopfschmerzen hatte. Um das Bett zu machen, kniete ich mich hin, weil ich mich nicht bewegen konnte.

Wenn eine nichts zu tun hat, stellt sie sich mit einer Nachbarin hin, sogar mit vier oder fünf auf einmal: „Die ist schmutzig... Die kann nichts, wischt nicht einmal auf... Was für stinkendes Zeug die hat. Das soll Waschen heißen? Warum kümmert die sich nicht um das Haus, statt zu tratschen, statt über die Leute herzuziehen... Recht geschieht ihr, wenn ihr Mann sie windelweich schlägt. Die Kinder von der weinen, und sie tratscht herum, schwatzt und schwatzt..." Wir reden gerne, um auf andere Gedanken zu kommen. Wenn die Sonne aufgeht, gehen wir an die Sonne. „He", sagt man, „die Sonne ist aufgegangen, sie hat Lust zu tratschen." Und da antworte ich: „Soll die Sonne denn überhaupt nicht aufgehen?" Die Sonne ist schön, wenn die Sonne aufgeht, an der Sonne atmet sich's leichter. Eine, die in der Sonne sitzt, fängt die Gedanken von allen Leuten auf. An die Sonne gehen bedeutet, daß sich die Leute auf die Straße setzen und miteinander reden.

Um den Mann zufriedenzustellen, muß eine Frau im Haus sein, Essen machen, das Haus sauberhalten, seine Sachen bereitlegen, flicken, ihn... zufriedenstellen, ihm immer gehören. Der Mann ist der Herr. Der Mann ist der Herr des Hauses und auch der Frau. Die Frau ist nur Herrin der Wäsche, die sie in die Ehe gebracht hat. Die Frau wird von ihm kurzgehalten, an der Kandare, denn wer weiß, wo sie sonst landet. Wir sind das hier so gewöhnt. Wie macht man es woanders? Wie machen es die Amerikaner? Die Russen, wie machen sie es; sind die Russen nicht die mit den roten Gesichtern? Es heißt, daß es auch Franzosen gibt...

Wenn sie uns verprügeln, verkriechen wir uns in eine Ecke, nehmen, was kommt. Es gibt nur einen Gott, und der Mann ist auch der einzige: „Ein einziger Gott und ein einziger Mann", heißt es. Unser sind die Zärtlichkeiten und unser sind auch die Prügel. Man kommt nicht ohne Ordnung aus: man muß das Vorrecht, die Ordnung hinnehmen. Er ist der Herr.

Wie meine Mutter gestorben ist? Meine Schwestern haben mir das erzählt. Ich war ein Säugling. Meine Mutter hatte starke Kopfschmerzen, sie legte ein Kissen auf eine Truhe und streckte sich aus, weil ihr der Kopf sehr weh tat, denn sie hatte gerade Brot gebacken. Mein seliger Vater kommt und sagt: „Rosalia, steh auf." Sie sagt: „Ich schaff es jetzt nicht; ruf deine Tochter, damit sie dir die Matratze hinlegt und das Bett macht", denn er war ein bißchen betrunken. Mein Vater sagt: „Rosalia, mach mir das Bett." – „Ihr wart in der Schenke, um das Geld zu verprassen", denn die Kleine war wütend, weil sie hungrig war und er nichts zu essen gebracht hatte (aber das geschah selten), und wollte ihm das Bett nicht machen.

Und er geht wieder zu meiner Mutter und sagt: „Leg du die Matratze hin, denn sie will sie nicht hinlegen." Und meine Mutter sagt: „Ich schaff's nicht, ich kann meinen Kopf nicht oben halten." Er packt sie und schlägt ihr mit der Faust auf den Kopf. Und er schlug ihr die Zähne zusammen, die unteren Zähne steckten zwischen den oberen, und der Mund war zu, denn mein Vater war Schmied. Sie riefen meinen Paten, der Barbier war und als Doktor arbeitete, und er nahm einen Löffel, aber der Mund ließ sich nicht mehr öffnen. Die Zähne waren nicht auseinanderzubekommen. Sie war tot.

Wenn uns der Mann krank wird, leisten wir der Mutter Gottes Gelübde, damit sie ihn gesund macht. Manch eine sagt, wenn er krank ist: „Laß mir meinen Mann und nimm mir ein Kind." Wenn dann das Kirchenfest stattfindet, lecken die, die das Gelübde geleistet haben, mit der Zunge über den Erdboden vom Eingang der Kirche bis zum Altar. Die Menschen sagen: „Geht weg, macht Platz, da kommt die Frau, die den Erdboden leckt, der die Mutter Gottes Gnade erwiesen hat." Und alle weinen. Auch meine Schwiegertochter war dabei.

Wenn es eine sehr schwere Krankheit ist, sagt man: „Madonna, ich lecke mit meiner Zunge den Erdboden vor Euch." Sie gehen den ganzen Weg mit bloßen Füßen, und wenn sie dann ankommen, lecken sie mit der Zunge den Erdboden und kriechen auf allen vieren, lecken zum Zeichen der Inbrunst all den Speichel, den Staub, den Schmutz, den Unrat auf; bei so viel Leuten, da spucken die einen, andere laufen umher, die Kinder pissen. Wenn der Mund sich verkrampft, hebt sie den Kopf und sagt: „Ich danke dir, Mutter Gottes", und dann fängt sie wieder an, mit der Zunge den Erdboden zu lecken. Am Altar stehen sie dann auf, heben die Hände und danken der Mutter Gottes mit glühendem Herzen und fangen an zu weinen, wegen der Gnade, die sie ihnen erwiesen hat, laut, damit es alle hören. Da muß man immer weinen. Alle da drin, die weinen alle, hartgesottene Männer, aber wer Buße tut, bleibt standhaft. Junge, Alte: mehr noch gehen die Jungen hin, denn die Alten haben sich abgefunden. Und die Leute sagen: „Platz da, Platz da." In Romitello, in Tagliavia macht man das. Dann wischt man die Zunge mit einem nassen Taschentuch ab, womöglich blutet sie, sie ist ausgefranst, die Haut geht ab, und Tränen fließen. Diese Buße gab es vorher nicht; es hat vor fünf Jahren angefangen.

Denn Unglücksfälle geschehen genug. Der Herr hat mir fünf Kleine genommen. Eins war drei Jahre alt, ich stillte es noch, es hatte Keuchhusten. (Dem Kind, das ich dorthin verheiratet habe, gab ich vier Jahre lang die Brust, sie taten mir so leid, ich hätte es am liebsten nie entwöhnt. „Mamma, Milch haben", sagte es zu mir, und ich gab ihm die Brust und nähte dabei.) Eines Tages spielte es, und ein anderes Kind, das Keuchhusten hatte, holte es, und es nahm eine Schnur in den Mund, um Pferd zu spielen, und so bekam es auch Keuchhusten. Mein Kleiner war zart, blond, zierlich, wie mein Enkel Fifiddu, niedlich, er hieß Carmeluzzu. Denn mein Schwiegervater war ein bißchen blond.

Er bekam den Keuchhusten; wenn meine Kinder krank waren . . .

Ich ging zum Apotheker und sagte zu ihm: „Machen Sie mir einen Sirup, um den Husten von der kleinen Brust zu nehmen", denn er war zart, und ich hatte Angst, daß er mir sterben würde. Und er gab mir den Sirup. Der Kleine wollte ihn nicht, und ich sagte zu ihm: „Mamma vertreibt dir den Husten", und ich hielt ihn im Arm und gab ihm den Teelöffel, denn jede halbe Stunde sollte ich ihm einen Teelöffel voll geben, aber ich gab ihm nur einen am Tag. Und damit er ihn nahm, sagte ich: „Mamma nimmt ihn auch", und kostete davon. „Siehst du, Mamma nimmt ihn auch", und der Kleine nahm ihn auch, weil ihm nichts anderes übrigblieb. Nachdem er ihn genommen hatte, bekam er Schmerzen in seinem kleinen Bauch, aber ich begriff nicht, daß es ihm weh tat.

„Scht, scht", machte er. „Pfui Teufel", er fluchte, es brannte, es brannte ihm im Magen. „Scht, scht", wie die Kinder machen, denn die Medizin fraß ihn innen auf. Und das ging Tag und Nacht so. Die Kleine trank es auch, heimlich, denn sie dachte, es ist süß, aber es war Gift. Und sie naschte davon, und auch die Kleine, die fünf Jahre alt war, bekam Schmerzen. Was machen die Kinder, wenn sie was Süßes sehen?

Nachts, als ich ihn so leiden sah, gab ich ihm Milch, kaum fing er an zu weinen, gab ich ihm die Brust, um ihn zu beruhigen. Am zweiten Tag war es noch schlimmer. Nach drei Tagen ist er gestorben. Ich wollte ihm die Brust geben; im Bett starrte er nach oben und wollte keine Milch mehr, und ich schlief ein. Als der nächste Tag anbricht, kommt ein Fräulein und sagt: „Donna Nedda, bringen Sie mich zur Abtei?" (Denn sie gab mir Geld dafür, daß ich sie begleitete.) Und ich sagte: „Ich kann nicht kommen, denn mein Kleiner liegt krank, er stirbt mir." Und sie kam auch rein, das junge Fräulein, um den Kleinen zu sehen. Und sie fing an zu weinen. Und ich begleitete sie nur ein Stückchen auf der Straße und rannte zurück und nahm ihn auf den Arm und wollte ihm die Brust geben. Welche Brust denn! Ich gab ihm einen Teelöffel Wasser, um ihm den kleinen Mund zu erfrischen, und ich schob den Löffel rein, und das Wasser blieb im Halse stecken, und ich beugte ihm den Kopf nach vorn, um ihn das Wasser ausspucken zu lassen. Konnte er es denn noch runterschlucken, wo er tot war? Er war noch warm, mein Kleiner.

Niemand war da, ich war allein und sagte: „Mein Sohn", und ich weinte allein, und meine Tochter Ciccina kam, und ich sagte zu ihr unter Tränen: „Der Kleine ist tot, auf dem Arm." Und wir haben ihn angezogen, und meine Gevatterin band ihm ein himmelblaues Band um, und Ciccina ging weiße Strümpfchen kaufen.

Sie stellten den Totenschein sofort aus, mir wird ganz anders im Kopf, wenn ich daran denke ... Nicht einmal eine Stunde behielten sie ihn drin. Weil ja der Apotheker gut Freund mit dem Fuhrunternehmer war, ließ er ihn gleich kommen, und sie brachten den Kleinen weg. Sie schafften ihn schnell weg, um keinen Mitwisser zu haben.

Die Kleine sagte zu mir: „Um meinen Bruder konnte ich nicht weinen, weil ich selbst fast gestorben bin", und sie sagte mir, daß sie auch von der Medizin gekostet hatte. Mein großer Sohn nahm den Becher und warf ihn raus. Ich nahm die Kleine und brachte sie zu einem anderen Apotheker, am Fischmarkt, und sagte: „Sehen Sie sich doch meine Kleine an." Und er sagte: „Warten Sie, Signora." Er bringt mich da hinten in ein Zimmer und legt mir die Kleine so in den Arm, daß ich glaubte, sterben zu müssen. Er befühlte den ganzen Bauch und die Eingeweide und gab eine Medizin. Und er sagte: „Sind Sie nicht die, der man den Kleinen vergiftet hat?" Was wußte ich? In der Apotheke, wo ich die Medizin geholt hatte, da war einer, der kannte noch nicht das Apothekerhandwerk, er wußte damit noch nicht Bescheid. Er hatte ein Fläschchen genommen, wo vielleicht der Totenkopf drauf war.

Der Kleinen gab er ein Abführmittel, um die Därme, die sich zersetzten, wieder in Ordnung zu bringen. „Ich will das ja nehmen, um gesund zu sein", sagte sie, weil sie begriffen hatte.

Eine Woche später kam einer und sagte zu meinem Mann: „Gevatter Peppino, mach kein Aufhebens davon, denn das hilft euch nicht. Macht kein Aufhebens davon, denn ihr seid arme Schlucker, und sie sind reich, und ihr zieht den kürzeren. Was wollt ihr machen, Gevatter? Wenn sie den Kleinen aus dem Grab holen, kostet es Geld, und ihr müßt das alles bezahlen, und die sind reich und haben das letzte Wort."

E. A.

Das erste Mal wurde ich im August 44 verhaftet und ins Polizeipräsidium von P. gebracht. Für mein Verhör hatten sie die „cassetta" vorbereitet, die aus zwei übereinandergestellten hölzernen Kisten besteht, ungefähr einen Meter lang. An der Stelle, wo die Füße hinkommen, befinden sich zwei Eisenringe, die die Füße festklammern. Die Beine sind auf dem Boden der oberen Kiste ausgestreckt. Nachdem sie mir die Füße gefesselt hatten, banden sie mir die Hände auf dem Rücken zusammen und zogen mir einen in der Mitte der Kiste befindlichen Lederriemen über den Schenkeln fest, damit ich mich nicht rühren konnte. Den Strick, mit dem sie mir die Hände festgebunden hatten, zogen sie durch einen Eisenring, der in die untere Kiste eingelassen war. Sie setzten mir eine Gasmaske mit abgeschraubtem Schlauch auf und kippten mich hintenüber, indem sie an dem Strick zogen, mit dem meine Hände gefesselt waren. Und die Folter begann, das heißt, ein Polizist zog an dem Strick, damit ich so hängenbleiben sollte. Ein anderer Polizist hatte die Aufgabe, aus einem großen, mit Wasser und Salz gefüllten Kanister (neben ihm stand ein Kübel bereit, um den Kanister ständig nachzufüllen) Wasser und Salz in den Schlauch der Gasmaske zu schütten.

Wachtmeister M., der auf der Kiste draufstand, schlug mir mit einer flachen, kaum zwei Finger dicken Peitsche auf die Füße, und ein anderer Polizist drehte mir von Zeit zu Zeit mit den Händen die Hoden zusammen. Er faßte sie mit der Hand und drehte sie mit aller Kraft zusammen, um meinen Schmerz zu vergrößern, aber weil ich unter der Maske schon fast erstickt war und es mir fast wie eine Erlösung vorkam, sterben zu können, spürte ich den Schmerz an Hoden und Füßen weniger.

Sie rechneten sich die Zeit aus, und wenn einer schon am Ende war, nahmen sie ihn hoch. Sie fragten mich, ob ich mich entschlossen hatte zu reden, und nach der verneinenden Antwort stießen sie mich wieder zurück, und das Ganze fing wieder von vorn an.

Wegen dem Wasser und dem Salz, das sie mir in die Maske schütteten, bekam ich keine Luft und schluckte Wasser. Wenn sie sich ausgerechnet hatten, daß der Magen bis oben hin voll Wasser war, banden sie mich von der Kiste los, und ein Polizist preßte mir den Bauch mit den Händen zusammen, damit ich das geschluckte Wasser rausbringen sollte.

Es bestand keine Gefahr, daß man in der Nähe der Kaserne Schreie hörte, weil sie durch die mit Wasser gefüllte Maske erstickt wurden. Der Ort, wo sie mich folterten, war in der Nähe von S. Sie zogen mich vier- oder fünfmal rauf und runter. Als sie dann sahen, daß es mit mir fast zu Ende war, banden sie mich los, ließen mich das Wasser aus dem Magen rausbringen, zwei Polizisten nahmen mich unter die Arme, weil die Gelenke steif, gelähmt waren, und ließen mich in demselben kleinen Raum hin und her gehen. Über die Stelle der Kiste, wo mein Rücken runterhing, legten sie eine Decke, damit keine Spuren von den Bewegungen zurückblieben, die ich machte, um mich loszureißen, ich war ja fast erstickt und in Todesangst; das ist der Selbsterhaltungstrieb.

Sie ließen mich in dem kleinen Raum so lange hin und her gehen, wie ich mich auf den Beinen halten konnte. Dann mußte ich mich anziehen, und sie brachten mich in die Sicherheitszelle.

So ging es mir in P. siebzehn Tage lang. Dann brachten sie mich unter Anklage ins Gefängnis. In den letzten Tagen waren meine Füße derart geschwollen, daß ich die Schuhe nicht mehr anbekam; da brachten sie mich mit einer Droschke von dieser kleinen Kaserne, in der gefoltert wurde, in die Kaserne, wo ich schlief. Hervorgetan hat sich Wachtmeister M., weil ich eine Tat nicht zugeben wollte, die ich nicht begangen hatte (und von der mich auch später die Richter freisprachen); aus Gemeinheit hielt er mir zwei brennende Wachszündhölzer an die Füße.

Ich wurde 47 wieder verhaftet und nach P. auf den Corso C. gebracht. Ich kam gegen elf Uhr nachts an. Kaum war ich da, bereiteten sie, ohne mich überhaupt anständig zu verhören, gleich die „cassetta" vor, die genauso wie die in P. war, bloß daß es keine Peitschenhiebe auf die Füße gab. Aber sie quetschten mir die Hoden zusammen und quälten mich genauso wie dort. Und mein Verhör begann auf der „cassetta": Sie verhörten mich wegen einiger Vergehen, wo sie keinen Schuldigen finden konnten, und sie quälten mich, um von mir unbedingt ein Geständnis zu erpressen, ohne darauf zu sehen, ob ich schuldig oder unschuldig war.

Auch wenn ich unschuldig war an diesen vielen Verbrechen, hätte ich alles mögliche eingestanden, wenn ich nur gewußt hätte, was ich sagen sollte, bloß um der Folter ein Ende zu machen, daß ich Gott umgebracht hatte, daß ich Rom in Brand gesteckt hatte, was sie von mir wollten.

Tatsächlich haben sich zahllose Personen eines Vergehens schuldig bekannt, das sie nie begangen hatten, bloß damit das Foltern aufhören sollte. Und tatsächlich sind sie nach vier oder fünf Jahren Prozessieren vom Gericht für unschuldig erklärt worden.

Ich fahre fort, wo ich stehengeblieben war: bei der Folter. Nach ungefähr anderthalbstündiger Folter banden sie mich los, und zwei Polizisten führten mich hin und her, und anstatt mich dann in die Sicherheitszelle zu bringen, um zu verhindern, daß ich womöglich Hand an mich legen könnte (alles in allem, daß einer sich den Schädel an der Wand einrennt oder einen Nagel findet, um sich die Pulsadern aufzuschneiden, oder ein Stück Glas), banden sie mich auf einem Feldbett mit einer Zeltbahn fest. Hände und Füße legten sie mir in Eisen. Und sie ließen mich einmal alle vierundzwanzig Stunden auf den Abort und banden mich dann erst um zehn abends los, um mich wieder auf die „cassetta" zu bringen. Das ging so zweiundzwanzig Tage lang, bis auf zwei Abende, wo sie mit den Ereignissen von Portella delle Ginestre beschäftigt waren.

Sobald der Sommer anfängt (schreibt E. A.), verdienen sich in Partinico diejenigen etwas, die mit einem Wägelchen Eis, vielmehr eine Art Granita, verkaufen. Und kaum hielt das Wägelchen am Bahnübergang, sah man alle Kinder, wie sie ihre Mütter anbettelten, ihnen ein Tütchen Eis zu kaufen, und es war wirklich herzzerreißend, weil die Mütter, die es sich leisten konnten, Eis kauften, andere, die nicht in der Lage waren, sagten den Kindern, daß das Zeug ein Dreck sei, aus Eselspisse gemacht, und man es also nicht essen konnte; aber die Kinder glaubten es nicht, weil sie ja andere Kinder sahen, die sich Eis kauften.

Wenn die Mütter es ihren Kindern schließlich mit Zärtlichkeiten, Scherzen und Liebkosungen eingeredet hatten, dann weinten sie in sich hinein. Aber wie hätten diese Mütter auch Eis kaufen können, wenn sie den Kindern nicht einmal Brot kaufen konnten? Diese Familien brauchten vor allem Johannisbrot, denn es war das wichtigste für die Ernährung geworden.

Ich will einen Fall von Elend schildern, der sich mir am stärksten eingeprägt hat. Seit 1944 war ich mit einem Mädchen verlobt, das jetzt meine Frau ist. Im April 1946 waren wir von zu Hause fortgelaufen; in Partinico läuft man auch deshalb fort, weil man oft kein Geld hat, um auf die übliche Weise zu heiraten, die arbeitenden Menschen, wohlverstanden. Also laufen sie zuerst weg, und dann heiraten sie, so gut es geht.

Als wir weggelaufen waren, zogen wir fürs erste in ein Haus ein, das mir ein Freund aus dem Viertel Via Madonna hergerichtet hatte. Dem Haus fast gegenüber wohnte eine Familie, wo der Mann M. hieß, und die Familie bestand aus Mann, Frau und vier Kindern, darunter ein Säugling, der ungefähr vier Monate vorher geboren war, und drei Kinder von ungefähr fünf, sieben und neun Jahren. Vom Tag nach unserem Einzug an kam die Älteste oft und half meiner Frau bei irgendwelchen Hausarbeiten in der Hoffnung auf ein Stückchen Brot, aber weder ich noch meine Frau wußten wirklich, in welchen elenden Verhältnissen die Familie lebte, obwohl ich die Kinder barfuß und schlecht gekleidet sah, aber in Partinico war es nichts Ungewöhnliches, barfuß und schlecht gekleidet zu sein, und deshalb achtete ich nicht darauf.

Am Abend des dritten Tages, während meine Frau für uns beide ein paar Spaghetti kochte, kommt das Mädchen und sagt zu meiner Frau: Frau Titidda, meine Mutter hat zu mir gesagt, wenn Sie die Spaghetti abgießen, geben Sie uns ein bißchen Brühe, also das Spaghettiwasser. Meine Frau, die nicht auf diese Worte achtgab, sagte ja, warte, wenn ich die Spaghetti abgieße, gebe ich es dir; aber mir, der ich auch dabei war, kam das seltsam vor, und ich wollte aus reiner Neugierde fragen, was ihre Mutter mit dieser Spaghettibrühe machen wollte, und das Mädchen antwortete mir völlig unbefangen, daß sie seit drei Tagen kein Stück Brot und keine Nudel gegessen hatten, und weil ihre Mutter das Kind stillte und keine Milch mehr hatte, bat sie um das bißchen Spaghettibrühe, um sie zu trinken und zu sehen, ob so ein bißchen Milch für das Kind kommen würde.

In dem Augenblick, als ich von soviel Jammer hörte, verfluchte ich Gott, der uns auf die Welt kommen ließ, verfluchte ich die Regierung, die uns regierte, verfluchte ich den Vater dieses Mädchens, den ich für einen Feigling und einen widernatürlichen Vater hielt. Ich an seiner Stelle hätte den ersten besten bestohlen, was es auch sein mochte, um meinen Kindern etwas zu essen zu geben, nur ein Feigling wie er konnte bei einem so herzzerreißenden Elend tatenlos zusehen. Ich möchte

den unbescholtensten Minister in die Lage und das Elend dieser Familie versetzen und sehen, ob nicht aus ihm ein Bandit
oder ein Dieb werden würde, einer von den gefährlichsten womöglich, es sei denn, er ist feige vor seinen eigenen Kindern,
wie der Vater dieses Mädchens.

Statt ihr das Spaghettiwasser zu geben, sagte ich meiner
Frau, sie sollte ihr ein Kilo Spaghetti geben, die wir im Hause
hatten, und etwas Öl und noch ein Brot, und wir sagten ihr,
ihre Mutter sollte die Spaghetti und das Brot statt des abgegos-
senen Wassers essen.

Als das Mädchen weg war, kamen meiner Frau und mir
die Tränen, ich deckte trotzdem den Tisch für uns zum Essen,
das aus ein paar Spaghetti bestand, weil wir das Brot schon
weggegeben hatten, aber als wir zu essen anfingen, sagte mir
meine Frau gleich, daß sie keinen Hunger hatte, wobei sie viele
Entschuldigungen und Ausflüchte fand, und als sie glaubte,
mich überzeugt zu haben, sagte sie zu mir, hör mal, weil ich
keinen Hunger habe, erlaubst du mir, meinen Anteil den Kindern zu geben? Und da begriff ich, warum mir meine Frau
sagte, daß sie keinen Hunger hatte, und ich sagte, daß ich auch
keinen Hunger hätte, und erlaubte, auch meinen Anteil weg-
zugeben, und so verbrachte ich meine dritte Hochzeitsnacht
mit leerem Magen, aber dafür blieb sowohl mir als auch meiner
Frau die Genugtuung, für einen Abend den Hunger der Kinder
gestillt zu haben.

Einige Tage später hat der Hausbesitzer die Familie auf die
Straße gesetzt, vielleicht weil sie die Miete nicht bezahlen
konnten, und er schickte das Gericht, und die haben ihre paar
Habseligkeiten, das waren ein altes Bett und einige Stühle,
rausgeschmissen.

Crocifissa

Setzen Sie sich ruhig. Heute stirbt man nicht. In der Nacht, das weiß Gott allein.

Dreimal sind wir hier raus. Wegen dem Erdrutsch. Mit Räumungsbefehl. 1935 zum erstenmal. Es begann mit einigen Rissen in der Erde, im Fußboden. Dann ging es in die Wände, man konnte die Tür nicht mehr zumachen, weil sich die Mauern verschoben, das Haus verschob sich. In einer Woche warf sich der Fußboden auf; bevor meine Tochter Pina zur Welt kam, ist die Wand geborsten. Das Dach schob sich zusammen. Auch an den anderen Häusern neigten sich die Mauern nach außen, nach innen, nach allen Seiten. Es war Winter, ich hatte drei Kinder, wir sind weggelaufen und sind beim Vater untergekommen.

Wir haben uns an das Rathaus gewandt, und das Rathaus hat einen Ingenieur für Straßenbau geschickt, er bestätigte den Erdrutsch, hat Räumungsbefehl erteilt und uns auf die Straße gesetzt, er gab uns Anweisung, das Haus zu verlassen, weil er die Verantwortung hatte. Das ganze Viertel hatte sich bewegt, alles beschädigt. Im Juni dann brachten wir das Haus in Ordnung und zogen im September wieder ein, weil wir keine Möglichkeit hatten, woanders ein Haus zu finden.

1940 wieder: der Fußboden aufgerissen und aufgeworfen. Diesmal stürzte ein Stück Wand ein. Ich hatte vier Kinder, drei waren ja wenig. Im Februar schickten sie uns den Räumungsbefehl, denn die Ingenieure kamen und lehnten die Verantwortung ab. Im März verließ ich das Haus und mietete ein anderes; der Mann starb mir, und ich blieb mit vier Kindern allein. Im September kratzte ich zusammen, was sich zusammenkratzen ließ: mit der Lebensversicherung und den Ersparnissen setzte ich das Haus instand. Dann traten von Jahr zu Jahr Schäden an den Häusern auf, wenn es regnete, mehr; in den Jahren, wo es nicht soviel regnete, weniger. Weil wir nicht wissen, wo wir hinsollen, bleiben wir hier. Wir ziehen aus und wieder ein wie eh und je. Jedes Jahr verschieben sich die Häuser Zentimeter um Zentimeter, sie haben sich schon zwei Meter verschoben. Das obere Haus drückt gegen das untere, und alle rutschen nach unten. Sogar das Licht, die Leitungen verziehen sich, reißen, so wie die Häuser wandern; manchmal blieben wir wegen dem Erdrutsch im Dunkeln. Die Straßen reißen auf; die Kanalisation wird manchmal zerstört, wo es eine gibt. Häuserecken stürzten ein und auch ganze Häuser.

Man sät hier, und an bestimmten Stellen rutscht die Erde weg, und es wächst kein Korn: sie spaltet sich nicht nur, sondern wird von dem Erdrutsch aufgeworfen und gleitet nach unten. Selbst die Wasserleitungen gehen durch den Erdrutsch kaputt, wie bei Onkel Vincenzo und vielen anderen. Es stürzt nicht alles auf einmal ein; wenn man die Gefahr sieht, geht man nach draußen. In der Nacht? Mein Sohn schläft hier, und im vorigen Jahr ist Mörtel runtergekommen, und er ist nach draußen gerannt. Wenn die Tiere den Erdrutsch spüren, trampeln sie, stampfen mit den Hufen, auch sie spüren die Gefahr, sie spüren den Boden. Im Jahr 40 war's, ich schlief, und die Maultiere fingen an zu stampfen, der Mörtel kam runter, und ich lief aufs Feld. Wenn die Tiere die Steine fallen hören, wollen sie weglaufen: ein schlimmer Tod, gewaltsam zu sterben, jeder bekommt Angst davor.

In unserem Haus haben wir ein Telefon ohne Leitung. Man kann niemand etwas wegnehmen, denn durch die Ritzen hört man alles von nebenan. Manchmal spricht man im Verborgenen, um miteinander zu reden. Man hört und sieht. Auch wenn ich kein Licht hätte, hier sieht man abends durch das Licht von dort. Abends, wenn sich eine auszieht, muß sie zuerst das

Licht ausmachen, wenn nicht, sieht man ihr aus den anderen Häusern heimlich zu. An manchen Abenden, wenn man den Tisch zum Essen deckt, fällt bei der Erschütterung Putz in die Teller, und wir essen Kalk.

Wenn es windig ist, schwanken die Häuser, wie ein schwacher Mensch. Die Häuser sind schwach, sie schwanken, sie zittern. Wenn es sehr windig ist, gehen wir nach draußen, bedecken vor lauter Angst den Kopf und befehlen uns Gott. Wenn der Wind nachts weht und die Mauern beben, sitz ich oft da, und wir bitten die heilige Rosalia, daß sich der Wind legen soll.

Der Rauch zieht von einem Haus ins andere: Wir bessern aus und bessern aus und kommen nicht vom Fleck. Hier hatten wir alles völlig glatt, und jetzt kann man nicht einmal einen Stuhl hinstellen, weil es wie im Gebirge ist. Vor zwei Jahren hatte ich noch alles in Ordnung bringen lassen, die Küche, den Fußboden, die Wand, alles in Ordnung bringen lassen. Und dann zeigte sich ein Riß, der sich dann vergrößerte, von März an, und jetzt haben sie uns wieder einen Räumungsbefehl geschickt. Jetzt sind wir sieben, die raus sollen, jedes Jahr ziehen Leute aus. Der Erdrutsch ist hier gegenüber. Hier oben ist ein Steinberg, der heißt Ilice. Zuerst hatte das Wasser auf dem Boden von Toto Battaglia einen Abfluß; dann wurde er zugemauert, und statt aufs Feld zu fließen, kommt es ins Dorf, und alle wurden zugrunde gerichtet. Das Wasser hat keinen Abfluß, hat keine Ader für sich und läuft in alle Richtungen. Wir sind unten, das Wasser fließt runter, und es braucht Abflüsse, bevor es in unser Viertel kommt. Wir sind rund zweihundertfünfzig Häuser, die vom Erdrutsch bedroht sind, das Viertel Santa Rosalia. Die Erde sog sich voll, sog sich voll, sog sich voll, sog sich voll, die Häuser fingen an nachzugeben. Das ganze Viertel rutscht weg, der ganze Berg, die Leute murren, protestieren im Rathaus, aber jeder denkt nur an sich. Der Erdrutsch geht weiter, die Familienväter mühen sich ab, um ihre Risse zu reparieren.

Man geht ins Rathaus und fordert vor allem, daß etwas gegen den Erdrutsch unternommen wird und daß sie helfen, die Häuser instandzusetzen. „Heute, morgen, übermorgen." Und nichts. Wenn die Wahlen herankommen, sagen sie: „Nehmt diesen Schlüssel für dies Haus." Wenn keine Wahlen sind, sagen sie: „Ihr müßt raus." – „Wo sollen wir hin?" fragen die Leute. „Seht selbst zu, unter freiem Himmel." Ingenieure, Beamte kommen an: „Bedauernswert, bedauernswert." Wenn das Haus in Gefahr ist, sagen sie: „Ihr müßt raus", aber Abhilfe schaffen sie nie. Immer heißt es: „Montag geht's los, noch einen Monat, und es geht los." Wie mit dem Erdrutsch, so ist es mit allen anderen Dingen: „Die Gemeinde ist arm, sie hat nichts, sie hat Schulden", und jeder denkt an sich.

Mein Sohn kann zwei, drei Monate im Jahr arbeiten. Wir kleinen Leute begreifen nichts. Die, denen es gut geht, lesen die Zeitung. Wenn ein wichtiger Artikel drinsteht, wenn ein Unglück passiert ist, dann erzählt entweder ein Händler irgend etwas darüber, im Viertel gibt's eine oder zwei, die holen sich eine Zeitung, und jemand sagt: „Die Sowieso hat sich eine Zeitung geholt", und holt die Zeitung, und wir kommen zusammen, wie wir grade sind, und einer liest vor. Ich habe einen Verwandten in Palermo, von dem ich manche Neuigkeit erfahre: wenn sich einer mit seiner Frau streitet, wenn sich jemand aus dem Zug stürzt. Hier im Dorf gibt es mehr als siebenundzwanzig Personen, die aus Schwäche und Angst verrückt geworden sind. Vorige Woche, am Sonnabend, da hat sich eine Frau vom Ilice gestürzt: ihr war die halbe Wand eingestürzt, und sie ist erschrocken. Sie war aufs Fenster geklettert und hielt sich daran festgeklammert. Durch den Schrecken, den sie bekam, hat sie den Verstand verloren. In der anderen Straße haben wir einen Mann, der schreit und schreit, dann ist er einige Stunden richtig im Kopf und schreit dann wieder, und manchmal redet er wirres Zeug: „Er muß sterben, er muß sterben, du hast Menschenfleisch gegessen." Er war ein arbeitsamer Mann. Und schreit und schreit, und die Familien daneben haben beantragt, daß sie ihn einsperren.

Manchmal laufen wir nachts alle weg. Jemand schreit, die anderen hören ihn, bekommen Angst und laufen mit Gesichtern weiß wie die Wand weg. In der Mauer lockern sich die Balken; von einem Augenblick auf den anderen haben wir Angst, daß ein Stück Mauer auf uns fallen kann. Am Vorabend vom Sankt-Josephs-Tag ist hier, vier Türen weiter, ein Haus eingestürzt. Tanos Tochter stand daneben und hat das Schreckliche mit angesehen, sah all die Steine niederprasseln, die Leute schrien: „Da, es stürzt ein, das Haus, da, es stürzt ein", die Katze rannte weg, und krach... das ganze Haus stürzte auf einmal zusammen, und das Mädchen schrie.

Die Türen verziehen sich, sie verziehen sich; wenn sie sich nicht mehr zumachen lassen, kommt der Tischler, aber sie verziehen sich und verziehen sich; dann fehlt an einer Seite eine ganze Handbreit... Neulich träumte ich, daß die Tür ganz eng war und daß ich durch das Fenster steigen mußte. Aber gewöhnlich träumen wir nicht davon: wir hören es in den Mauern knirschen, die auseinander gehen. Nachts zerspringen die Ziegelsteine, und wir machen das Licht an und sehen nach. Dann machen wir das Licht wieder aus und warten: zwei-, dreimal in der Nacht. Im Winter schlafen wir wenig. Das Wasser wandert, und wir wandern und die Häuser wandern, alles wandert.

Die Leute schlagen Lärm, aber dann denkt jeder nur an sich. Einer, der schreiben konnte, ließ für alle ein Gesuch aufsetzen, und jeder zahlte sechshundert Lire: und dann habe ich nachgefragt, und dann ist alles im Sand verlaufen. Wir haben unsere Unterschriften gegeben und sie an den Wachtmeister, an die Regionalverwaltung, an die Regierung geschickt. Vor einigen Monaten ist der Abgeordnete F. gekommen und hat gesagt, daß es den Erdrutsch gar nicht gibt. Und Antonino und andere haben diese Karte bekommen.

Republik Italien
Region Sizilien
Büro des Präsidenten
A.E.L.
Abt. III Protokollnr. 22 589

An Herrn Todaro Antonino, Sohn des Francesco Alia, Via Savoia

Bezugnehmend auf den genannten Unterstützungsantrag wird mitgeteilt, daß die zuständigen technischen Stellen, die diesbezüglich konsultiert wurden, zu der Einschätzung gelangten, daß die Erdbewegung in der Via Gorizia der besagten Gemeinde nicht den Charakter eines tatsächlichen Erdrutsches erreicht hat und infolgedessen die angezeigten Schäden nicht als Auswirkungen eines die Öffentlichkeit betreffenden Katastrophenfalls angesehen werden können.

Palermo, den 26. Oktober 1955   Der Stadtrat
                                                  (Unterschrift)

Onkel Andrea

Die Arbeit des Behördengehers in Palermo spielt sich solcherart ab, daß man sich vor übler Nachrede der Leute hüten muß, und es besteht die Gefahr der Unkenntnis der Behörden, die das Wort Behördengeher mit der Absicht des Gesetzgebers verwechseln, der die Zubringerei verbot.

Ursprünglich konnte der Behördengeher als Beruf bezeichnet werden, jetzt ist er infolge der Arbeitslosigkeit notorisch und verbreitet. Einige sagen, daß wir tausend sind: wir werden, glaube ich, an die fünfhundert Behördengeher in Palermo sein. Ohne Arbeit, beschäftigen sie sich damit, sich vor den öffentlichen Ämtern aufzuhalten zu dem Zweck und mit dem Bedürfnis, daß sie von denen, die die Erledigung von Dokumenten benötigen, einen Auftrag bekommen; denn für bescheidenstes Entgelt verlieren sie ganze Tage in den Büros des Standesamtes, im Einwohnermeldeamt, bei der Staatsanwaltschaft, bei den Gerichten und Amtsgerichten und beantragen, je nach Abteilung: Heiratsurkunden, Geburtsurkunden, Todesurkunden, Urkunden über den Familienstand, über notarielle Verträge, über Eintragungen ins Strafregister, über schwebende Verfahren und über alles, was im Bereich ihrer Möglichkeiten ist.

Im Dienste des Auftraggebers und von ihm selbst dann noch scheel angesehen, verdient der Behördengeher nach unverdrossener, aufwendiger und anstrengender Arbeit nicht mehr als ein bescheidenes Sümmchen, für das er sich nur ein hartes Stück Brot kaufen kann; warum? Von der Summe, die er fordert, kostet zum Beispiel, sich eine Geburtsurkunde auf stempelfreiem Papier ausstellen zu lassen, 55 Lire; er verlangt 100 Lire; wieviel verdient er? Knapp 45 Lire, und zu tun hat er:

Antrag stellen, tags darauf die Urkunde abholen und sie dem Kunden überbringen. Das ist nur ein Beispiel. Das Gesetz, das im Sinne des Gesetzgebers die Zuträgerei verbietet, verbietet nicht den Behördengeher, aber kraft dieses Gesetzes greifen die Bürochefs ein und erteilen strenge Anweisungen, daß die Behördengeher nicht an den Schaltern vorstellig werden dürfen, und da beginnt der Leidensweg im Kampf gegen den Hunger. Bei diesem Stand der Dinge ist derjenige, der das Behördengehen ausübt, gezwungen, an einen Beamten aus der Verwaltung heranzukommen, und mittels nicht unerheblicher Vergütungen erwirbt er die Dokumente, die er beschaffen muß; und die betreffenden Verhandlungen über die Abwicklung der Angelegenheit erfolgen außerhalb der zuständigen Dienststellen, entweder in einem Café oder im Haus des Behördengehers selbst.

Wie schon gesagt, ist der Behördengeher scheel angesehen und steht im Ruf, sehr gewinnsüchtig zu sein, bloß weil er von denjenigen, die ihn beauftragen, beim Aushandeln der Preise für habgierig und käuflich gehalten wird. Es ist logisch und natürlich, nein, Sie sollten das treffende Wort schreiben: es ist menschlich, daß derjenige, der aus absoluter Notwendigkeit, mangels Arbeit, das Behördengehen ausübt, es ausüben muß (mit dem einzigen Ziel, der Frau, die seine Gefährtin ist, und den armen Würmern, die er in die Welt gesetzt hat, ein Stück Brot zu geben) und nicht wie jeder andere Bürger am Schalter vorstellig werden kann, sondern sich an einen Beamten innerhalb der Behörde wenden und ihm mehr zahlen muß, als er selbst verdient – doch zurück zum erwähnten Beispiel. Wenn eine ungestempelte Geburtsurkunde 55 Lire kostet und man dem Beamten außerdem 50 Lire geben muß, ist es sinnlos, vom Auftraggeber 100 Lire zu verlangen. Aber unter den gegebenen Umständen muß er 200 Lire verlangen, um 150 zu bekommen.

Das Leben des Behördengehers ist aufreibend, zehrt an den Nerven, weil er sich diejenigen suchen muß, die ihm den Auftrag für die Erledigung der Angelegenheit und der Akten geben, er muß sich mit dem Beamten in Verbindung setzen, muß mehr als einmal in die Ämter zurückkehren, um den Schalterschluß abzuwarten und den Beamten persönlich abzupassen, um sich die gewünschten Papiere aushändigen zu lassen und sie dann demjenigen, der sie bestellt hatte, ins Haus zu bringen; wobei sich deren Wohnung oft außerhalb Palermos befindet und der Arme von seinem kläglichen Verdienst auch noch die Fahrkosten bestreiten muß. So ist die Geschichte des Behördengehers.

Die Leute kommen zu uns, nachdem sie in den Ämtern vorstellig geworden sind, wegen der langen Schlangen, wegen der bürokratischen Abwicklung der Arbeit des Beamten, wegen der kurzen Öffnungszeiten der Büros (sie müßten um neun öffnen und öffnen halb zehn, sie müßten um eins schließen und schließen um halb eins), wegen des Analphabetentums der Leute; sie nehmen den sogenannten Behördengeher in Anspruch, weil er den Wünschen der Leute dank des üblen Brauchs, daß er direkt mit dem Beamten verhandelt, entgegenkommen kann. Zwanzig Prozent der Bevölkerung Palermos wegen des Analphabetentums, die, wenn sie kein Geld für den Behördengeher haben, zehn bis zwanzig Lire zahlen, um sich von uns nur den Antrag schreiben zu lassen. Vierzig Prozent der Bevölkerung Palermos, weil sie nicht von der Arbeit weg können und sich begnügen, sich einer Person zur Erledigung der Angelegenheiten zu bedienen, um nicht einen oder mehrere Arbeitstage zu verlieren. Zehn Prozent, weil diese hohen Tiere aus dem Adel durch Lauferereien keine Zeit verlieren wollen, eben aristokratisch. Im Gericht sitzen Behördengeher, die alle das Gericht betreffenden Urkunden beantragen. Und selbst die Pförtner vom Gericht, vom Rathaus.

Auch der Faschismus verbot die Zubringerei, aber nicht das Behördengehen. Denn der Zubringer ist in der Tat derjenige, der zum Anwalt oder zum Arzt geht oder ins Hotel oder in einen Laden und den Kunden dahin bringt, wo es einträglicher ist. Er verbot das Behördengehen nicht, insofern als 1936 oder 37 der Feuerwehrmann Cacciotto, der pensioniert war und wegen Behördengehens vor Gericht kam, von der Fünften Strafkammer des Gerichts von Palermo, unter dem verstorbenen Präsidenten Fazio, verurteilt wurde. Der Verteidiger Cacciottos, Anwalt Giovanni Rosano, noch am Leben, legte in seiner Verteidigungsrede den wahren Geist des Gesetzes und den Willen des Gesetzgebers dar, der zwischen Behördengehen und Zubringer unterschied. Cacciotto wurde freigesprochen, weil das Behördengehen keine strafbare Handlung ist. Sie verhaften nur, weil wir Trinkgeld geben.

Solange es kein verständnisvolles soziales Handeln der Menschen gibt, kann der Fortschritt der Menschheit und die gegenseitige Hilfe in allen Lebensbereichen nicht erzielt werden.

Gewöhnlich sind wir Behördengeher fast Analphabeten, aber wir sind von einem intelligenten Schlag, wendiger, denn wir haben Beziehungen zu den Beamten in den Dienststellen: wenn es dem Behördengeher an Intelligenz fehlt, gleicht es der Beamte im Büro aus.

Ich lebe von Arbeit: Wenn du Monarchist bist, bin ich Monarchist; wenn du Kommunist bist, bin ich Kommunist; wenn du Faschist bist, bin ich Faschist; wenn du Christdemokrat bist, bin ich Christdemokrat; wenn ich jemandem mißfalle, wenn ich dem Kunden mißfalle, verliere ich 500 Lire. Ich habe hier die Faksimiles aller Parteien, alle Parteien schicken sie mir.

Ich habe einen klaren und genauen Überblick von allem gegeben.

Der Behördengeher ist kein Beruf, aber ein Befassen mit Erledigungen mangels Arbeit.

Ignazio

Hier im Cascino-Hof (Via D'Ossuna, Cortile Grotta) hat nie einer von uns auf einer richtigen Stelle gearbeitet, weil wir nie Arbeit gehabt haben. Wir sind im allgemeinen Lumpensammler, die Männer; die Frauen Wäscherinnen. Mancher Junge hat manchmal für einige Zeit Arbeit auf einer festen Stelle gefunden: aber wenn sie ihm dann kurze Zeit später den Laufpaß gaben, wurde er wieder Lumpensammler, was er wenigstens für längere Zeit war.

Vor ungefähr sieben Jahren starben hier ungefähr zehn Menschen an Typhus; deswegen hielten uns die Carabinieri im Hof abgesperrt, weil der Hof ansteckend war: niemand durfte raus. Da gab es Unrat, Schlamm, Dreck aus Sickergruben; es gibt Frauen, die schütten morgens den menschlichen Kot auf die nahegelegene Bahnlinie, aber gewisse Frauen schütten ihn da vorne auf die Stelle, wo sich das stehende Wasser sammelt. (Im Winter kommt die Feuerwehr, so sehr steigt das Wasser und der Schlamm an; aber die Feuerwehrmänner sagen, daß nichts zu machen ist: sie holen nur ein bißchen Wasser raus, sie saugen es aus den Häuserkellern und gehen wieder.) Den Läusetyphus, den hatten wir mehr als einmal. Ein andermal sind zwei Menschen gestorben, an Typhus, und einige Dutzend Kinder wurden krank. Vor allem die Kinder starben an Typhus.

Als uns die Carabinieri im Hof abgesperrt hielten, daß niemand nach draußen konnte, brachten sie uns das Essen in Kübeln. Wenn die Carabinieri kamen, um anzukündigen, daß das Essen gebracht wurde, bliesen sie die Trompete. Und Hunderte Menschen kamen mit Blechbüchsen, solchen, wo man Konserven reinmacht, mit Töpfen und so, und wir stellten uns an, in

Reihen wie Soldaten. Sie gaben uns zu essen, weil wir nicht nach draußen arbeiten gehen konnten. Die körperlichen Bedürfnisse verrichteten wir immer, notgedrungen, im Hof, oder auf der Bahnlinie, wenn uns ein gutmütiger Carabiniere durchließ. Im Essen war außerdem eine Art Medizin, um uns zu desinfizieren: und es muß abführend gewesen sein, denn wir alle, tausendfünfhundert Männer und Frauen, hatten Durchfall.

Der Typhus war unvermeidlich; denn es gab zuviel Unrat, die Häuser sind eng, ohne Wasser, und in einem Raum leben acht, zehn, zwölf Menschen: kleine Zellen. Die meisten mit Fußboden aus gestampfter Erde, manche sind Löcher. In so vielen Häusern benutzt man Steine und Blechbüchsen zum Sitzen. Zentnerweise Läuse. Als die dort gestorben sind, waren sie voller Läuse, daß einem angst und bange wurde. Sie kamen und brachten desinfizierendes Pulver und streuten es in den Wohnungen, auf den Straßen aus, und sie gingen auch zu den angezogenen Männern und Frauen und machten das Hemd auf und streuten Pulver rein.

Auch letzten Winter regnete es sehr, und viele Häuser standen unter Wasser, und von den Behörden kamen welche, um nachzusehen, und sind wieder gegangen. Die Leute packten Matratzen, Kissen und die paar Lumpen, die sie hatten, auf Karren und fuhren umher und suchten Wohnungen, zusammen mit Leuten aus anderen Vierteln; sie sprachen bei den Ämtern vor. Alle diese Obdachlosen wurden zusammengefaßt und in die leeren Räume vom Markt gebracht. Hunderte Personen, alle zusammengepfercht, wie Pferde in einem Stall. Die Männer auf der einen Seite, die Frauen auf der anderen. Sie schliefen auf der Erde, nur mit ein paar Decken. Das ging so an die vier, fünf Tage. Sie bestanden darauf, irgendeine Wohnung zu bekommen. Jede Familie bekam 1500, 2000 Lire geschenkt, und sie wurden dahin zurückgeschickt, wo sie hergekommen waren. Weil es keine Wohnungen gab, hieß es.

Wir Männer gehen morgens, jeden Morgen, wer weiß, wie

lange schon (ich erinnere mich, auch mein seliger Vater), unsere Notdurft auf der Bahnlinie verrichten. Manchmal kommen die diensthabenden Polizisten, und wir müssen Strafe zahlen: 2500 Lire. Selbst um unsere Notdurft zu verrichten, müssen wir teuer bezahlen. Die Frauen machen es zu Hause in der Kammer. Die Kinder machen es unterwegs oder auf den Schienen. Vor sechs Monaten kam ein fünfjähriger Junge aus den Häusern dahinten unter den Zug. Auch einer, der im Tunnel schlief, kam unter den Zug.

Zweihundert Meter vom Dom entfernt, vom Zentrum Palermos.

Die meisten Kinder gehen nicht zur Schule. Sie spielen im Hof, im Gestank. Wenn die Mädchen zwölf, dreizehn Jahre geworden sind, versuchen sie, bald zu heiraten. Lumpenhändler und Lumpenhändlerinnen vom selben Hof heiraten untereinander, kleine Lumpenhändler und kleine Wäscherinnen.

Ich bin am 8. Oktober 44 aus der Gefangenschaft gekommen. Ungefähr einen Monat unterwegs. Zu Hause habe ich die Familie halb verhungert gefunden. Damals war ich nicht verheiratet. Als ich in Palermo ankam, suchten mich zwei Freunde auf, sie haben mich gefragt, ob ich Arbeit hatte, und ich habe geantwortet, daß ich ohne Arbeit bin. Sie haben mich mitgenommen, um ein bißchen Holz zu holen, das zwischen Trümmern liegengeblieben war. Eine Dame erschien und fragte mich, was ich da machte, denn dort war bombardiert worden. Carabinieri erschienen und forderten mich auf, mit ihnen mitzukommen. Die Dame sagte zu den Carabinieri, daß man ihr die Möbel aus dem Haus geholt hatte. Aber bei mir fanden sie nichts. Der Wachtmeister verhörte mich und fragte, ob ich Papiere hatte: ich war gerade am Tag vorher vom Militär gekommen. Ich hatte keine Papiere bei mir, und der Wachtmeister schickte mich ins Gefängnis. Ich bin in meinem ganzen Leben noch nie verhaftet gewesen. Als ich ungefähr fünf Monate im Gefängnis war, machten sie mir den Prozeß. Und sie beschuldigten mich

117

des versuchten Diebstahls und verurteilten mich zu zwölf Monaten: ich hatte keinen Anwalt, denn ich hatte weder für mich noch für meine Familie etwas zu essen. Dann habe ich Berufung eingelegt. Und sie haben mir sechs Monate erlassen. So bin ich vor dem Gesetz straffällig geworden. So habe ich mir die Papiere befleckt.

Seit ich aus dem Gefängnis heraus bin, bin ich glücklicherweise nicht wieder drin gewesen. Ich habe viel durchgemacht, denn mit meiner Arbeit verdiene ich nicht genug, um meine Familie durchzubringen. Also ist es nötig, daß meine Frau reinemachen geht.

Ich hatte achtzehn Monate lang Fleckfieber. Ich bin Analphabet, wie fast alle von uns. Morgens stehe ich um sieben auf, sowohl im Winter als auch in der günstigeren Jahreszeit. Ich nehme meinen kleinen Karren und ziehe damit rufend durch die Straßen. Ich kaufe altes Eisen und gebrauchte Sachen und Lumpen. Das Eisen bringt wenig ein: dreizehn Lire das Kilo. Deshalb verkauft niemand zu diesem Preis. Das Geld zum Aufkaufen gibt mir der Händler; auch der Karren gehört ihm, wir bezahlen dafür 50 Lire am Tag. An manchen Tagen verdient man 300 Lire, ganze Wochen, wo man nichts verdient. Manchmal gelingt es, daß man 1000 Lire verdient, oder bei einem guten Fang mehr. In diesem Beruf ist es mittags aus, da verkauft niemand mehr was. Wir können auf nichts mehr hoffen. Wir alle im Hof machen dasselbe; insgesamt sind wir zweihundert. Dies hier ist in Palermo der Sammelpunkt für Lumpen, Eisen und Kupfer.

Man kauft die Schalen von Apfelsinen, Mandarinen und Zitronen für 10 Lire das Kilo. Man verkauft sie ans Lager weiter. Das Lager verkauft sie für 16, 18 Lire an die Essenzfabriken. Viele Kinder suchen Kippen auf der Straße: sie machen das Papier ab und verkaufen sie. Doch geben sie nichts für sich aus: sie lassen es der Familie zukommen. Es gibt Leute, die feste Arbeit haben, aber arm sind und keine richtigen Zigaretten kaufen können, sie geben zehn, zwanzig Lire für diesen Tabak, um zu sparen. Die Kinder gehen ins Zentrum der Stadt, in die Via Libertà, ans Teatro Massimo, wo alle Welt vorbeikommt. Wenn die Polizisten sie erwischen, bringen sie sie in die Malaspina, die Erziehungsanstalt. Es ist verboten, es ist eine Schande: sie begreifen, daß es für sie selbst ein Schandfleck ist.

Wenn es regnet, wird nicht gearbeitet: fast den ganzen Winter über arbeitet man nur einige Tage. Im Winter holt man sich hier ein paar Nudeln, dort etwas Brot auf Kredit. Und dann ziehen wir von einem Laden zum anderen, denn in jedem kann man nur einmal anschreiben lassen: 1 000 Lire, 1 500 Lire.

Wir Leute vom Hof warten nachmittags auf der Straße, wo die Bahnschranke ist, in der Hoffnung, ein paar Lire zu verdienen, weil sich dort die meisten Geschäfte befinden, und es könnte jemand ein bißchen Eisen, irgend etwas bringen. Manch einer spielt Karten, manch einer geht in die Kneipe; manch einer bleibt in der Sonne, wenn er kein Geld hat. In der Kneipe spricht man von Eisen, Kupfer, von den Ereignissen des Tages, und man macht sich gegenseitig Mut. Ich frage einen: „Wieviel hast du verdient?" Und er antwortet, je nachdem: „500, nichts; wenig." Und wir trösten uns gegenseitig. Diese Geschichte vererbt sich immer weiter. Meine Familie lebt seit 110 Jahren auf diesem Fleck.

Wenn wir ohne was nach Hause gehen, kommt es meistens zu Streit. „Was treibst du denn auf der Straße?" sagt die Frau. „Ruft dich niemand?" Der Mann antwortet: „Wenn ich Pech habe und es ruft mich niemand, was kann ich dafür...", und er hofft, am nächsten Tag etwas verdienen zu können. Wenn es am nächsten Tag genauso ist, gehen wir aufeinander los, Mann und Frau.

Unser Hof ist wie ein Sack: Wir sind nur in unserem Beruf auf dem laufenden. Niemand interessiert sich dafür, was außerhalb des Hofes passiert, außer wenn jemand in der Stadt ermordet wird.

Die Religion zählt hier drinnen nicht (ich will in die Democrazia Cristiana eintreten, nicht um für sie zu stimmen, sondern um meinen Angelegenheiten nachgehen zu können), aber zu den Wahlen kommen der Priester und irgendeine Zivilperson und verschenken ein paar Päckchen Nudeln in der Hoffnung, Stimmen zu bekommen. Meistens kommen die Monarchisten; sie haben Kärtchen gemacht und die Adresse dagelassen, wo man sich ein Kilo Nudeln holen kann. Die meisten hier haben Angst und stimmen für die Partei, die sie sagen. Aus Angst, daß die Partei erfahren könnte, daß sie nicht für sie gestimmt haben. Die meisten gehen nicht in die Kirche, nicht einmal am Sonntag oder am Feiertag. Am Sonntag muß man sich darüber Gedanken machen, wie man es anstellt, um etwas zu essen auf den Tisch bringen zu können.

Das ist ein schwieriges Viertel. Einmal kamen zwei Leute, um Fotos zu machen, und einer von uns hier, der halb elf morgens betrunken war, ein Monarchist, hat auf einmal nach dem Fotoapparat gelangt und sich ihn geschnappt, weil sie nicht wollen, daß Fotos gemacht werden. Und diese Feiglinge bekamen Angst, daß der Fotoapparat für 80 000 Lire kaputtgehen könnte.

Manch einer hat acht Kinder, mancher sechs, mancher zehn: Kinder zu haben, ist das einzige Glück. Es ist das einzige Glück der Armut.

Zwei-, dreimal sind die Priester in dieses Viertel gekommen, um die Kinder im Glauben zu unterweisen: es war zwei Monate vor den Wahlen. Wir haben saubergemacht, so gut wir konnten, und den Boden glatt gemacht. Zwei oder drei Tage später kamen sie, um eine Kinovorstellung über die Madonna und die Heiligen zu machen. Dann stellten sie fest, daß der Hof zu schmutzig war, und die Kinder waren außer Rand und Band, und sie wurden nicht mit ihnen fertig und machten sich davon. Die Kinder schimpften auf sie: „Scheißkerle, leckt uns am Arsch, zu den Wahlen, da kommt ihr." Das Kino ist verschwunden, alles ist verschwunden.

Xx

Auf dem Lande läuteten die Alten, um die Gewitter zu vertreiben, eine geweihte Glocke. Viele streuten in den Weinbergen keinen Schwefel aus, weil sie glaubten, den Herrgott zu kränken, denn er schickte ihnen ja die Strafen. Wer gefräßig war und während der Fastenzeit essen wollte, zahlte an die Kirche eine Steuer (sie wurde „Bulla" genannt), um während der Fastenzeit Fleisch und Eier essen zu dürfen.

Zwei Monate im Jahr wurde ich zum Kartenspielen gerufen. In die Privathäuser zur „Zicchinetta" mit sizilianischen Karten. So gewann ich damals das ganze Geld und teilte es mit denen, die mich hinbrachten. Und meinen Anteil gab ich meiner Mutter, denn ich habe mit zwölf Jahren angefangen. Ich ging in die Stadt oder in die verschiedenen Dörfer oder in die Gegend der billigen Schlachthäuser, in verrufene Viertel, und dann gibt's eine Stelle, wo alle Lumpensammler verkehren. Sie gerieten darüber in Verzweiflung, daß ich es fertigbrachte zu gewinnen, denn sie sahen nicht durch. Da ich ja fingerfertig war, gewann ich, ohne die Karten zu zinken. Ich schlug die Volte: wenn sie die Karten abhoben, brachte ich sie mit solcher Geschwindigkeit in ihre ursprüngliche Reihenfolge, daß sie es nicht einmal sahen. Während ich die Karten mischte, legte ich sie mir zurecht, indem ich zum Beispiel vier Karten nach oben brachte, so daß ich eine ganz nach unten schob, das war die, die ich brauchte. Die ungezinkten Karten zinkte ich, indem ich sie nur mit den Fingern berührte, ich krümmte sie, bog sie ein bißchen, und während ich sie mischte, brachte ich sie nach oben. Wir spielten zu fünfzehn, achtzehn, und sie setzten auf alle Karten in der Hoffnung, das Spiel zu gewinnen. Aber die armen Kerle verloren das Geld, das sie in der Tasche hatten, auf welche Karten sie auch setzten, und ich hörte immer dann auf, wenn sie ihr Geld los waren.

Zicchinetta wird meistens vom einfachen Volk gespielt. In Mussomeli, Villalba, San Giuseppe Iato, Palermo; aber sie sind überall darauf versessen, denn ich habe dann überall in Italien gespielt, in Rom, Reggio Calabria, Neapel, Mailand, Turin, Triest, Venedig, Florenz, Pescara, Chieti, Aquila. Fast in allen Orten Italiens: Bari, Lecce, Brindisi, so daß ich überall bekannt wurde und mich nun nirgendwo mehr sehen lassen konnte.

In den Dörfern oder Städten war einer, der mir als Helfer diente, der mich vorstellte und in die Häuser brachte, wo man spielte, und der mich als seinen Neffen oder als seinen nahen Verwandten ausgab. Öffentlich kann man dieses Spiel nicht spielen, weil es von der Polizei streng verboten ist, denn es gehört zu den Glücksspielen. Aber mir ist es manches Mal passiert, daß auch der Carabinieri-Wachtmeister, der Unteroffizier, die Carabinieri spielten: und sie haben es nicht im entferntesten gemerkt.

Die Leute wurden wütend, wenn sie verloren. Wenn sie sich dann untereinander verständigten und aufpaßten, sagte der eine, daß ich eine Karte von oben nahm, der andere meinte, von unten. Sie waren sicher, daß ich ein gewiefter Taschenspieler war, aber indessen gerieten sie in Wut, schlugen verzweifelt mit den Fäusten auf den Tisch, wobei einer den anderen fragte: „Aber das sind doch unsere Karten. Das sind nicht seine, und sie sind auf dem Deckblatt nicht gezeichnet. Wie macht er das bloß, sie in die Hand zu kriegen, wenn ein anderer gemischt hat?" Sie versteiften sich darauf, herauszubekommen, wie ich es anstellte, und ich ging am nächsten Tag woandershin, denn ich konnte nicht damit rechnen, wieder hinzukommen, weil ihnen das Spiel nicht geheuer war.

Im allgemeinen wurde abends gespielt, und vor dem Krieg konnte ich meine zwei- oder dreitausend Lire pro Abend gewinnen. Aber wenn ich sie mit den anderen geteilt hatte, behielt ich die Hälfte von dem Geld. Selbst wenn sie zu fünft waren, bekamen die fünf die eine Hälfte und ich die andere: die Abmachung trafen wir vorher, daß ich meine Geschicklichkeit dazugab. Wenn wir „Scopa" spielten und ich die Karten austeilte, gab ich dem Partner fast durchweg vom As bis zur Fünf, und von der Sechs bis zum König nahm ich mir: wenn ich gab, bekam ich die meisten Punkte.

Als Erwachsener spielte ich dann in verschiedenen Adelsklubs Baccarat, davon sprechen wir später. Manchmal gab es dramatische Vorfälle. Während ich spielte, sah ich verschiedene Leute, die sich zusammengetan hatten, wie sie mit gezinkten Karten den Leuten aus ihrem Ort das Geld abnahmen.

Einmal, als ich das gesehen hatte, setzte ich mich an den Spieltisch. Weil sie sicher waren, daß sie auch gegen mich gewinnen würden, haben sie Kopf und Kragen verspielt und sich aus Verzweiflung fast die Haare ausgerauft, weil sie nicht begriffen, wie ich es anstellte zu gewinnen, bis sie mir schließlich am Tisch sagten: „Ihr seid Beelzebub." Und ich sagte: „Was heißt Beelzebub?" Und sie sagten zu mir: „Der Herr aller Hexenmeister." Sie konnten es nicht fassen, daß sie gezinkte Karten hatten und verloren. Und dann haben sie mich zum Essen eingeladen, um sich das Geheimnis erklären zu lassen, wie ich es anstellte zu gewinnen. Da sagte ich ihnen (denn ich konnte aus der Hand lesen, das hatte ich aus dem „Cinquecento" von Rudilio Benincasa gelernt), daß ich es dem Besitz eines Talismans aus unbeschriebenem Pergament verdankte, das die Planetenkreise und die Mondphasen darstellte, einem fünfzackigen Stern, der mir viel Glück im Spiel brachte. Und da fragten sie mich, warum ich nicht jedem von ihnen einen solchen gab. Und ich antwortete, daß jeder fünfzehntausend Lire kostet, weil sie aus magischen Essenzen gemacht werden, daß Staub von der heiligen Rita, Staub von Korallen und Staub von Bernstein dazu gehört. Alle drei werden mit etwas

Weihrauch und Myrrhe vermischt und um Mitternacht unter Anrufung des Geistes von Gabriel, Michael und Samuel verbrannt. So macht man diesen Talisman mit den Planetenkreisen und den Mondphasen, und so bringt er demjenigen Glück, der ihn trägt. Er bringt Glück beim Spiel, im Geschäft, in der Liebe, bei allem. Geschäftlicher Mißerfolg und böser Blick von neidischen Personen bleiben wirkungslos, werden durch den Talisman abgewendet.

Sie glaubten daran, und ich gab jedem von ihnen einen, für fünfzehntausend Lire das Stück; aber das war nach dem Krieg.

Da gab es einen weiteren dramatischen Vorfall, nach dem Krieg, wohlgemerkt: uns haben in Rom Banditen überfallen und uns allen das Geld weggenommen, auch mir. Da habe ich einen von ihnen rangerufen und zu ihm gesagt: „Warum tut ihr mir das an, denn wenn ihr mich dahin bringt, wo gespielt wird, gewinne ich, ohne bewaffnete Überfälle machen zu müssen." Als sie gesehen hatten, was ich fertigbrachte, ließen sie sich überzeugen und dachten nicht mehr daran, Überfälle zu machen. Sie selbst sagten mir, wo ich hingehen sollte, und ich gab ihnen ihren Anteil. Im Grunde habe ich die auf den rechten Weg gebracht.

Aber dieses Spiel betrieb ich zwei Monate im Jahr, weil es in so vielen Orten Italiens gebräuchlich ist: ab November bis Ende Januar, in der Zeit der Feste bis Neujahr. Ich habe mir wirklich an allen Orten, wo ich war, einen großen Namen gemacht. Während der restlichen Monate, wo man weniger spielt, kehrte ich dann nach Hause zurück, um als Steinmetz zu arbeiten.

In der Schule bin ich bis zur zweiten Volksschulklasse gegangen, und dann wollten sie mich nicht mehr, weil ich zu lebhaft war. Mit fünfzehn Jahren habe ich die erste Frau kennengelernt. Kaum hatte ich die Frau berührt, habe ich keine Ruhe mehr gehabt. Ich nahm Geld von meiner Mutter, die einen Milch-Eis-Laden hatte, um es mit den Frauen zu treiben.

Es ergab sich, daß sich rundherum ein verrufenes Viertel mit Frauen befand, wo es ein Bordell gab; und als ich dann zum fünften Mal bei derselben Frau war, habe ich mir den Tripper geholt. Es war ein Privathaus, denn ich war fünfzehn. Nach drei Tagen bemerkte ich, daß es beim Wasserlassen ungeheuer brannte, als ob ein Streichholz in der Harnröhre brannte. Da habe ich mich bei einem Älteren erkundigt, und er hat gesagt, daß es Tripper war. Ich bin sofort ins Ambulatorium gegangen, um mich untersuchen zu lassen, und der Arzt machte mir den Vorschlag, mich ins Ambulatorium aufzunehmen, um seinen Studenten Erklärungen und Anschauungsunterricht zu geben; er sagte, daß er mir auch die Tage bezahlen würde, die ich aussetzte. Ich wollte nicht darauf eingehen, um meiner Mutter keinen Kummer zu machen. Und da hat er mir Spülungen verordnet. Wenn man das Medikament in einem Liter Wasser auflöste, nahm es die Farbe von dunkelrotem Wein an. Nachdem ich es im Hause versteckt hatte, damit meine Mutter es nicht sehen sollte, fand es meine Mutter eines Tages, und weil es wie Wein aussah, hat sie ein bißchen davon getrunken. Sofort hat sie es ausgespuckt, und ich bekam es mit der Angst, daß sie sich vergiftet hatte, und sofort haben wir einen Arzt kommen lassen, der sie beruhigte, weil sie nur einen Schluck davon getrunken hatte. So daß meine Mutter erfuhr, worum es sich handelte.

Dann traf ich einen Bekannten, der mir den Rat gab, mich nicht behandeln zu lassen, denn ich hatte einen chronischen Tripper zurückbehalten: es würde von selbst heilen. Und da gab ich die Behandlung auf und bekam ein Furunkel auf dem Geschlechtsteil, und ich mußte mich ans Ambulatorium wenden, wo sie mich operieren mußten. Und so wurde ich geheilt.

Als ich spielen ging, lernte ich einen Mann kennen, der Abend für Abend Geld verlor und den ich voll Neugierde fragte, wie er es anstellte, jeden Abend wieder mit Geld hinzukommen. Und er antwortete mir, durch Betrug, indem er den Leuten ausländische Zigaretten anbot und ihnen als Muster eine Schachtel Turmac zeigte, die er bei einem Tabakhändler gekauft hatte. Und er ließ sich Geld geben, ging in einen Hauseingang und verschwand durch einen anderen. Und so habe ich mit ihm zusammengearbeitet. Dann hat die Polizei durch Spitzel Wind davon bekommen und mir einen Polizisten geschickt, als ob der Zigaretten kaufen wollte. Die Polizisten haben sich untereinander gegen mich verschworen und mich wegen versuchten Betrugs verhaftet. Sie haben mir vier Monate mit Bewährung gegeben, weil ich vorher vorläufig entlassen worden war. Das war das erste Mal.

Als ich nach Hause zurückkehrte, war ich achtzehn geworden. Wir lebten in großer Not, und da wollte ich geregelte Verhältnisse schaffen und heiraten. Und meine Mutter machte mir den Vorschlag: „Weißt du, daß die Tochter der Lehrerin sehr gut wäre, nach allem, was sie mit ihren Eltern durchmachen mußte." Ich kannte sie schon als Kind, aber ich hatte sie schon lange nicht gesehen, weil sie bei ihrem Vater lebte, der von der Mutter getrennt war. Kaum daß ich sie wiedersah, hab ich mich in sie verliebt. Und ich habe mit ihr gesprochen, ob sie geneigt war, mich zu heiraten. Zuerst war ich nicht so verliebt, daß ich sie heiraten, sondern verführen wollte. Da hat meine Mutter das gemerkt und es mir streng verboten. „Nein", hat sie gesagt, „du mußt das Mädchen heiraten." Sie hat gern eingewilligt, denn schon als kleines Mädchen lebte sie in unserer Nachbarschaft und stand mit meiner Familie auf gutem Fuß. „Wenn du sie heiratest, tust du ein gutes Werk, und da sie bei ihren Eltern keine guten Tage gehabt hat, wird sie wenigstens durch einen guten Mann entschädigt und ein geregeltes Leben haben."

Und da habe ich mich ihrer Großmutter erklärt, denn sie lebte bei ihr: und die hat gern eingewilligt, weil ich imstande war, auf ehrliche Weise ein Stück Brot zu verdienen. Zuerst gab die Großmutter mir eine abschlägige Antwort, weil sie

126

durch das Gerede der Leute wußte, daß ich ein Kartenspieler war, dann, nach gründlichen Erkundigungen, erfuhr sie, daß ich zwei Monate im Jahr spielte und daß der Gewinn sicher war. Und nachdem sie mitbekommen hatten, daß ich kein... gewöhnlicher Spieler war, haben sie eingewilligt.

Als ich mich verlobte, hörte ich auf, als Steinmetz zu arbeiten, denn mit den paar Liren am Tag konnte ich die Familie nicht unterhalten. Und ich begann, als Stoffhändler durch alle Dörfer zu fahren, nachdem ich mir eine Dauerkarte für die Eisenbahn auf ganz Sizilien gekauft hatte.

Ihre Mutter, die von Mann und Kindern getrennt war, wollte mir die Heirat mit ihrer Tochter ausreden, sie sagte, daß sie viele schlechte Eigenschaften hatte. Ich habe mich um ihre Meinung nicht gekümmert und sie drei Monate später vorschriftsmäßig geheiratet. Ich war glücklich, ein Mädchen zu haben, dessen Körperbau mir phantastisch gefiel, einfach künstlerisch, wie die erste Dame am Hofe des Königs. Ich wußte, daß ich mir eine große Verantwortung auflud. Sie war zufrieden, einen geheiratet zu haben, der ihr das tägliche Brot nach Hause bringen würde, und daß sie in meiner Familie gern gesehen war. Wir veranstalteten mit allen Verwandten ein großes Fest bis ein Uhr nachts, nachdem wir gegessen hatten, mit verschiedenen Süßigkeiten.

Ich trachtete nach einem bescheideneren und arbeitsameren Leben und wollte mit dem leichtsinnigen Leben aufhören. Es war mir so Ernst damit, daß ich zwei Tage später in verschiedene Dörfer fuhr, um Stoffe zu verkaufen. Es gelang mir, zwei Jahre ein glückliches Leben zu führen, bis 1937. Sie war ein bißchen unordentlich im Hause, aber gutmütig, und wenn wir uns manchmal stritten, ließ sie mich nicht aus dem Haus, ohne mir einen Kuß zu geben und ohne vorher Frieden zu schließen.

Ich ging mit ihr öfter ins Kino, und als die Schuhe mit Absätzen aus unzerbrechlichem Glas modern wurden, kaufte ich ihr die ersten, weil mich ihre künstlerische Figur mit Stolz erfüllte. Zwei Monate nach der Hochzeit wurde sie schwanger, und 1936 hatte ich ein Mädchen. 1937, als ich in einem Dorf arbeitete, kam ich zu einer Familie, um einige Kleider anzubieten. „Gehen Sie bloß weg", sagte mir die Frau, „in meinem Haus ist ein Unglück geschehen, ich habe einen Sohn, der behext worden ist." Und da sagte ich zu ihr: „Machen Sie sich keine Sorgen, Signora, zeigen Sie ihn mir mal, und ich will versuchen, ihn zu heilen", weil ich glaubte, daß böse Geister ihn befallen hatten. Und als ich dann den Jungen sah, dessen Kopf fast doppelt so groß wie ein normaler war, sagte ich, daß ich ihn in dreiunddreißig Tagen heilen würde, aber daß dafür 5000 Lire nötig waren, um einige Dinge zu besorgen. Weil es Sonnabend war, hat sie zu mir gesagt: „Kommen Sie Montag wieder, da werde ich das Geld da haben." Als ich dann Montag früh das Haus der Frau fast erreicht hatte, ließ sie mir von einem Carabiniere und einem Schutzmann auflauern und mich verhaften. Und sie haben mich zu dreizehn Monaten wegen versuchtem Betrug verurteilt.

Meine Mutter plagte sich ab und buk Weizenbrot, um meine Frau und meine Tochter zu ernähren. Ich bekam jeden Monat fünfzig Lire von meinem Bruder, der Freiwilliger in Ostafrika war. Und von diesen fünfzig Lire behielt ich nur etwas für drei Luftpostbriefe, und den Rest gab ich meiner Frau. Aber ich war froh über das Opfer, das ich brachte. Meine Frau führte sich so schlecht gegenüber meiner Mutter auf, obwohl die ihr ja zu essen gab, daß sie sich schließlich in der Nachbarschaft eine Wohnung mieten mußte. In einer Gasse wohnten neben ihr eine Frau mit schlechtem Lebenswandel und eine Angestellte in einem Arzneimittel-Labor, die ihr auf ihre Art beistanden. Alles in allem rieten sie meiner Frau: „Was erwartest du von deinem Mann? Es ist doch besser, ein freies Leben zu führen. Gehen wir in ein Bordell, da verdienen wir Geld und bleiben frei." Und da schrieben Leute aus der Nachbarschaft, denen das zu Ohren gekommen war, einen anonymen

Brief an meine Mutter, sie sollte aufpassen, bevor das Mädchen den Halt verliert, wenn sie mit ihren Nachbarinnen weiter verkehrt.

Ende 38, als ich aus dem Gefängnis rauskam, holte mich mein Bruder ab, und ich habe ihn gefragt, ob meine Frau sich anständig verhalten hatte. Und er sagte zu mir: „Sie war durch und durch undiszipliniert, aber was die Ehre betrifft, können wir ihr nichts vorwerfen." So daß ich mich beruhigt habe, weil die Ehre dabei nicht angetastet worden war. Und da bin ich nach Hause gegangen, und als ich die Wohnung meiner Frau betrat, machte sie einen schlimmen Eindruck auf mich, als ob mir das Dach auf den Kopf kommen sollte. Es war eng. Gerade daß das Ehebett und ein Stuhl darin Platz hatten; ein niedriges Dach, so daß ich gleich in der Nähe meiner Mutter eine Wohnung gesucht habe. Und ich fand eine Wohnung ohne Dielen, mit Fußboden aus gestampfter Erde, aber größer.

Meine Frau war zänkisch; ich spürte unendlichen Groll ihr gegenüber, weil sie so weit gegangen war, meine Mutter zu mißhandeln, die für mich das Heiligste war, unantastbarer als mein eigenes Leben, weil sie mich seit meinem vierten Lebensjahr ohne Vater aufgezogen hatte. Wir haben uns gestritten. Sie blieb mir keine Antwort schuldig. Sie hatte keinen Respekt mehr vor mir.

Dreizehn Tage später taucht plötzlich ein Carabiniere bei mir auf und befiehlt mir, in die Kaserne zu kommen, wo mir gesagt wird, daß ich angezeigt worden bin, weil ich mich der Einberufung entzogen hätte. Als sich dann herausstellte, daß ich im Gefängnis war, wurde ich nach Rivoli zum Militär geschickt. Dort war ich zwei Monate. Da kamen die Rekruten von 1917/18 hin, ungefähr zweitausend Soldaten, und alle Süditaliener wurden in einem Extra-Saal untergebracht, und alle Piemonteser ebenso, aber mich ließen sie im Saal mit den Piemontesern. Fast jeden Abend kamen viele von den Piemontesern besoffen in die Kaserne zurück; kaum lehnte er sich ans

Bett, der in dem Bett über mir, bekam ich Spritzer von seiner Kotze ab, denn er brachte mit dem Wein alles raus, was er gegessen hatte.

Ein Oberleutnant, der das gesehen hatte, kam in unseren Saal, und ich sagte zu ihm, daß ich tauschen und in den Saal der Süditaliener verlegt werden wollte, daß ich nicht bei den Polentafressern bleiben will, daß sie sich jeden Abend besaufen und daß auch mich dann das Kotzen ankommt. Da sagte der Oberleutnant, der auch ein Piemonteser war (was ich nicht wußte und nicht ahnte): „Verdammter Hund, Seifenfresser! Glaubst du, daß wir hier so blöd sind, Seife als Käse zu fressen, wie die Sizilianer, als ihnen Garibaldi bei seiner Landung Seife gab?" Und da bekam ich alles satt und hab dann das Koppel genommen, ans Bett gebunden und es mir um den Hals gelegt, um mich aufzuhängen: ich hatte dieses Manöver gestartet, damit sie mich in den anderen Saal verlegen sollten. Da waren zwei Soldaten, die in der Nähe des Bettes Karten spielten, und sie haben mich losgemacht und ins Krankenrevier gebracht und mich unter Aufsicht stellen lassen.

Da habe ich beschlossen, nach Hause zu schreiben, daß sie mir ein Paket schicken sollten, mit einem halben Kilo von der Schmierseife, die man in der Provinz Palermo benutzt und die wie Marmelade aussieht. Und anderthalb Kilo allerfeinsten Puderzucker. Sobald ich das Paket hatte, habe ich den Zucker mit der Seife vermischt und alles so eingepackt, als wäre es nicht aufgemacht worden. Anschließend kam ich gleich wieder in den Saal der Piemonteser zurück. Gegen zehn habe ich das Paket genommen und mitten in den Saal gestellt. Und da sagten einige Soldaten: „Donnerwetter! Du hast ein Paket aus Sizilien bekommen. Wolln mal sehen, ob was Gutes drin ist." Als dann das Paket aufgemacht war, sagten sie: „Marmelade? Himmel, Arsch und Zwirn, genau das Richtige!" Ich sagte, daß ich nichts abhaben wollte, weil ich Zahnschmerzen hatte. So haben sich an die zehn Soldaten dieses Zeug aufs Brot geschmiert. Und sie haben sie fast restlos aufgegessen, ohne was zu merken, weil sie sehr gezuckert war. Eine Stunde später bekam einer ein bißchen Bauchschmerzen und mußte zum Krankenrevier. Da ließ mich der Oberleutnant des Krankenreviers, der war Sizilianer, zu sich kommen, und er sagte: „Ich will nicht hoffen, daß du ihn vergiftet hast!" Und ich sagte zu ihm: „Das ist Seife, und ich habe sie verteilt, weil der Oberleutnant aus der Kompanie mir gesagt hatte, daß wir Garibaldis Seife als Käse gefressen haben."

Seitdem schikanierten mich der Oberleutnant der Kompanie und ein Unteroffizier ständig. Weil es mir mit den Schikanen zuviel wurde, ließ ich von einem guten Freund auskundschaften, wo der Unteroffizier es trieb, denn er verbrachte alle Abende mit einem blonden Mädchen an einer einsamen Stelle. Da bin ich eines Abends um sieben plötzlich aufgetaucht, während er auf das Mädchen wartete, und da sagte ich zu ihm: „Verdammtes Schwein, du schindest mich den ganzen Tag, hast es immer auf mich abgesehen, hörst du endlich damit auf?" Und er hat zu mir gesagt: „Eins laß dir gesagt sein, wer dich zum Weinen bringt, bringt dich zum Lachen, und wer dich zum Lachen bringt, bringt dich zum Weinen." Und da nahm ich das Bajonett und schlug ihm den Griff viermal über den Schädel. Er machte den Eindruck, als ob er sich nicht mehr rührte, und ich bin weggerannt.

Als ich im Bett war und mich schnarchend stellte, hat mich der Oberleutnant der Militärpolizei geholt und ins Krankenhaus gebracht. Alle fielen dann so über mich her, daß ich aus Verzweiflung ein Tintenfaß leer getrunken habe, das ich mir geben ließ, um nach Hause zu schreiben. Danach haben sie mich zur Beobachtung ins Irrenhaus geschickt. Aber dort haben sie mich nach zwei Monaten entlassen und mich ins Militärgefängnis gesteckt. Gleich darauf machten sie mir den Prozeß; der Staatsanwalt wollte mir acht Jahre geben, aber ich wurde mangels Beweisen freigesprochen. Von dort schickte man mich nach Verona, wo ich zwölf Monate, sechs und noch mal sechs, Genesungsurlaub wegen Hämorrhoiden bekam.

Ich kehrte nach Sizilien zurück. Ich hoffte, mit meiner Geschicklichkeit und mit meiner Arbeit meine Frau wieder an den Gehorsam zu gewöhnen und ein zurückgezogeneres Leben zu führen. Sie hörte nie auf das, was ich ihr sagte, sie ordnete sich mir nicht unter. Ich verkaufte Stoffe auf den Plätzen, als Marktschreier; und Ärger in der Familie.

Nach beendetem Genesungsurlaub bin ich wieder nach Verona gegangen, ich wurde an den Hämorrhoiden operiert und bekam vierzig Tage Genesungsurlaub. Und inzwischen wurde ich entlassen. Und jetzt sind wir im Jahre 40.

Ich arbeitete und führte mit meiner Frau immer dasselbe Leben. Um meiner Frau einen Denkzettel zu geben, bin ich eines Abends in ein Kino gegangen, wo ich mir irgendeine Frau suchen wollte, um meine Frau zu bestrafen. Und so setzte ich mich neben zwei Frauen, und im Gespräch über den Film sind wir uns einig geworden: so bestellte sie mich dahin, wo sie wohnte, und am nächsten Tag bin ich zu ihr gegangen. Diese Frau hatte vier Kinder im Haus, und den Mann hatte sie in Afrika, und sie ließ sich mit jedem ein, denn sie hatte von ihrem Mann keine Nachricht und wollte ihre Kinder satt bekommen. Und da hatte ich nicht den Mut, mich mit ihr einzulassen, weil sie es aus Not tat, die Ärmste.

Aber sie bestand darauf, ich habe mit ihr geschlafen, und so hab ich mir die Syphilis geholt, die ich nicht kannte. So bekam sie meine Frau von mir. Als wir das merkten, sind wir zum Arzt gegangen, um uns untersuchen zu lassen, und er klärte uns darüber auf, was wir hatten. Ich fing an zu weinen, weil ich dachte, das Blut meiner Frau befleckt zu haben. Wir haben uns beide ein bißchen behandelt.

Ich arbeitete immer auf der Straße. Streit, Ärger. Man verdiente nicht genug beim Stoffverkauf, und ich las auch aus der Hand, und zwei Monate im Jahr spielte ich, nachdem ich mich auf Baccarat spezialisiert hatte, weil Zicchinetta etwas aus der Mode gekommen war. Tatsächlich kamen einige Aufforderungen, in verschiedenen Dörfern Baccarat zu spielen. Dieses Spiel ist in den Klubs der Händler, der Adligen, der Industriellen, jetzt sogar in den Parteihäusern der DC gebräuchlich, in Siracusa, Caltanisetta, Agrigent, Castelvetrano, Santa Teresa, in Sant'Agata Militello und in anderen Orten. Auch hier ließ ich mich von einem aus dem Klub selbst einführen. Aber darüber werde ich noch berichten.

Ein junger Mann von kleinem Wuchs und wenig ansprechendem Äußeren (das ist auch wichtig in bezug auf die Frau, um die es ging) nahm sich heraus, damit zu prahlen, daß er mit meiner Frau während meiner Haft von 1937 Beziehungen gehabt hätte. Als meine Familie davon erfuhr, lamentierte meine Mutter wie die Heilige Jungfrau: „Ich habe meinen Sohn verloren. Mein Sohn wird ihn sicher umbringen." Und dann flehte sie meinen älteren Bruder an: „Rettet mir meinen Sohn, sonst ist es um ihn geschehen, denn er bringt beide um." So daß mein Bruder zu mir nach Hause kam, morgens gegen acht.

Dann bekam ich den Kerl zu Gesicht. Bei meinem Anblick bittet er um Mitleid, um Verzeihung und sagt zu mir: „Ich kannte Sie nicht, Ihre Frau hat mich aufgefordert, denn wenn ich Sie gekannt hätte, hätte ich es bleibenlassen." Er gab es zu, weil ihm diejenigen, die mich mit ihm zusammenbrachten, versichert hatten, ich wäre ein intelligenter, verständnisvoller Mann, daß man die Tür von innen öffnet und nicht von außen, daß die Frau also schuld ist, ohne Grund rührt der Mann dich nicht an, er wagt es nicht, dich anzurühren. Ich sagte zu ihm, daß nichts passieren würde, wenn er mir den Beweis gäbe, daß die Frau schuld war, sonst würde ich ihn, seine Frau und seine ganze Familie umbringen. Er sagte, daß es schon zwei Jahre zurücklag, wer weiß, ob sie sich noch darauf einläßt. Und ich machte ihm einen Vorschlag. „Ich sage meiner Frau, daß ich in mehrere Dörfer fahre, um Stoffe zu verkaufen, daß

133

ich drei Tage unterwegs sein werde, du gehst zu mir nach Hause und sagst zu meiner Frau: Komm da und da hin, weil ich mit dir über Dinge reden muß, die uns beide betreffen. Wenn ich die Beweise habe, laß ich dich laufen, und ihr geb ich einen Tritt in den Hintern und schick sie zu ihrer Mutter." Und wir einigten uns, daß er am nächsten Tag in meine Wohnung kommen sollte.

Zu Hause habe ich mir von alledem nichts anmerken lassen, weil meine Frau intelligent war und mitbekam, wenn mich etwas drückte. Ich sagte zu ihr: „Morgen fahre ich und bleibe drei Tage weg." Am nächsten Tag tat ich so, als ob ich fortfuhr, und versteckte mich im Haus einer Tante und wartete, daß er mir in seiner Angst über das Treffen Bescheid geben würde. Der hat statt dessen alles seiner Mutter erzählt, und seine Mutter jammerte, als wäre er schon tot, und sagte: „Bist du denn verrückt? Weißt du denn nicht, daß es so viele Brüder sind, und sie sind mit allen Wassern gewaschen und wissen, wie man einen umbringt, ohne gefaßt zu werden!?" Ich habe das später von seinen Nachbarn erfahren, die es meiner Familie wiedererzählten.

So daß seine Mutter, um das Leben ihres Sohnes zu retten, auf der Stelle eine Vertrauensperson zu meiner Frau schickte, die ihr berichten sollte, was schon geschehen war. Als meine Frau das erfuhr und weil sie meinen Charakter kannte, daß ich auf Ehre hielt und daß sie für mich die größte Sache im Leben war, und weil sie glaubte, daß ich sie ohne weiteres umbringen würde, hat sie das Mädchen genommen, sich auf den Hof gestellt und nach der Hausbesitzerin gerufen: „Signora, es ist aus, mein Mann bringt mich um. Ich bin unschuldig, ich bin unschuldig." Zu dieser Zeit kommt mein Bruder, der immer aufpaßte, und hört, wie meine Frau um Hilfe ruft. Und er sagt: „Also dann weißt du ja schon Bescheid. Wo du es ja doch schon weißt, nimm, was du brauchst, und verschwinde zu deiner Mutter, sonst bringt dich mein Bruder um."

Und sie greift sich die Babysachen, die sie schon gekauft hatte, und das Mädchen und läuft zu ihrer Mutter.

Ich hatte vorher einen Revolver und ein Messer gekauft, ich hatte eigentlich die Absicht, ihr den Bauch aufzuschlitzen und das Ungeborene daneben zu legen und wollte mich dann selbst auf dem Friedhof über dem Grab meines Vaters umbringen.

Jetzt habe ich die Kraft, das zu erzählen. Denn in meinem Alter, wo ich eine ausreichende Erfahrung besitze, wo ich außerdem durch meine zwanzigjährige Tätigkeit als Wahrsager begriffen habe, wie die Frauen wirklich sind, kenne ich mich mit dem weiblichen Geschlecht aus. Wenn ich damals die Erfahrungen von heute gehabt hätte, würde ich mir den Kopf nicht mit solcher Verzweiflung zermartert haben, daß ich so weit war, Verbrechen zu begehen. Meine Erfahrung habe ich selbst teuer bezahlt. Wenn mir das jetzt in meinem Alter zugestoßen wäre, hätte ich gesagt, daß ich viele andere und bessere Frauen als sie gefunden hätte.

Gleich kam mein Bruder und berichtete mir, was geschehen war. Und da bin ich schnellstens zu ihrer Mutter gerannt, um sie zu erwürgen. Die Mutter kommt mir entgegen, kaum daß ich im Haus bin und sie am Hals gepackt habe. Meine Schwiegermutter sagt: „Was kann ich dafür?" Sofort kamen ein paar Verwandte, haben mich gepackt und weggebracht.

Einige Tage später läßt sich meine Frau den zeigen, der ihre Ehre angegriffen hatte. Als er eines Morgens um sieben in der Nähe seines Hauses Zigaretten kaufte, zieht sie die Sachen ihres Vaters an, nimmt ein Messer, das sie am Tag zuvor mit Knoblauch eingerieben hatte, um es zu vergiften, und kommt in den Tabakladen, während er seine Zigaretten kauft. Und sie sagt: „Kennt Ihr mich?", und nimmt die Mütze ab. „Ich kenne Euch nicht, das hat meine Schwägerin aufgebracht." Da packt sie ihn bei den Haaren und sticht mit dem Messer auf seine Geschlechtsteile ein. Die Besitzerin des Ladens schreit: „Was macht Ihr, Ihr richtet Euch zugrunde, schmeißt ihn auf die

Straße", um zu verstehen zu geben, daß sie ihm die Messerstiche draußen und nicht drinnen gegeben hatte. So hat sie ihn auf den Gehweg geschleift, blutüberströmt, in sich zusammengesackt. Und sie begann zu schreien: „Polizei, verhaftet mich, ich bin unschuldig, ich habe den Namen meines Mannes reingewaschen." Und sie brachten sie auf die Polizeistation und ins Gefängnis.

Zwei Monate später brachte sie einen Jungen zur Welt, dem sie den Namen meines Vaters gab. Dort spielte sie verrückt, wie die mir erzählten, die entlassen wurden, sie schrie und rief immer meinen Namen: „Ich bin unschuldig, ich habe die Ehre meines Mannes reingewaschen."

Eine Baronin, die Wohltätigkeit an dem übte, der sie brauchte, auch an Tieren, und die ihre eigenen Wächter hatte, und der Untersuchungsrichter haben versucht, mich mit meiner Frau auszusöhnen. Ich sagte, wenn sie zwei oder drei Jahre (inzwischen war sie vorläufig entlassen worden) zurückgezogen bei ihrer Mutter leben würde, könnten wir danach wieder zusammenkommen, denn ich war weder von ihrer Schuld noch von ihrer Unschuld überzeugt. Indessen zahlte ich den Unterhalt, auch weil sie zwei Kinder von mir hatte.

Ich machte meine Arbeit weiter und bin in Foggia gewesen, um Karten zu spielen. Ich war indessen nach Pescara umgezogen, wo ich mit einer verheirateten Frau ein Verhältnis hatte. Eine Zeitlang hatte ich es auf verschiedene verheiratete Frauen abgesehen, denn ich glaubte, daß sie mir mein Familienleben zerstört hatten; ich habe Ehefrauen und ihre Männer auseinandergebracht, um mich an der Menschheit zu rächen. Nachdem ich mit ihr in Berührung gekommen war, bekam sie die Syphilis, so daß der Mann dahinterkam. Als mir das passiert ist, ließ ich mich absichtlich nicht behandeln.

Als ich damals aus Foggia zurückkehrte und von dort nach Pescara wollte, hat meine Frau aus ihrem Versteck in einer engen Nebenstraße einige Pistolenschüsse auf mich abgegeben, als ich vorbeiging, und ich bekam einen Streifschuß an einem Bein. Die Polizei griff ein, und wir wurden alle beide verhaftet. Vor den Polizisten sagte sie: „Es ist sinnlos: entweder bringst du mich um, oder ich bringe dich um, damit du es nicht mit der treibst, und ich bin nicht geschaffen, eine Frau für alle zu sein." Mich haben sie rausgelassen, und sie wurde nach Sizilien gebracht.

Gleich danach bin ich nach Mailand gegangen, habe mit Stoffen gehandelt und Karten gespielt. Als ich nach Sizilien zurückkehrte, um Stoffe zu verkaufen, kam ich durch die Landung der Amerikaner nicht mehr weg.

Nach meiner Verhaftung wegen einer Geschichte mit Stoffen, die man mir beschlagnahmte, weil ich keinen Lieferschein hatte, ist mein Bruder zu einer Frau gegangen, die Beziehungen zu verschiedenen Gerichtsbeamten hatte, damit ich vorläufig entlassen würde. Und die Frau verlangte von uns eine Summe von hunderttausend Lire. Mein Bruder gab sie ihr, und die Frau machte sich ans Werk. Nachdem sie ein sehr hübsches Mädchen gefunden hatte, das sich mit allen einließ, versprach sie ihr zehntausend Lire und sagte ihr, sie solle sich wie eine völlig verschämte Hausfrau anziehen, um wie meine Frau auszusehen. Und sie sagte ihr, sie solle meine Frau spielen, zum Richter gehen und sich für meine vorläufige Freilassung verwenden. Und da ging die Frau, die Beziehungen zu dem Richter hatte, der den Prozeß führte, zu ihm und sagte, daß meine Frau ihn sprechen wollte und er sollte die Ärmste anhören, weil sie so jung und so lieb war, daß es einen erbarmte. Da ging das Mädchen zu ihm, um ihn anzuflehen, und er tröstete sie und sagte: „Wir wollen sehen, aber es ist ein schweres Vergehen. Dafür gibt es drei bis sieben Jahre. Bleib ruhig, wir wollen sehen, was ich machen kann", und indessen begann er sie zu liebkosen und betastete sie, und als sie dann noch einmal kam, ist er mit ihr unter Diskutieren, Sprechen und Liebkosen ins Bett gegangen. Er sagte zu ihr: „Schade um ein so hübsches Mädchen wie dich, daß es in den Händen eines Gauners ist, der zu nichts taugt." Und als Beweis seiner Menschlichkeit gab er ihr noch tausend Lire. So daß er mich vorläufig freiließ, weil er überzeugt war, es mit meiner Frau getrieben zu haben.

Seit einigen Jahren habe ich mein Glück gefunden, ich fand ein bißchen inneren Frieden, weil ich meinem Ideal begegnet bin und wir uns zusammentaten. So machte mich das Zusammenleben zufrieden, weil ich nicht gewußt hatte, was Liebe, was Zuneigung der Ehefrau ist. Denn ich fand echte Geborgenheit. Sie ist ein Mädchen alter Art, fügsam, häuslich, sauber, sparsam. Sie wurde durch meine Krankheit krank und hatte in der Tat eine Fehlgeburt, aber dann wurden wir gesund, denn durch die Behandlung werden die Mikroben eingeschläfert. In diesen Jahren widmete ich mich dem Wahrsagen, nachdem ich die vorschriftsmäßige Lizenz für das Wahrsagen aus der Hand und aus den Karten erhalten hatte und jedes Jahr für die Erneuerung der Lizenz zahlte, die es mir erlaubte, den Beruf in allen Städten Italiens außer in der Hauptstadt auszuüben. Der Papst behielt sich seinen... vor. Die Priester wollen keine Konkurrenz.

Ich heilte sogar viele Leute mit fixen Ideen. Oder einmal traf ich auf eine Frau, deren Eierstöcke sich gesenkt hatten, und sie war zu verschiedenen Ärzten gegangen, die ihr nichts zu sagen wußten. Und ich sagte ihr, sie sollte eine elastische Leibbinde anlegen, und sie ist danach sofort gesund geworden.

Manchmal, wenn ich in ein Haus kam, sagte ich denen, daß hinter den Schicksalsschlägen der böse Blick steckte, der auf dem Hause ruhte. Und damit sie es glaubten, sagte ich, sie sollten etwas Baumwolle nehmen; heimlich schob ich ein Stückchen Natriummetall in die Baumwolle und legte es auf die Erde. Ich ließ sie eine Flasche Wasser holen und begann: „Auf mein Geheiß, im Namen Samuels, Michaels..." und ließ sie das Wasser auf die Baumwolle gießen, und sie ging sofort in Flammen auf, so daß die Leute annahmen, daß auf dem Haus wirklich der böse Blick ruhte, und sie flehten mich an, sie zu retten, den bösen Blick zu bannen, und sie gaben mir selbstverständlich Geld.

Und um sie von dieser fixen Idee zu befreien, ließ ich manchmal eine halbe Flasche Essig holen. Ich hatte mein Präparat, mit Erdfarben gefärbtes Bikarbonat, damit es nicht zu erkennen war: gelb, rot und grün, und ich sagte, daß es Staub von Korallen, Staub von Bernstein und Staub von der heiligen Rita war. Ich vermischte alle drei und sagte: „Hinweg mit dem Quecksilber, das in diesem Haus ist", und so weiter. Und ich schüttete das Pulver in die Flasche und verschloß sie sofort mit einem Korken. Kaum phosphoreszierte es drin, sprang der Korken mit einem Knall aus der Flasche, und mehr als die Hälfte des Essigs quoll als Schaum heraus. Und ich sagte: „Sehen Sie, Signora, das ist alles Quecksilber, das herauskommt." Und ich sagte ihr, wie sie den Rest verwenden sollte, daß sie ihn auf dreiundzwanzig Tage verteilen und in alle vier Ecken des Zimmers jeden Tag einige Tropfen spritzen und drei Credo, drei Vaterunser und drei Ave-Maria sprechen sollte. Wenn sie das vollzogen hätte, würde nichts mehr in ihrem Hause sein. Manchmal legte ich die Stola an, um größere Wirkung zu erzielen, und den Rosenkranz, aber die Stola kann man nur heimlich anlegen, weil die Priester diejenigen verhaften lassen, die ihnen Konkurrenz machen, wie ich schon sagte.

Aber nicht nur Frauen glauben daran, auch die Männer, intelligente und Analphabeten, in den Dörfern und in den Städten. Einmal kam einer zu mir ins Haus und fing an zu weinen, weil er von einer Hexerei befreit werden wollte, denn er konnte keinen ehelichen Verkehr mit seiner Frau haben („so daß mich meine Frau rausgeschmissen hat"), und er sagte, daß er denjenigen umbringen wollte, den er verdächtigte, daß er ihn mit einem Zauber verhext hatte, ein Nachbar. Und ich habe ihn hypnotisiert, und er ist dann, als es gelungen war, gekommen, um mir zu danken und Geschenke und zweitausend Lire zu bringen.

Wenn ich mit einem Gevatter in ein Dorf kam, ließ ich Plakate aushängen mit einer aufgedruckten Hand und einem Foto von mir darin und mit der Aufschrift „Der Magier der Wissenschaft".

In bezug auf manche Personen, die sich aus den Sternen lesen ließen, erlebte ich so manche Tragödie in verschiedenen Familien, wo ich entdeckte, daß der Vater es mit der eigenen Tochter trieb, der Bruder mit der Schwester, der Sohn mit der Mutter. So manche Mädchen, die von ihren Verlobten verführt wurden, und so manche verheiratete Frauen, die Liebhaber hatten. Egoismus, Neid, Menschen, wo sich der eine am anderen dadurch rächen wollte, daß ich unheilbringende Ströme oder Liebeszauber anwenden sollte oder Krankheiten anhexen; Mädchen vergifteten sich wegen ihres Bräutigams, und kaum waren sie geheilt, hängten sie sich an einen anderen.

In N. traf ich auf ein Mädchen, das wie die Venus selbst aussah; sie kam, um sich ihre Zukunft lesen zu lassen, denn der Präfekt hatte sie verführt, und sie wollte ihn durch Zauber zur Heirat bringen.

In V. eine Frau, deren Mann ein gutgehendes Fahrradgeschäft besaß, sie hatte sich mit einem Jungen ins Benehmen gesetzt und wollte von mir, daß ich ihren Mann in dreiunddreißig Tagen durch Hexerei sterben lassen sollte, damit sie frei wurde und sich mit ihrem Liebhaber vergnügen konnte.

Angesichts der Häufung solcher Dinge dachte ich mir, daß sie zum großen Teil auch dadurch entstehen, daß die Priester zu ihrem Nutzen Politik betreiben und Schweinereien machen und nicht begreifen wollen, daß sie uns, die wir allzumal Sünder in dieser Welt sind, das Rechte predigen sollen.

Alle meine Erfahrungen ließen mich erkennen, daß die Frau

und auch der Mann nur zwei dekorative Figuren sind, Federn im Wind, weil die Frau flatterhaft ist, und der Mann ist so schwach, im allgemeinen, daß er sich von den Federn umblasen läßt. Denn so unbezähmbar der Mann auch sein könnte, so ist er doch angesichts der Frau wie ein Lämmchen.

Ich glaube, wenn alle menschlichen Wesen nur eine Ahnung davon hätten und den geringsten Hang, ernsthaft darüber nachzudenken, daß wir vorübergehend auf dieser Erde sind, müßten wir jeden Tag, jeden Monat und jedes Jahr bewundern, denn indem wir sie vergehen sehen, geht unser Leben dahin, weshalb wir einander bewundern und beistehen sollten, sowohl im Leiblichen als auch daß wir uns gegenseitig helfen, den Frieden der Seele zu finden. Statt dessen müssen wir mit ansehen, daß der Reiche es immer auf den Armen abgesehen hat, daß er immer auf ihm herumtrampeln und ihn versklaven will, und er will von seinen Hofdamen umgeben sein, ein Bein über das andere geschlagen, und seine Frau haben, seinen Chauffeur und sein Luxusauto, umgeben von seinen Hofdamen, seine Sklavinnen haben und alle mit Gold und Brillanten behängt wie die Madonna auf dem Altar; die Welt ist mehr in der Hand dieser egoistischen, habgierigen Leute, die sich nicht um die Not ihrer Mitmenschen kümmern. Ich selbst verlor mit vier Jahren den Vater und mußte mich das ganze Leben lang durchschlagen, und meinen Sohn mußte ich jetzt, weil mir die Mittel fehlen, in eine Erziehungsanstalt bringen. Diese Erfahrungen habe ich beim Lesen aus den Sternen in fast ganz Italien gemacht und begriffen, was das Universum ist. Und ich hatte mit der ganzen Christenheit zu tun, mit Armen, Reichen, Fürsten, Baronen, Grafen, die mir ihre Wünsche, ihre Lebensgewohnheiten enthüllten. Mit Fug und Recht kann ich darüber sprechen, denn um das mitzukriegen, mußte ich in Zügen diskutieren, überall aus und ein gehen, in Cafés, Kneipen, mit dem einen so, mit dem andern anders reden.

Wenn ich gewußt hätte, daß ich ein solches Leben führen

muß, hätte ich nicht das Licht der Welt erblicken wollen, denn jeder von uns ist lebenslänglich verurteilt.

Wer gibt uns Arbeit, wenn wir aus dem Gefängnis kommen? Wer gibt uns die Mittel für die Arbeit? Man jagt uns davon. Im Gefängnis tauchen immer wieder dieselben Gesichter auf. Gehören nicht auch sie der menschlichen Gemeinschaft an?

In meinem Alter könnte ich kein Hilfsarbeiter sein. Aber ich könnte einen kleinen Lebensmittelladen mit einem Verkaufstisch und einer Waage haben, den armen Leuten Kredit geben und gleichzeitig für mich und meine Frau das tägliche Brot verdienen und nicht mehr dieses abenteuerliche Leben führen, denn ich bin abgekämpft, mutlos. Oder ich könnte jemand bei einer Arbeit zur Hand gehen. Wenn mir die Leute einen Kaffee anbieten, tun sie es, um mich zwei Stunden später um einen Gefallen zu bitten, oder um einen Rat, oder um sich umsonst wahrsagen zu lassen ...

Der Mensch ist so unwissend, daß er mehr Geschmack an den privaten, heimlichen Dingen als an den offenen findet. Wie im Gefängnis, wenn der Aufseher die Tür offenläßt, hat man keine Lust, auf den Flur zu gehen; aber wenn sie zu ist, leidet man. Das ist immer bei allen so.

Jetzt, seit ich hier im Gefängnis bin, hab ich mir einen Bart stehen lassen, denn was kann ich machen, wenn ich wieder draußen bin? Geld habe ich keins, um die Rückstände für die Lizenz zu bezahlen. Ich werde weiter aus der Hand lesen. Ich werde die Handzettel in Umlauf bringen. Zweihundert, hundert Lire pro Konsultation: was sind schon hundert Lire? Jeder von uns will eine Maske, ein Schauspiel. Ich setze mir eine Brille auf. Das macht mehr Eindruck, wenn jemand zur Konsultation kommt.

Wenn ich durch Dörfer und Städte zog und dort einer von den besten Wahrsagern seiner Tätigkeit nachging, interessierte es mich, zu ihm zu gehen, ohne daß ich mich als Wahrsager zu erkennen gab, ich trat als Kunde auf. Ich ging hin, um seine Art aufzutreten kennenzulernen, denn wir haben unseren eigenen Ton, abgesehen vom Buch und den Karten. Er sagte: „Ich sehe, daß es schlecht um Ihre Angelegenheiten steht, besonders auf der geschäftlichen Linie, aber Sie brauchen einen Talisman, doch der kostet fünfzehntausend oder zwanzigtausend Lire..." Aber ich sagte: „Doch muß man sehen, ob ich ihn tragen kann, weil ich einen besonderen Schutzgeist habe. Ich habe auch einen Talisman." Ich war nahe daran zu glauben, daß sein Talisman echt und wirksam sein könnte, und er glaubte fast, daß meiner besser war als seiner.

Die Anziehungskraft der Wahrsager ist so stark, daß viele unverheiratete und verheiratete Mädchen bereit sind, alles mögliche mit sich anstellen zu lassen. Weil entweder Verlobungen in die Brüche gingen oder weil sie glauben, daß die Tochter durch Hexerei krank geworden ist, oder wegen einer fehlgeschlagenen Heirat würden sie mit ihrem Leben bezahlen, und tatsächlich sind viele bereit, sich am ganzen Körper befingern zu lassen. Wie viele lassen sich verführen. Und es gibt so viele, die dem Mann den Tod anhexen wollen – für dreihunderttausend Lire. Wenn ich eine spiritistische Sitzung ansetze, fange ich meistens damit an, auf eindrucksvolle Weise die Augen zu rollen, dann schließe ich sie und werde ganz starr und rede mit verstellter Stimme, um den Eindruck zu erwecken, daß der Geist spricht.

Einmal in Gela brachte ich dreizehn Personen auf die Knie: Ehemänner, Frauen, Männlein und Weiblein. Und dann hatte ich einige Mahlzeiten und Unterkunft.

Wenn man einen Namen hat, strömen die Leute herbei. Auf dem Handzettel steht, daß man sich einen Tag vorher anmelden soll und daß pro Tag nicht mehr als zehn Konsultationen stattfinden, und wer seinen Namen nicht nennen will, dem gebe ich eine Nummer mit meiner Unterschrift.

Ich für meinen Teil bin schon außerhalb der menschlichen

Gesellschaft; selbst wenn ich eine Arbeit bekäme, ich bin vorbestraft, ich habe nicht das notwendige Geld, um zu arbeiten. Das einzige Mittel, die einzige Fähigkeit, die mir geblieben ist, ist diese hier, denn dafür braucht man kein Kapital, nichts. Und wenn ich kein Geld für Handzettel habe, mache ich die Runde und suche mir meine Kunden selbst. Und manchmal holen sie mich mit dem Auto ab.

Rosaria

Alles fing damit an, daß ich verheiratet wurde, ohne daß wir beide uns einig waren, ohne Zuneigung füreinander. Da ja die Begründerin dieses Besitzes eine Tante von uns war. Diese Tante brauchte sowohl für das Haus als auch für das Feld Hilfe. Da schien ich dafür die Richtige zu sein. Mein Mann war bei den Soldaten und war der Bruder meiner Mutter. Ich hatte keine Lust zu heiraten, weil ich alles bereit hatte, um Nonne zu werden. Mein Vater hatte mich so lieb, daß er mich überhaupt nicht fortlassen wollte. Aber ich hatte alles bereit, um Nonne zu werden. Da sagte mir mein Vater: „Ich begleite dich bis zum Bahnhof. Aber du gehst in den Zug, und ich geh unter den Zug, und für die Kinder, die zurückbleiben, mußt du sorgen." Er wollte mich nicht Nonne werden lassen, weil er mich nicht mehr sehen könnte, sagte er; um zu heiraten, da wollte er mich fortlassen. Da blieb ich, um nicht ungehorsam gegenüber dem Vater zu sein, bei der Familie. Wir waren neun, ich hatte die ganze Last zu tragen, denn unsere Mutter war an den Stuhl gefesselt.

Da vertraute sich mein Vater seinem Schwiegervater an und sagte: „Was soll ich machen, denn Rosaria will Nonne werden?" Sie haben sich vor dem Gekreuzigten darüber unterhalten. Mein Großvater kniete nieder, küßte die Hand und sagte: „Mach dir keine Sorgen, denn eines Tages wird Rosaria die Frau von Cola sein" (denn er war Soldat). „Aber wie soll das werden?" fragte mein Vater. „Nach und nach schaffen wir es, du wirst es sehen." Damals wußte ich von allem nichts, und allmählich ließ mein Drängen nach, Nonne zu werden, aus Gehorsam gegenüber dem Vater. Sie fingen an, mir Lecker-

bissen zu bringen, sowohl der Großvater als auch die Großmutter. Wenn er dann ankam und sagte: „Hier, iß", da sagte
ich: „Sie ist eure Tochter (das heißt, meine Mutter), gib es ihr",
sagte ich verärgert und wollte nie etwas nehmen. Eines Morgens war meine Mutter zur Messe, und ich war oben und knetete
Brotteig. Mein Großvater rief von unten nach meiner Mutter,
und ich antwortete: „Sie ist nicht da, sie ist zur Messe gegangen." Da kam er hoch in die Küche, wo ich den Teig knetete,
und sagte zu mir: „Hör zu, Rosaria, ich glaube, daß dir Sachen
fehlen, Geld, um Nonne zu werden." – „Mein Vater kümmert
sich darum", antwortete ich. „Warum willst du nichts annehmen?" – „Nein." – „Also nein?! Eines Tages wirst du das,
was ich dir geben will, herbeisehnen." Und er ging.

Dann kam die Zeit, wo meine Mutter aufs Feld ging und
ich allein zu Hause blieb. Der kam immer, um mir Geschenke
anzubieten. Unter anderem brachte er mir eines Tages ein Paar
Schuhe. Und ich habe sie nicht genommen. Als er dann glaubte,
daß ich gegen meinen Willen ja gesagt hatte, ließen sie Cola
ausrichten: „Wenn du von den Soldaten kommst, sollst du dich
mit niemand verloben, weil Rosaria die Deine sein soll." Da
kam er auf Urlaub. Mir zitterten die Hände, und ich wollte
mich fernhalten. Als er dann kam, am Morgen, kamen alle
meine Geschwister und sagten: „Kommst du nicht?" Am
Abend kam mein Vater und sagte zu mir: „Was, du bist nicht
hingegangen, um ihn zu sehen?" Ich wollte nicht gehen; wenn
ich Liebe empfunden hätte, wäre ich gerannt. Da packt mich
mein Vater am Arm und sagt zu mir: „Keiner soll sagen, daß
Onkel Cola gekommen ist und wir ihn nicht begrüßen." Und
wir gingen. Da er hier in diesem Hause lebte, saß er dort,
wir kamen von da, sie umarmten sich. Er kommt auf mich
zu, und ich küsse ihm als Onkel die Hand. Wie er meine Gleichgültigkeit sah, blieb er stehen, ging auf einen Moment zu seinem
Vater und sagte zu ihm: „Aber von dem, was ihr mir habt
sagen lassen, ist nichts. Sie beachtet mich nicht einmal." –

146

„Wirf ihr einen verliebten Blick zu, und du wirst sehen." Er geht zurück und setzt sich auf denselben Platz. Da hebt er die Augen und fängt an, Blicke zu werfen. Ich wende mich bloß ab und bedecke das Gesicht mit der Hand, um seinen verliebten Blick nicht zu beantworten, ich hab mich so hingesetzt. Da antwortete er, stand noch einmal auf und sagte zu meinem Vater: „Onkel Turi, segne mich", denn mein Vater hatte ihn zur Taufe gehalten. Da ging er noch einmal zu seinem Vater hin und sagte: „Es kann nicht sein. Was macht ihr mit mir?" – „Schon gut, überlaß es mir", sagte sein Vater.

Am nächsten Morgen kommt dann mein Großvater, wütend, und sagt zu mir: „Ich sehe, wie undankbar du bist. Als Onkel Cola gestern gekommen ist, warum hast du da nicht einen Blick der Zuneigung, der Liebe für ihn gehabt?" – „Liebe und Zuneigung habe ich nur für Gott. Die Menschen auf Erden kommen mir wie Fliegen vor."

Er ging wieder zu den Soldaten. Nachdem er entlassen worden war, unterhielten sie sich, und mein Vater sagte zu mir: „Rosaria, ich muß dir was sagen. Ich bin gezwungen, es dir zu sagen. Onkel Cola will dich unbedingt haben. Du triffst es gut", sagte er, „es ist ein reicher Besitz, die Tante läßt dir und Cola alles. Ein paar Schwierigkeiten gibt's, du mußt bloß den Mut haben, es mit der Tante aufzunehmen, die alt ist. Du wirst es schon schaffen", fing mein Vater an, mir einzureden. „Aber mir ist nicht danach, in mein Unglück zu rennen." – „Nur los, du Närrin, was soll schon Schlechtes daran sein, wenn sich einer goldene Ketten umhängt?"

Alles wurde vorbereitet, um uns zu verheiraten. Die Tante sagte: „Wenn du Nonne wirst, schenke ich dir ein Hemd, ein Tischtuch und einige Bettücher, aber wenn du zu mir kommst, ins Haus, um mir zu helfen, hinterlasse ich dir das ganze Land." Bis man mir dann doch diese unglückliche Heirat eingeredet hat, von meiner Seite ohne Freude. An einem Sonnabend gingen wir ins Rathaus, und am Sonntag heirateten wir. Es wurden

Gäste eingeladen, ich war noch nicht umgezogen, als die Gäste kamen. Wir heirateten, mit aller Pracht.

Als wir von der Trauung kamen, war die Tante draußen und lauerte auf meine Ankunft. Die Tante sagte: „Wenn du ins Haus kommst, wirst du ein Eisenkreuz finden (wie man mir erzählte), so schwer, daß es dir nicht gelingen wird, es hochzuheben." Und die Leute, die das hörten, sagen mir noch: „Es stimmt, du hast ein schweres Kreuz gefunden."

Dann kam die Gleichgültigkeit. Zum Beispiel am Sankt-Josephs-Fest. Die Tante war damals drin, und als er sagte: „Ich gehe weg", sagte die Tante: „Nimmst du Rosalia nicht zum Fest mit?" Er antwortet: „Zuerst gehe ich mich umsehen, und sie soll sich fertigmachen, dann komme ich, und wir gehen zum Fest." – „Sieh zu und zieh das Seidenkleid an." Ich wartete, sah aus einem Fenster, sah aus dem anderen Fenster, und er kam und kam nicht. Es wurde dunkel, und ich wartete immer noch. Als er kam, in der Nacht, ging ich mit, aber mißmutig. Alles in allem fehlte die Zuneigung.

Danach vergingen einige Jahre. Da war ein Onkel, der haßte uns, weil er den Besitz wollte: er ging nach Casteltermini zu einem Zauberer. Danach sprach er mit einer Frau, die auf meinem Land war, und sagte zu ihr: „Kannst du meine Nichte dazu bringen, einen runden Käse anzunehmen?" Sie sagte ja. Dieser runde Käse war die Ursache, daß unsere ganze Familie ins Unglück geriet. „Ja, es bietet sich Gelegenheit, wo ich ihnen einen bringen kann, weil ich ihnen gegenüber Verpflichtungen habe." Dann sehe ich, wie sie mit einem runden Käse von sechs oder sieben Kilo zu mir kommt, gut zubereitet, mit Gewürz und allem, wie es sein muß. Sie sagte zu mir: „Diesen runden Käse sollt Ihr auf meine Gesundheit essen", und sie gab mir auch ein paar Wolldecken, um sie auf das Tier zu legen, wenn man aufs Feld ging. Aber dieses Geschenk sollte Unheil bringen. Den runden Käse hab ich dann in einem Topf aufbewahrt, damit er frisch blieb, nicht? Ich habe den Topf hinter diese Uhr gestellt, wo der Schrein ist. Auf dem Topf waren sieben Teller, übereinander. Ich hatte eine Schwester hier im Haus. Als ich etwas Käse holen ging, waren die Teller kaputt, und ich wandte mich an meine Schwester und sagte: „Warum machst du, wenn du dir Käse genommen hast, die Teller kaputt?" Sie sagte: „Ich habe die Teller nicht kaputt gemacht und auch keinen Käse genommen." Ich nehme ihn von dort weg und verstecke ihn an einer Stelle mit einem großen Stein obendrauf. Als ich dann den Käse holen ging, war der Stein verschwunden. Der runde Käse war von den Geistern behext.

Vorher, ein Jahr davor, hatten vier Bündel Heu gefehlt. Wir waren am Überlegen, wer es gewesen sein konnte, und eine Hellseherin ließ mich kommen und sagte zu mir: „Sie denken, das ist eine kleine Sache, Sie müssen an einen Abgrund denken, der auf Sie zukommt." Und ich: „Kann man Abhilfe schaffen, um diesem Abgrund zu entgehen?" – „Ja, Signora", sagte sie zu mir, „noch ist es Zeit. Sie bringen fünfundzwanzig Lire (damalige) und kommen zu mir in den Gasthof, damit wir diesen drohenden Abgrund aufhalten." Zu Hause sagte ich zur Tante: „Das Heu ist noch gar nichts, da kommt ein Abgrund auf uns zu." Und die Tante sagte: „Du sieh dich vor, aber die fünfundzwanzig Lire bring nicht hin. Wenn sie dir was bringen, nimm es mit der linken Hand und iß es nicht, wirf es auch mit der linken Hand weg. Und wir sparen die fünfundzwanzig Lire." Ich habe der Tante gehorcht, weil sie bestimmte.

Und die Zeit vergeht und es erfüllt sich, daß der Käse anfängt, der Familie, dem Boden und uns selbst zu schaden. Bis sie mit meinem Mann gegen mich einen Zauber machten und er Zuneigung zu meiner Schwester faßte, die im Hause lebte, sieben Jahre alt, und er verkündete lauthals, daß dieses Kind seine Frau wäre, nicht ich. Da kam dieser Onkel, dem es klargeworden war, daß alles zum besten stand, um das Haus durcheinanderzubringen, zu den Nachbarn und sagte: „Wie geht es Cola und Rosaria?" Da erzählten sie es ihm, und es freute ihn, und er sagte: „Das sind meine Freuden."

Je mehr dann die Tage vergingen, um so mehr zog sich das Verhängnis zusammen. Ich wurde immer schlechter behandelt, schlimmer als ein Hund. Die Leute sahen die Zuneigung, die er meiner kleinen Schwester entgegenbrachte, und ich wurde immer mehr mißhandelt. Damals war ich schwanger und erwartete das Kind zu Sankt Joseph. Die Leute beobachteten alles, sie wunderten sich, daß meine Schwester auf dem Feld war, ich aber nur zu Hause saß, und sie erzählten mir, wie mein Mann um die Kleine herum war. Die Leute haben das bemerkt, und ich wußte von nichts, und ein feines Fräulein, eine Schwester des Richters, gab es mir zu verstehen. Dann kam die Geburt meines Sohnes, und ich ließ sagen, daß ich eine Hilfe brauchte. Und meine kleine Schwester und mein Mann kamen, für drei Tage nur, und kehrten dann sofort aufs Feld zurück, und ich blieb allein. Zwei Wochen nachdem ich das Kind geboren hatte, ging ich aufs Feld und half, so gut ich konnte. Es war, um eine Flinte zu nehmen und zu schießen.

Eines Nachts hörte mein Mann eine Stimme, es war die Stimme der Tante, die inzwischen gestorben war. „Cola, wach auf und geh nach Menaca", was unser Land war, „und du wirst sehen, welchen Abgrund du findest." Da hat er nicht mehr den Mut gehabt, sich schlafen zu legen. „Mich hat die Tante gerufen", sagte er, „und ich will nachsehen, was sich auf dem Feld tut."

Dann fragte uns gegen sieben oder halb acht, denn es war Anfang April, ein junger Bursche: „Lassen Sie mich auf Ihr Feld, etwas Fenchel sammeln?" – „Komm", sagte er. Als sie aufs Feld kamen, sammelte der junge Bursche von oben und mein Mann von unten, in Richtung auf das Haus zu. Wie er auf unseren Acker kommt, erblickt er solche Risse, daß zwei

Mann nebeneinander Platz hatten. Entsetzt läuft dieser junge Bursche zum Haus. Da läßt mein Mann den Maulesel vor dem Haus stehen und geht nachsehen, und wie er jetzt ankommt, sieht er voller Entsetzen den Abgrund, denn die Risse waren breit wie eine Straße, und die Erde wanderte und die Bäume stürzten um. Berge, Tiere, Schlangen, Wasserläufe waren in Bewegung geraten. Und da wollte mein Mann wenigstens das Holz retten, er schickte diesen jungen Burschen zu mir nach Hause, um einen Trupp Männer zu holen, die das Holz fällen sollten. Ich lag krank im Bett, erkältet, als dieser zur Tür hereinkommt und sagt: „Ein Abgrund, ein Erdrutsch, der alles verschlingt." Ich habe ihn zu bestimmten Leuten geschickt. Er nahm acht Männer mit. Aber jeder nutzte das Unglück für sich aus. Mein Mann blieb wie vor den Kopf geschlagen. Es stand fest, wer zu nahe an den Erdspalt herankam, der würde unweigerlich verschlungen werden. Aber da er ja zur breitesten Stelle des Erdrisses gegangen war und nachsah, holten die anderen das Holz nur für sich selbst. Mein Mann war entsetzt. Ein Mann, der auf einem festliegenden Stein stand, um einen Baum zu fällen, wanderte wie auf einer Straße. Mein Mann dachte sich gleich, was es war, und in der Nacht zum Sonnabend schlug er oben auf dem Berg das „Cinquecento" auf; denn die anderen halfen ihm zu verstehen.

Während die Männer dabei waren, das Holz zu holen, forderte mein Mann sie auf, das Holz aufzuladen und es zu uns nach Hause zu bringen, aber jeder lud es auf, um es zu sich nach Hause zu bringen. Das Haus sah aus, als ob es von einem Augenblick zum anderen einstürzen sollte, man mußte es befürchten bei der Schnelligkeit, mit der sich der Erdrutsch ausbreitete. Es war ein einträgliches Anwesen, ein acht Quadratmeter großes Wasserbecken, es gab Mispeln, Feigen, Kirschen, Pfirsiche, Obst aller Sorten, und innerhalb von vierundzwanzig Stunden wurde alles verschlungen, auf Nimmerwiedersehen. Und das Haus ist völlig aus den Fugen, mit solchen Rissen,

daß es schien, als ob es von einem Moment zum anderen einstürzen müßte. Das Haus befand sich zuerst in der Mitte der
Felder, und der Erdrutsch zog und zog aus der Tiefe, daß
das Haus völlig wegzurutschen drohte. Zu Palmsonntag machte
sich mein Mann mit vier Helfern aus dem Dorf auf, um die
Ziegel vom Dach zu bergen. Bevor sie sich ans Werk machten,
kniete er nieder, und die Augen zum Himmel erhoben, sprach
er voller Gottvertrauen: „Herr Jesus, wenn du mir die Gnade
erweist, das Haus stehenzulassen, werde ich so schnell wie möglich dem heiligen Franziskus eine Kapelle errichten." Im Vertrauen auf Gott bargen sie die Ziegel und das Bauholz nicht.
Das Haus blieb weiter voller Risse stehen. Durch den Erdrutsch lösten sich ständig einige Steine. Mein Mann, der auf
dem Feld war, schlief im Haus. Wie? Im Vertrauen auf Gott.
Er schlug das Kreuz. Als dann mein Vater sah, daß es gefährlich war, sagte er: „Geh auf mein Land, denn mir scheint, daß
wir dich eines Tages zwischen den Steinen finden werden."
Da kam das Herz-Jesu-Fest heran. Die Zauberer sind gekommen, und da sie mich immer herbeiholten, weil sie von dem
Unglück wußten, traf ich im Gasthof eine Frau, die mir alles
sagte, was mir zugestoßen war, sie sagte mir sogar, daß die
Wurzel allen Übels der runde Käse war. Und sie sagte zu mir:
„Wenn Sie die Möglichkeit haben, einen runden Käse aufzutreiben, ich sage, er muß nicht so groß sein, aber er sollte ge-
würzt sein wie der, den man Ihnen gebracht hat, und dann
bringen Sie mir eine schwarze Henne und drei Meter rotes
Band, und ich bringe alles in Ordnung." Ich wende mich an
diesen und jenen, um diese Sachen aufzutreiben. Daraufhin
schickt sie mich nach geweihtem Wasser von sieben Kirchen.
Diese Frau tat eine Medizin hinein, wodurch es die Farbe von
Wein annahm, und sie sagte mir, daß es das Blut Jesu Christi
war. Und dann sollte mein Mann diese Flasche nehmen, die
eine Ein-Liter-Flasche war, und um Mitternacht da anfangen,
bis wo der Erdrutsch gekommen war, das Wasser versprengen,

mit einer Hand die Flasche halten und mit der anderen den Erdrutsch besprengen und dabei sagen: „Im Namen Gottes, ich verfluche dich. Fahre aus meiner Erde." Und er versprengte das Wasser und ging um Mitternacht umher, bis er das Wasser über den ganzen Erdriß, von seinem Anfang bis zu seinem Ende, verteilt hatte. Es war dunkel, und er war allein mitten im Erdrutsch, und ängstlich wie er war, brachte er das Werk zu Ende. Die Erde rutschte immer weiter, und er rutschte von Stein zu Stein mit. Bis es alle war, und siehe, vom nächsten Tag an lösten sich keine Steine mehr, und der Erdrutsch hörte auf.

Für dieses Mal kam der Erdrutsch zum Stehen. Aber mein Mann hatte seine Ruhe verloren und sich ein Paar Holzpantinen gemacht, und er stellte sich dann mitten auf den Feldweg, wo die Leute vorbeikamen, mit einem Bart und Haaren wie der heilige Onophrius, und jeden, der vorbeikam, hielt er an, um das Evangelium Christi zu verkünden. Denn sie hatten ihn verzaubert, daß er verrückt werden sollte. Und er sagte den Leuten, daß man das Evangelium Christi befolgen müsse, um Christ zu sein. Er ging zum Erdriß, um nachzusehen, und sah, daß das geweihte Wasser seine Wirkung getan hatte. Da habe ich mich darum gekümmert, daß ich ihn ruhig sah; er lebte von den Reden, die er vor den Leuten hielt, anstatt zu essen. Er ernährte sich vom Reden, ohne zu essen. Da war ein Nachbar beim Mähen, und aus Mitleid sagte ich, um ihn zum Essen zu bewegen, zu dem Mann: „Hol dir meinen Mann zum Mähen, um zu sehen, ob er in Gesellschaft anderer ißt." Er sagte: „Cola, kommst du mähen?" Inmitten der Männer fand er beim Mähen Zufriedenheit. Was die Arbeit betrifft, arbeitete er mehr als diejenigen, die aßen, und den Tag über aß er weiter nichts als eine Handvoll in Wasser aufgeweichtes Brot. Und bei der Arbeit verkündete er fortwährend das Wort Gottes.

Da kommt der Mann zu mir, der ihn zum Mähen geholt hatte, und sagt: „Es tut mir leid um deinen Mann, wie er arbeitet. Er arbeitet mehr als einer, der genug ißt, und ißt dabei nichts. Er tut mir leid." Und er wollte nicht, daß er weiterhin arbeitete. Und dann bemühte ich mich darum, daß er gesund werden sollte. Wieder kam das Herz-Jesu-Fest heran (das ist ein Fest unseres Dorfes, wo Ochsen das bis zu fünfundzwanzig Meter hoch geschmückte Fuhrwerk bis mitten auf den Platz ziehen; ein solches Fest wird in keinem anderen Dorf gefeiert). Also ich habe mich immerfort bemüht. Damals hatte ich einen Jungen von acht Jahren gedungen, er sammelte die Eier ein, erntete Bohnen und Knoblauch, hütete die Ziege. Aber er brachte nie etwas ins Haus. Konnte man das damals Frieden nennen? Ich ging zu meinem Beichtvater. Er sagte zu mir: „Schick ihm kein Brot aufs Feld, und er wird nach Hause kommen." Ich hatte zwei kleine Kinder und eins an der Brust, was jetzt bei den Jesuiten ist. Da sagte mir der Priester: „Geh oft aufs Feld, und wir werden sehen, wie er sich verhält." Und wir gingen mit den Kindern hin. Er war dort, wo er auf den Erdriß gestoßen war. Und weil er ja einen solchen Bart und die Haare hatte, fing ich an zu rufen: „Cooo-la", und ich sagte den Kindern auch, daß sie rufen sollten, und sie riefen: „Papa, Papa." Er hatte sich gebückt und wusch sich. Er richtete sich auf und schaute sich um. Die Kinder sagten: „Mama, sieh nur, wo Papa ist. Sieh nur..." Wir warteten darauf, daß er kommen sollte. Als er sich gewaschen hatte, kam er vor das Haus, und mit einer Sichel in der Hand sagte er, daß er uns allen den Kopf abschneiden müßte. Was war mit ihm? Es war der Teufel, der so aus ihm sprach. Es war der Zauber, den sie ihm und dem Land angehext hatten. Er rennt vorbei und geht nach oben, ohne auf uns zu hören. Einerseits wollte ich weggehen, aber andererseits dachte ich: Nun bin ich einmal hier, warum sollte ich da nicht einen Topf Nudeln kochen? Ich machte mich auf, um in das Haus einzutreten, denn ich hatte Angst. Das Haus in einem solchen Zustand, und er vom Teufel besessen. Aber wenn er nicht kam, wozu sollte ich da kochen?

Dann tat ich es doch, und er gab es dem Hund. Dachte er, daß es ihm die bösen Geister befahlen?

Mein Vater und die anderen sagten: „Laß ihn toben, laß ihn verrecken, deine Kinder haben nichts von ihm." Aber ich wußte, was mit ihm los war. Ich habe überall herumgehorcht, denn es war noch die Woche von Herz Jesu, und die Zauberer kamen, denn die Ärzte wollten den Zauber nicht anerkennen, im Gegenteil, sie hatten schon die Papiere fertig, um ihn in die Anstalt zu sperren. Ich habe mich mit denen getroffen, die den Zauber machen, mit einem Mann und einer Frau. „Ja, wir werden Ihren Mann heilen", sagten sie, „aber Sie müssen das tun, was ich sage." Sie verlangten von mir siebzigtausend Lire. Doch diese siebzigtausend hatte ich nicht. Sie wollten einen Beweis, daß ich mich um meinen Mann sorgte. „Borgen Sie es sich", hieß es. Ich lief herum, um mir das Geld für die Heilung meines Mannes zu borgen, und nirgends konnte ich diese Menge auftreiben. Das war eine Probe, auf die sie mich stellten, um sich zu überzeugen, ob ich meinen Mann liebte. Eines Tages, als ich mir nicht mehr zu helfen wußte, sagte ich zu einem Händler: „Geben Sie mir eine Vorauszahlung für drei salme Bohnen, sobald die Ernte eingebracht ist, bringe ich sie." Er hat mir zweihundertfünfzig Lire gegeben. Da war ich so weit, daß ich nicht mehr aus noch ein wußte, und zeigte ihnen die zweihundertfünfzig Lire. „Aber was sollen wir damit anfangen, denn das ist viel zuwenig?" Ich fing an, sie um Erbarmen und Mitleid anzuflehen, wenn sie Vertrauen zu mir hatten, sollten sie ihn zuerst heilen, dann würden sie ihr Geld bekommen. „An Vertrauen fehlt es nicht, aber wir müssen arbeiten." Sie machten mich unglücklich, weil sie das Geld wollten. Ich hegte ihm gegenüber keinen Haß, auch wenn er mich schlecht behandelte: er kam nach Hause, rannte mit dem Kopf gegen das Geländer der Terrasse, und wenn er sich den Schädel auch nicht einschlug, tat er mir doch leid. Er war nicht mehr der Onkel oder der Ehemann, sondern wie ein kranker Sohn.

Für die Leute, die immer Geld wollten, holte ich eine Seiden-
decke und einen wunderschönen Bettvorleger, die ich zu Hause
hatte, und sagte: „Das ist die Freude meines Lebens. Wenn
Sie unterschriebene Wechsel wollen, ich bin bereit. Wenn Sie
ein Stück von meinem Land abtrennen wollen, bitte schön."
Da sagen sie zu mir: „Wir wollen sehen, ob Sie Ihren Mann
lieben. Sind Sie bereit, ein Dokument mit Ihrem eigenen Blut
zu unterschreiben?" Und da sagte ich ja. „Es muß einzig von
mir und von Ihnen um Mitternacht unterschrieben werden."
Um halb zwölf oder um drei Viertel zwölf ging ich hin, es war
im Gasthof von Don Ciccio. Schlag zwölf ließen sie mich in
ein winziges Zimmer treten, mit einem Register auf dem Tisch
und obendrauf einer kleinen Lampe. Da hat er zu mir gesagt:
„Geben Sie Ihre Hand her." Sie haben mir diese Ader auf-
geschnitten, die Feder ins Blut getaucht und ließen mich dann
meinen Namen ins Register eintragen, um meinen Mann zu
heilen. Mein Bruder war dabei, denn mein Vater und mein
Bruder hatten schon eine Flinte vorbereitet und wollten dann
für ihn ein Grab auf dem Feld ausheben und ihn hineinlegen.
Denn wenn jemand Leuten Schaden zufügt und es gelingt,
ihn umzubringen, sagen die Leute: „Sie haben gut daran getan,
ihn aus dem Wege zu räumen." Und sie taten mir den Gefallen,
meinen Bruder dabeizuhaben.

Da nahm er mein Kind auf den Arm und sagte: „Heute
will dein Vater dich nicht wiedererkennen, und eines Tages
wirst du die Freude seines Herzens sein." Er wendet sich meinem Bruder zu und sagt: „Nicht er richtet Böses an, schießt
nicht auf ihn, denn sein Körper ist von übernatürlicher Art,
und die Kugeln gehen durch ihn hindurch, ohne ihm etwas
anzuhaben. Wollt ihr gleich den Beweis sehen? Holen Sie mir
eine Handvoll Erde von Ihrem Hof und bringen Sie sie mir,
damit ich auf der Stelle den Beweis gebe, daß Ihr Mann geheilt
ist."

Mein Mann lag zu Hause im Bett, denn niemand brachte

ihn hoch; ich konnte es nicht erwarten, nach Hause zu kommen. Ich finde einen Haufen Haare von Kopf und Bart auf der Erde, denn er hatte sich alles abgeschnitten. In freudigem Schreck, meinen Mann geheilt zu sehen, gehe ich ihn suchen und finde ihn oben, wie er sich wäscht, und er sagt zu mir: „Warum gibst du mir nicht die Unterhosen, denn ich muß zur Messe gehen?" – „Hier." Und er hat sich angezogen. Und er sprach über das Holz und über alles und verhandelte darüber mit einigen, die ihn aufsuchten, und kaufte von einem, der vorbeikam, Schuhe für den Sohn, der barfuß war. Auf dem Marktplatz sahen sie ihn mit solchen Augen an. Als er aus der Messe kam, sagte er zu den Kindern: „Was soll ich euch kaufen?" Einer wollte eine Pfeife und der andere eine Mundharmonika. Als er gegen Mittag kam, sagte er zu mir: „Wie müde ich bin! Es kommt mir vor, als ob ich krank war. Ich habe vergessen, dir Eis mitzubringen." Er fühlte sich müde von dem Kampf mit den Geistern, die ihn gequält hatten.

Weil sie seine Schinderei mit dem Land, mit den Tieren sahen, mühten sich meine fünf Söhne ab; zwei von ihnen, die sahen, daß der Boden sich aufwarf und daß man zu viele Steuern zahlen mußte und Schulden machte, bekamen es so satt, auf dem Lande zu bleiben, daß sie zu den Jesuiten nach Bagheria gingen. Einer war siebzehn, der andere neunzehn Jahre alt, vor sechs Jahren. Der, der noch Jesuit ist, hatte dieses Hundeleben, all die Steuern, satt und versuchte rauszukommen, irgendeinen Versuch zu unternehmen, sie wußten nicht, welchen Weg sie einschlagen sollten. In der Schule kamen sie bis zur dritten Klasse, dumm vertane Abende. Als er hörte, daß es ein Jesuiten-Seminar gab, sagte er zu meinem Schwager: „Man arbeitet und arbeitet und bringt es zu nichts, und ich kann mir abends nicht einmal ein Eis leisten, du mußt mir den Gefallen tun, mich Jesuit werden zu lassen." Als ich das erfuhr, sagte ich: „Oh, welche Freude" und ging zum Priester, um mit ihm darüber zu sprechen. Und er sagte: „Sei froh und zufrieden, Rosaria, denn das ist ein Ruf Gottes an deine Söhne. Laß deine Söhne gewähren." – „Ja", sagte ich, „wenn nur alle darauf gekommen wären." Dort geht es ihnen gut. Sie essen, trinken, beten zu Gott. Und jetzt ist einer in Messina, er lebt ruhig und zufrieden. Der andere hat das Ordenshaus verlassen und ging zu meinem Bruder, er war achtzehn Monate beim Militär und ist jetzt Angestellter in Florenz, wo der Bischof von Prato für ihn eine Stelle gefunden hat.

Die Heilkundige

Um Würmer zu besprechen, braucht man die Distelhand: auf dem Feld wachsen Disteln, Artischocken, und unter den Wurzeln entstehen die Würmer, diesen Wurm zerreibt man am Ostertag, man zerreibt ihn auf der Hand, am Freitag, wenn sie den Herrn kreuzigen; man zerreibt den Wurm in der Hand, zerquetscht ihn, und drei Tage lang darf die Hand nichts tun. Ruhig, drei Tage lang, sie bleibt unberührt, tot. Und dann spricht man das Gebet und streicht mit der Hand. Drei Würmer werden zerrieben, denn die Nägel des Herrn sind drei. Um sie schnell zu beruhigen, macht man auch einen Absud. Die Kleinen kriegen Zuckungen und haben Schaum vor dem Mund. Manchmal, da atmen sie auf, und manchmal, da schlafen sie weiter. Manchmal, wenn es nachts passiert, sterben die Kleinen. Oft passiert es, daß sie sterben. Die Würmer kommen ihnen in den Hals und ersticken sie. Wenn sie einen Monat alt sind und Würmer kriegen – wie sollen sie da die Mamma rufen? Bei einem Sohn von meinem Sohn ist es passiert: „Pepè stirbt, Pepè stirbt!" – „Mammachen, sie fressen mich!" Er ist zehn, solche Augen hat er gemacht. Ein anderer, der Junge von Biagia, ist gestorben, keiner wußte woran, und dann sind die Würmer aus seiner Nase gekommen.

Wenn die Würmer im After sind, zieht man sie mit der Hand raus, denn die beißen, die tun weh, es gibt kurze, lange, lang wie eine Hand, lang wie ein Arm. Manche ziehen ihn nur halb raus, und halb bleibt er drin, weil er dünn ist, er zerreißt. Man zieht sie auch aus dem Mund.

Wir sind voller Würmer, alle. Die Würmer wühlen, sie wollen fressen. Alle haben wir Würmer, und wir merken es nicht.

159

Wir geben ihnen das, was wir essen, je mehr wir essen, um so fetter werden sie. Sie fressen, sie arbeiten, sie wandern, alle wandern sie, sie wandern im Körper, überall, sie können nach rechts kriechen, nach links, Leber und Lunge rühren sie nicht an, sie kriechen im Bauch herum und suchen was zu fressen. Wir haben zwei Säcke: wo sie nichts zu fressen finden, beißen die Würmer und machen Beschwerden. Wenn Sie auf einen Friedhof gehen würden und Sie sehen ein Kind, das gestorben ist, wieviel Würmer das hat, das kann man in zwei Tagen nicht zählen, wie viele das sind. Es kommen Läuse und vieles andere... Wenn man stirbt und wir essen nicht mehr, kommen sie raus und fressen unser eigenes Fleisch.

Es gibt kleine, es gibt große, das kommt darauf an, ob einer vergiftetes Blut hat oder süßes: die mit dem süßen haben viel mehr Würmer. Sie können klein sein, groß, die Tiere hecken und machen neue Würmer. Einer, der hatte sieben Jahre lang einen Bandwurm, vier Meter war der Wurm lang. Einer, der einen Bandwurm hat, was der ißt, reicht nie aus.

Die kleinen Würmer, wenn man Wasser draufgießt, gleiten durchs Wasser, sie schwimmen, man kann sehen, wie sie leben, sie sind weiß, die Wurmkinder sieht man fast gar nicht. Oder es sind dunkle, die größeren. Oder es sind Bandwürmer, die schlimmsten von allen, an denen sterben die Menschen: da genügt es nicht, mit der Hand zu streichen, sie beißen noch mehr.

Ich war sieben Jahre, als Padre Gioacchino auf der Straße hingefallen ist. Niemand hob ihn auf. Da bin ich hingegangen und hab gesagt: „Haltet Euch an mir fest!", denn er war alt. Er hat sich auf mich gestützt, und danach hat er meine Hände zusammengelegt – nachdem er aufgestanden war – und hat auf meine Schultern, dann auf meine Hände, dann auf meine Stirn Kreuze gemacht, dann hat er zu mir gesagt: „Diene dem Volk", und dann ist er nach Canicattì gegangen. Ich war noch nicht dreizehn, da hab ich den ersten operiert: unser Nachbarchen hatte sich das Bein gebrochen, mein Herz hat mir gesagt: Geh hin, und ich bin reingegangen, wie alle anderen, und ich sah den Knochen draußen und die offene Wunde, und da hab ich dem Doktor Vorwürfe gemacht und zu ihm gesagt: „Sehen Sie nicht, daß der Knochen verdreht ist?" Darauf ziehe ich an dem Bein, schiene es, ich hab den Knochen zusammengefügt, hab es verbunden, und nach vierzig Tagen war es gerade. Und seitdem ... Alle kommen her, Carabinieri, Offiziere, Unteroffiziere, alle kommen her, Anwälte ... von den Bauern ganz zu schweigen, wenn es zehn sind am Tag, ist es wenig, wenn es viele sind, kann man sie nicht zählen.

In der ganzen Menschheit ist das so, der Mensch ist hier wie in der ganzen Welt. Wenn einer aus dem Paradies rauskommt, gerät immer sein Blut in Wallung, der Mensch regt sich auf, und mit der Wut können Übel kommen. Die Würmer kommen auch von der Wut. Zum Beispiel, jemand kriegt einen Schreck: er kommt durcheinander. Wenn Sie Wut kriegen, regen Sie sich da nicht auf? Wir hatten einen Anwalt, der war unser Herr, er war im Kopf nicht ganz richtig, die Würmer waren ihm ins Gehirn gestiegen, und er mußte den Richter machen, und er starb wie ein armer Hund, der bellt, an der Kette. Er bellte, er bellte wie ein Hund, hau ... hau ... hau. Er tat uns leid. Die Würmer waren hochgestiegen. Dann war da mal ein Schäfchen, das sprang so hin und her – verrückt. Sie brachten es zum Schlächter, der hackte den Schädel auf: die Würmer wimmelten durcheinander, darum war das Tierchen toll geworden. Wenn einer verrückt wird, sind das die Würmer, die das Gehirn fressen. Wenn der Mensch verrückt wird, ist das die starke Erregung, die er innen drin hat, das verwirrt ihn: Nerven und Würmer, wir haben so viele Mängel an uns. Wenn sich das Blut trübt, entsteht soviel Schlechtes, von großer Wut kann man Furunkel kriegen. Hier wohnt einer, wenn der es mit den Nerven hat, dann stirbt der und kommt wieder zu sich, er fällt zu Boden: bestimmt hat er innen irgend etwas. Wenn man einem Kind einen Peitschenhieb versetzt und es erschrickt, kann es davon Würmer kriegen. Wir haben ja alle Würmer, aber wenn man erschrickt, dann quält sich das Blut, und genauso quälen sich die Würmer und die Menschen. Zum Beispiel ein Hund, der läuft auf einen Menschen zu, wenn der stillsteht, dann steht auch der Hund still, aber wenn ich wütend werde, wird der noch wütender: genauso werden auch die Würmer im Körper wütender.

Sie wohnen im Sack für das Essen, und manchmal kommen sie hoch. Wenn die Kinder geboren werden, kriegen sie die Würmer mit der Milch. Sie nützen uns, die Würmer. Durch wen leben wir? Wer hilft uns, das Essen zu verdauen? Müssen sie denn nicht alles verdauen? Wenn das Wasser im Kessel kocht, wird das, was wir reintun, gar – die Würmer kochen das Essen im Magen. Die Bissen rutschen aus dem Hals in den Magen: zwei Säcke haben wir, einen fürs Wasserlassen und einen fürs Essen. Sie fressen die Bissen, sie müssen alles für uns verdauen. Wenn einer keine Würmer hat, kann er nicht verdauen und stirbt. Der Herr will die Welt so: wenn die Würmer nicht leben, kann keiner leben. Das, was die Würmer nicht verdauen können, bringt man mit Rizinus raus. Wir sind viele, die Würmer vertreiben, Frauen und Männer. Mehr als zwanzig? Hier in Palma di Montechiaro vielleicht fünfzig.

Das Gerstenkorn kommt von einem Blutsturz oder von der Wut, wenn sie stark ist, das Auge kann platzen davon, das Blut im Innern wallt auf und kommt raus. Wenn eine Frau schwanger ist, richtet sie sich mit der Wut zugrunde. Die Wut, die zerstört alles. Um die Augen zu heilen, benutzt man das Wasser der Tränke, wo grünes Gras wächst, oder man legt das Gras auf die Augen, reiben, und es geht weg, es heilt, weil an der Tränke Kühe trinken, Maulesel, und der Speichel dieser Tiere ist gut fürs Auge. Man kann den Speichel von Mauleseln oder Kühen mit Wasser verdünnt drauftun. Alles Übel kommt von der Wut oder vom Essen. Und an großer Wut kann man auch sterben.

Sein Bruder hier schlief auf dem Feld, dann wacht er auf und war rot geworden, angeschwollen, seine Stimme war gepreßt, die Stimme war ganz anders. Als er zu Hause war, konnte er nicht rufen, er schlug an die Tür, denn er konnte nicht rufen, so daß sich seine Frau nicht traute, die Kette wegzunehmen, seine Frau sagte: „Wer ist da?" Er bekam Fieber, sein Arm juckte, er sah hin, und da hing eine Zecke dran.

Die giftigen Zecken sind die Milben, es genügt, daß die sich auf einen setzen, das ist schon giftig. Und nicht abreißen: man schneidet sie mit der Schere aus, wenn man zieht, zerreißt man sie, und sie läßt das Gift drinnen. Statt dessen schneiden Sie, und sie bleibt, wie sie ist. Mit dem Vieh im Haus gibt es immer Zecken. Sie entstehen aus dem Gestank der Tiere. Das Vieh hat Würmer auf dem Fleisch. Die Ziege hat viele Würmer. Man drückt ihr Fleisch zusammen, und der Wurm kommt heraus, groß wie ein Spaghetti. Ziegen und Schafe. Die Zecken sitzen auf den Hunden, auf dem Vieh. Das Vieh schläft mit uns, und die Zecken gehen von den Tieren zu den Menschen. Es gibt die weißen, dicken, und die kaffeebraunen, die sich mit den Füßen anklammern. Sie vergiften das Blut.

Die Läuse entstehen aus den Sorgen, und aus dem Schmutz. Es gibt drei Sorten Läuse. Es gibt die Kopflaus, von Kopf; deshalb, weil sie vom schweren Nachdenken kommt: zum Beispiel hat man den Gedanken, ob man diesen Schuldschein bezahlen kann, und man macht sich Sorgen, wie, und kriegt Läuse. Die armen Leute haben darum mehr, wir haben mehr Sorgen, wie sollen wir die Familie durchbringen? Sie fressen im Kopf, und dann leben sie allein. Aus der Sorge formen sie sich zur Laus. Wie soll ich die Wohnung bezahlen? Wie man das weiß, warum sie kommen? Sicher kommen sie.

Es gibt die weiße Laus, am Körper, die haben Sie, auch wenn Sie es nicht merken. Sie leben von unserem Blut, und man kratzt sich wie eine Reibe. Die kommen aus der Erde. Ich hab sie gehabt.

Dann eine andere Art, bei den Tieren, den Hühnern zum Beispiel, sie gehen auch auf Menschen.

Urin ist ein starkes Heilmittel für Wunden, mit der Haut von Nattern und Schlangen, schwarzen oder weißen, und Penicillinpuder: für eine Schnittwunde, einen Steinwurf. Wir finden die Schlangenhäute im Gebüsch, sie häuten sich von Kopf bis Fuß, man bewahrt sie auf und benutzt sie, wenn man sie braucht.

Den Fliegendreck, den man von den Stricken abkratzt, an denen die Kinderwiege hängt, nimmt man, mit Muttermilch gemischt, gegen das Bauchweh der Kinder. Man löst den Fliegendreck in einem Löffel Muttermilch auf, aber jetzt macht man das nicht mehr.

Mit dem Haar des Hundes, der gebissen hat, heilt man die Bißwunde. Mit Maschinenöl heilt man auch, aber das Haar ist besser. Man reißt das Haar unterm Bein aus, dort, wo er heiß ist, und die Wunde ist still. Man legt das Haar auf die Wunde, von demselben Hund, der gebissen hat.

Beim Polypen am Auge geht das Gebet so:

> Santa Lucia las im Zimmer.
> Warum weint die Hirschkuh immer?
> „Mit einem kranken Auge seh ich nicht."
> Ich ging zum Garten, Fenchel holen,
> riß ihn aus mit meinen Händen:
> den Polypen schneid ich dir,
> das kranke Auge wirf ins Meer.

Und wir legen ihm ein Knoblauchzehchen ans Auge, und der Geruch des Geistes vom Knoblauch zieht ihn an sich, und es heilt.

Wenn ein Maulesel erkältet ist, kocht man Kot von fünfzig Tauben, bis es riecht, und läßt das den Maulesel einatmen, man stellt das Dämpfchen unter ihn, und der Maulesel wird gesund.

Den Nabel der Kinder hebt man auf, wenn er trocken ist und

abfällt, und wenn sie erkältet sind, verbrennt man ein Stückchen und läßt sie den Rauch vom Nabel riechen, und die Erkältung geht weg. Und wenn man den Nabel im Haus behält, dann bleiben die Kinder im Haus, wenn man ihn wegwirft, dann gehen die Kinder auf die Straße. Man sagt: „Hast wohl den Nabel hinausgeworfen, daß dein Kind immer auf der Straße liegt?"

Fehlgeburten? Das kommt vom Geruch, die Kreatur regt sich, sie will den Geruch des Essens, sie riecht den Geruch, sie will essen, sonst wirft sie sich hin und her, bis sie stirbt. Manchmal gibt es Feindschaft mit einer Nachbarin, die Kreatur reißt sich los und stirbt. Wenn sie sich streiten, fängt die dort an, ein Omelett zu machen, und die hier riecht es und bittet eine Nachbarin: „Sieh nach, was die Nachbarin zubereitet hat, sonst haben wir hier im Haus schlimme Folgen." Und dann sieht man zu, ob was übrigbleibt oder ob man dasselbe zu essen machen kann, und dann ist die Kreatur ruhig, sonst krampft sie sich zusammen und stirbt, und sogar die Mutter kann sterben.

Xy

Der erste von allen nach dem Krieg, dort, am Ende des Platzes, hieß Cianciana: vielleicht war es aus politischen Absichten. Der, dem sein Vater in Belvedere war: das war der Grund, ihn umzulegen, weil er Angestellter war und sie Angst hatten, daß er reden würde, sie haben ihn verschwinden lassen.

Michelangelo Randisio und der Sohn von Gevatter Matteo Capra, der mit der verkrüppelten Hand, sind verschwunden, und dann haben sie die Knochen gefunden, als sie in der Grube gesucht haben, in die sie Placido Rizzotto geworfen hatten. Und in dieses Loch hatten sie auch den Sohn von Donna Calorina Saporita geworfen. Und sie haben so viele Knochen gefunden, daß sie einen Karren damit volladen konnten. Auch die von Gulotta Angelo. Und verschwunden war auch der Bruder von Ciccio Navarra. Diese Grube ist am Monte Casale.

Dann waren drei Brüder Grisí, die hier, in Corleone, wohnten, einen, den haben sie mitten auf den Gleisen gefunden, ein anderer kam auf Urlaub, und am selben Abend haben sie ihn erledigt, in der Nähe vom Schmied. Und der dritte ist weggezogen, und wir wissen nicht, wo er ist. Der, der auf Urlaub gekommen war, hatte gesagt, die Mafia von hier, die würde er als Zahnstocher verwenden. Und das haben die gehört, und am hellen Tag haben sie ihn erledigt, aus nächster Nähe in den Kopf, auf der Straße.

Dann war einer aus Palermo, der von klein auf in Corleone wohnte, und dann ist er verschwunden, er hieß Montesanto Pietro, so ein pomadiger Typ. Der vorletzte trug Samt, mit Lederbesätzen, dreißig-, fünfunddreißigtausend Lire die Jacke. Jemand sagte zu ihm: „Schraub deine Flamme runter, sonst platzt dir die Lampe." Und seine Mutter konnte hexen, sie benutzte Gifte, hier ist es ja voll von übel Zugerichteten durch diese Hexereien.

Dann Pino Orecchione, der Bruder von dem, der bei der Müllabfuhr arbeitet. Sie haben ihn in der Gegend von Frattina gefunden, mit einem Militärgewehr um den Hals, mit zerschmettertem Kopf. Er war ein kleiner Dieb und half damit der Familie, er hatte ja keine Arbeit.

Dann war hier im Ort Vito Capra, bei dem spekulierten die Leute, weil er Erpresserbriefe geschrieben hätte, haben sie ihn abends erschossen.

Dann war ein anderer, der hieß Selvaggio, der kam, mit Korn beladen, und sie haben ihn erschossen, die Leute sagen, er war ein bißchen übermütig.

Dann war ein anderer, Mariano Governale, der ist in der zweiten Querstraße von Sant'Elena umgebracht worden. Sie haben mit Schrot auf ihn geschossen, und dann haben sie ihm den Schädel mit dem Kolben eingeschlagen; man sagt, wegen einer Ehrenangelegenheit.

Ein anderer Fremder, der angestellt war in Madonna di Scala, den haben sie vor der Madonna del Mal Passo erschossen gefunden. Dem Scalisi Mariano, dem haben sie die Hände abgehackt, nachdem sie ihn erschossen hatten, in der Gegend von Bingo.

Einen anderen Ermordeten haben sie bei Pozzillo gefunden, aber der war nicht aus Corleone, und hier in Corleone hat keiner davon gesprochen. Hier im Ort wird überall geschossen, wo man geht und steht. Es gibt keine Stelle, wo nichts passiert ist. Amenda Salvatore, zu dem sagten sie Sheriff, weil er Polizist gewesen war und im Ruhestand, den haben sie mit Schrot erschossen, denn die Pistole hat nur einen einzigen Schuß, mit Schrot sind sie sicherer. Sie sagen, er war ein Verräter. Es hat Kadaver gegeben, sagt man, so wie wenn ein Maulesel auf der Erde liegt, totes Fleisch auf der Erde, bedeutet es.

Hier in der Nähe ist eine andere Straße, sie heißt Via Vallone, sie haben Michele Scuzzulato umgebracht, man weiß nicht warum.

Gegenüber der Kapelle San Cristoforo haben sie aus der Nähe geschossen, auf Bagarella, nach einem Streit wegen einer Verlobungsangelegenheit.

Nämlich hier werden die Verbrecher von der Regierung beschützt, zum Beispiel, die bringen Sie um, zehn Tage später wird der, der es gewesen ist, aus dem Gefängnis geschmissen. Ja, die Regierung ist verrückt. Furchtbar, wie viele umgebracht worden sind nach dem Krieg. Hier werden immer Leute umgebracht. Zum Beispiel bringt heute einer einen andern in Wut, und wegen einem Wort schaffen sie ihn beiseite, oder wegen Vieh. Sie meinen, sie müssen ihn umbringen und basta. Sie bringen ihn auch wegen einem Wort um, wegen gar nichts. Ihr Kopf sagt es ihnen so. Es ist die Gewohnheit. Auf uns macht es keinen Eindruck, wie wenn sie ein Böckchen umbringen, ein Tier. Sie sind wie Tiere. Die bringen Sie um, die bringen mich um, weil sie, immer nur sie, bestimmen wollen. Und danach, wenn sie jemanden umgebracht haben, wollen sie immer obenauf bleiben.

Wenn Sie was anstellen und die bringen Sie um, sagen die Leute: „Gut, daß sie den umgebracht haben." Wenn ich anständig bin und die bringen mich um, sagen die Leute: „Der Arme, warum haben sie den umgebracht!?"

Nehmen wir an, Sie bringen mich um heute, bestimmt versucht mein Sohn, seine Ehre reinzuwaschen, und beseitigt Sie; aber manchmal ist der Sohn gutmütig und hat nicht den Mut, Sie umzubringen. Heute oder morgen hab ich Vieh, die kommen und stehlen mir das Vieh, ich natürlich, wenn ich Mut habe, gehe hin und bringe den um, der das Vieh gestohlen hat. Wenn ich Mut habe. Wenn ich keinen Mut habe, bin ich wie ein Weingarten, der verkommt, also zugrunde geht.

Wegen der Frauenehre, denn dies ist ein Ort, der will keine

Entehrung. Sagen wir mal, ich hab eine Tochter, und Sie machen sich ein Vergnügen mit dieser Tochter, die ich habe, nicht wahr? Diese Tochter, die haben Sie entehrt, und dann wollen Sie sie nicht heiraten, was passiert? Ich komme und bringe Sie um, das passiert. Weil ich diese Entehrung, daß Sie sich ein Vergnügen mit meiner Tochter machen, weil ich die nicht will. Und die Leute sagen: „Gut, daß sie den umgebracht haben." Manchmal bringen auch die Frauen jemanden um. Der Ort füllt sich mit Worten und Gesprächen, aber immer sagen sie das eine: „Gut, daß sie den umgebracht haben", versteht sich.

Der Mann, der sich schlecht benimmt, dem stehlen sie mal die Maulesel, mal zünden sie ihm das Haus an. Der Mann, der sich anständig benimmt, dem tun sie gewöhnlich nichts.

In Corleone hat es immer Mafiabosse gegeben, seit uralten Zeiten. Sie stehlen, fressen alles, und ich steh da und sehe zu. Als ich klein war, war da zuerst Mariano Cuddetta, ein Mafiaboß, der stahl Vieh und brachte Leute um, das ist immer ihr Gewerbe. Dann Piddu Uccedduzzu, der war elternlos, ein Findelkind; dann Cicci Figatellu, und der war ein großer Mafiaboß. Er bestimmte: „Bring den Sowieso um, stiehl dem Sowieso Vieh", und sie mußten losgehen; und dem haben sie zwei Brüder umgebracht. Er war so groß wie ich, breit, es sah so aus, als müssen die Leute alles tun, was die wollen. Pino Uccedduzzu und Mariano Cuddetta waren große junge Burschen, sie ließen sich den Bart wachsen. Dann war da Vincenzo Cresciune, der war Feldhüter, und auch die anderen alle waren Feldhüter. Erst brachten sie seinen Sohn um und dann ihn. Dann war da der Doktor Navarra, der über den ganzen Ort und die Umgegend bestimmte. Er war ein Verbrecher, obwohl er ein Doktor war. Er war Doktor im Krankenhaus, er bestimmte über das ganze Krankenhaus, er war Bezirksarzt und Vertrauensarzt der Unfallversicherung, er bestimmte bei den Coltivatori diretti, er war Gebietsinspektor und Präsident, alles bestimmte er im Ort. Bei den Wahlen verschaffte er den Priestern die Stimmen, und je mehr Stimmen seine Partei bekam, desto mehr war er obenauf. So einer bringt es fertig und läßt den Präsidenten, dort in Rom, umbringen, denn die haben keine Angst, und niemand erfährt etwas, weil die Priester sie dann beschützen. Alle wissen das: als die Placido Rizzotto umgebracht haben, der soviel getan hat für das Volk und alles für uns forderte, und sie ihn in die Grube warfen, hat ein Kind, das Schafe hütete, das beobachtet und ist darüber erschrocken und krank geworden, und sie haben es ins Krankenhaus gebracht. Und der Doktor Navarra gab ihm im Krankenhaus eine Spritze, weil er Angst hatte, daß das Kind reden würde. Und das Kind ist nach der Giftspritze sofort gestorben. So scheint es jedenfalls, auch wenn sie beim Prozeß dann die Tage absichtlich durcheinandergebracht haben. Was konnten die Leute sagen? Was konnten die Eltern des Kindes sagen? Wenn sie redeten, konnten die sie auch umbringen. Alle wußten, daß er im Ort zu bestimmen hatte... Diese Mafialeute sind alle süß wie Honigbienen, wenn man sie sieht und mit ihnen spricht, freundlich, lächelnd, es sieht aus, als wären sie alle in dieselbe Schule gegangen, sie möchten dastehen wie die Väter des Ortes, dabei sind sie immer vorsichtig. Und die Leute suchen sie freundlich zu stimmen, bringen ihnen Obst, ein Zicklein, Käse... Wenn ihr Mann bei der Mafia ist, bestimmt auch die Frau in der Nachbarschaft. Wenn Sie morgen zum Beispiel bei der Mafia sind, dann respektiere ich Ihre Frau mehr, obwohl ich vielleicht gar nichts angestellt habe. Man hat nicht soviel zu erzählen. Wir haben Ohren und stellen uns taub, wir haben Augen (wenn Sie morgen Vieh stehlen, bin ich blind und stumm) und dürfen nicht sehen, wir haben einen Mund und dürfen nicht reden. Und so hat man seine Ruhe. Hauptsächlich bringen sie sich gegenseitig um. Wenn einer mehr zu sagen haben will als die anderen. Sie behandeln sich hier wie beim Militär, es gibt den Leutnant, den Oberleutnant, den Major, den Hauptmann, den

General, es gibt den Generalleutnant, denn diese Leute steigen von Grad zu Grad, und die Unteren müssen ihnen gehorchen. Die Mafia ist wie das Militär, sie kommen von Grad zu Grad vorwärts. Der Mafiaboß ist der General. Wenn der General heute oder morgen befiehlt, einen Mord zu begehen oder einen kleinen Diebstahl, und ich gehe nicht, dann bringen sie mich um. Heute oder morgen möchte ich einen Posten als Feldhüter, also gehe ich zum Mafiaboß, um diese Stelle zu kriegen, und ich muß mich ihm unterordnen. Wenn sie feststellen, daß ich nicht zu ihrer Partei gehöre, geben sie mir sie nicht. Wenn ich nicht die Absicht habe, mit ihnen zusammenzugehn, dann kann ich diesen Posten nicht bekommen.

Wir Halbpächter arbeiten, wie es gerade kommt, ohne Lust und Liebe, obwohl wir arbeiten können, und wie, ohne daß wir was falsch machen; weil sie uns jedes Jahr das Land wegnehmen. Es gibt keine Sicherheit auf dem Grund und Boden. Wenn wir sicher wären, daß wir auf dem Landstück bleiben, würden wir Obstplantagen anpflanzen, Bäume, Steine wegtragen, Gräben anlegen, um das Wasser abzuziehen, Erdrutsche mit Steinmauern aufhalten. Wenn man Bäume pflanzt, kann man manchmal einen Erdrutsch aufhalten. Einer hat ein Stück Land, bearbeitet es ein Jahr lang, und im nächsten Jahr schmeißen sie ihn runter, und ein anderer nimmt es. Vor zwei Jahren ist mir eine Sache passiert. Wir haben bei einem Besitzer auf einem Stück Land gesät, wir haben gedüngt, das Saatgut zu meinen Lasten, ich war Halbpächter. Im nächsten Jahr hat es der Besitzer für sich behalten und wollte mir weder den Dünger noch die Ackerverbesserung bezahlen. Und ich bin zum Kommissar gegangen, weil der Besitzer vorher mit dem Gewehr gekommen war, um mich runterzuschmeißen, er wollte das Gesetz machen. Der Kommissar macht ein Protokoll und schickt zwei Polizisten, die ihn nicht gefunden haben. Sie haben ihm Gewehr und Pistole in seinen Häusern beschlagnahmt, denn er hatte keinen Waffenschein. Dann war ich verschiedene Male beim Kommissar, ein dutzendmal ließen sie mich kommen und schickten mich wieder weg und dann – nichts. Der Kommissar sagte zu mir: „Laß gut sein, mach dir keine Feinde, Land findest du so viel . . ." Und ich habe alles verloren, und ihm haben sie Gewehr und Pistole zurückgegeben, weil er sagt, sie haben die Waffen nur im Hause gefunden und sie waren angemeldet.

Die Landempfänger, die fast immer steiniges Land bekommen haben, sind gezwungen, es als Weideland an den Gutspächter des Ortes zu verpachten, den Preis bestimmt er. Die anderen nehmen solches Land bestimmt nicht, weil sie sich untereinander respektieren. Sie haben sich ganze Landgüter angeeignet. Da waren Bohnen gesät, Futter gesät. Sie haben zum Halbpächter gesagt: „Hier muß ich säen." So viele mußten runter. Die Gewalt, basta. Sie kommen vorbei mit zwei vollen Patronengürteln und schußbereitem Gewehr. Was sie sagen, das soll unumstößlich sein, auch für die Grundbesitzer.

Den Sohn von Tana Cascietta, den haben sie umgebracht, wo der runde Brunnen ist, hinter der Carabinierikaserne, wegen Geldangelegenheiten, haben die Leute spekuliert; der Vater von dem ist in Malvello erschossen worden.

In Piano delle Donne, er hieß Schillaci, er war angestellt worden als Viehhüter. Vielleicht wegen der Teilung einer Diebesbeute, sagen die Leute; den Grund wissen nur die.

Als sie Anzalone umgebracht haben, den Chef der Gemeindepolizei, wo der Bach ist, auf der Piazza Nascè, haben sie zuerst auf ihn geschossen, und dann von ganz nahe in den Rücken, als er auf der Erde lag.

Ein totes Kind hat man gefunden, hier unterhalb des Castello delle Carceri; am Abend hütete es die Schafe, die Herden, und sie haben es getötet. Ein kleines Kind, es war zwölf oder dreizehn.

An Frauen, die getötet wurden, kann ich mich nicht erinnern, nicht an eine.

Di Palermo wurde im Haus einer Frau umgebracht, denn er wollte nach Amerika.

Dann wurde in der Gegend von Bichinello, mitten auf der Straße, Vincenzo Guarino erschossen. Er war ein hohes Tier bei der Mafia.

Das alles passiert aus Machtgier; der sagt, er muß bestimmen; der andere sagt, er muß bestimmen in diesem Gebiet.

Ein anderer, er hieß Passalacqua, ein Junge von zweiundzwanzig Jahren, auch erschossen bei der Immacolata. Vielleicht ein Wortwechsel zwischen den jungen Burschen, wegen der Teilung von Beute, sagen die Leute.

Ein anderer, in der Gegend von Signoruzzo, auf dem Feld. Dem haben sie den Schädel mit einem Stein eingeschlagen, den Stein, den holte dann die Behörde. Der war ein anständiger Mann.

Dann, in letzter Zeit, Biagio Figatello, aus nächster Nähe erschossen, als er vom Barbier kam: dem haben sie Frohe Ostern gewünscht mit zwölf Pistolenschüssen. Dann haben sie den anderen Bruder, Giovanni, ermordet, als er mit seinen Kindern vom Feld kam, und sie haben auch hinter den Kindern her geschossen, die weggerannt sind, denn sie hatten die Absicht, auch die Kinder fertigzumachen; man spekulierte, daß er zuviel geredet hätte. Nach diesem Mord wurde der Henker von Roccamena umgebracht, er und das Kind wurden umgebracht, der Maulesel, der Hund und die Ziege.

Navarra, den haben sie erschossen, als er im Auto saß, aus einem anderen Auto, mit der Maschinenpistole. Und sie haben auch einen Doktor umgebracht, der mit ihm fuhr und der nichts damit zu tun hatte.

Collura, das ist abends gewesen. Aber von diesen letzten haben ja alle Zeitungen geschrieben. Die beiden Brüder Marino, einer in der Via Misericordia, mit der Pistole, abends; und der andere, den hat sein Vater auf einem Feldweg gefunden, nachdem er ihn einen halben Tag gesucht hatte.

Auf zwei Feldhüter haben sie geschossen, aber gestorben ist nur einer im Krankenhaus, der andere ist nach Amerika ausgerückt. Der Bue Carmelo ist der letzte gewesen, bis jetzt: erschossen. Mafia.

Die waren alle ein Herz und eine Seele, dann sind sie auseinandergegangen. Nein, der letzte war Cammarata, er lebte gut und arbeitete nicht, sie haben ihn am Tag umgebracht, vor seiner Haustür.

Mir sind zwei andere eingefallen, von vierundfünfzig. Der eine hieß Mancuso Mariano. Sie haben ihn tot in einem Häufchen Gras, Heu gefunden. Die beiden lagen nebeneinander, der andere war Cuccia Salvatore.

Monteleone Mariano, erschossen in Portella Ramusa, Gründe unbekannt, mit Schrot. Das sind sechzehn Bleikügelchen, vier Millimeter dick.

Die Frauen schreien, die Kinder weinen: „Mein Blut, mein Sohn!" – „Dem wird es übel ergehen, der dich ermordet hat." Sie reden von Unbekannten, oder wenn sie ihn kennen, wollen sie sich selbst rächen. „Mein Mann! Ich stehe allein mit den Kindern auf der Straße." – „Ihr Verräter, was soll ich jetzt tun?" – „Leute ohne Gewissen. Konnte man nicht vernünftig darüber sprechen? Ich hatte doch Kinder." – „Papa, Vater", weinen die Kinder. Wenn es hier zum Streit kommt, dann gibt es welche, die gehen darüber hinweg, und es gibt andere, denen bleibt der Haß im Leib, und sie warten auf eine Gelegenheit. Wenn einer keine Genugtuung bekommt, wartet er auf eine Gelegenheit.

In diesem Haus ist Nicolosi umgebracht worden, mit einer Gewehrsalve. Er war Direktor des Krankenhauses und Sanitätsoffizier. Vielleicht hatte der Doktor Navarra es eilig ...

Der Sohn von Cacascio ist unterhalb des Friedhofs umgebracht worden. Man weiß nicht warum, diese Sachen sind dunkel.

Oberhalb der Kirche Della Grazia ist Vincenzo Scalisi erschossen worden.

Der Enkel von Vincenzo Concordia vor der Tür der Genossenschaft, und ein anderer, der mit dem Kopf auf den Boden geschlagen und liegengeblieben ist: Giuseppe Orlando.

Turiddu Bono, den brachten sie auf der Piazza um, vor dem Pissoir, zum Ave-Maria.

Leoluca Mondello haben sie am Abend erschossen, man weiß nicht warum.

Die allein nach dem Krieg, aber wer kann sich schon an alle erinnern?

Drei Kinder sind mir gestorben, und drei hab ich noch. Ein Mädchen ist am Typhus gestorben, als der Typhus in Corleone war. Hier starben eine ganze Menge, alle am Typhus. Wer weiß, warum dieser Typhus kam? Von der Luftströmung, die Doktoren sagten Luftströmung; oder die haben ein Mittel gestreut, damit die Leute sterben. Damit Sie sterben, damit ich sterbe, die Gegenpartei, zum Beispiel; was die Bevölkerung nicht sehen kann. Das Volk hat immer gesagt, daß das ein Gift war, das sie ausgestreut haben, weil einer in drei, vier Tagen tot war. Denn wenn es eine Luftströmung war, kam es doch in den ganzen Ort; statt dessen in einem Viertel ja, im andern nicht. Was weiß ich, wie viele gestorben sind? An die sechzig, glaube ich.

Die zweite Tochter ist dann an der Gelbsucht gestorben, in drei Tagen war sie tot. Vielleicht war sie erschrocken... Die andere ist als kleines Kind gestorben, zwei oder drei Monate alt, ich war damals beim Militär, ich weiß nicht, woran sie gestorben ist. Ich hatte keine Post... Manchmal hatte ich eine Gelegenheit, ein paar Zeilen zu schicken, manchmal hatte ich keine. Wenn ich heute oder morgen Vieh halten will, müßte ich mit denen verbündet sein; da ein anständiger Mann kein Vieh halten kann. Und wenn ich kein Vieh habe, hab ich keine Milch; wenn ich Käse brauche, muß ich ihn kaufen. So ist mein ganzes Leben.

In Amerika haben die, die von hier weggegangen sind, zwei Gruppen gebildet. Iriteddu, heißt es, war der König der Verbrecher in New York. Wenn einer sieht, daß es hier schlecht steht um seine Sache, dann geht er, und wenn er sieht, daß die Sache nicht mehr heiß ist, oder wenn er sie hat in Ordnung bringen lassen, dann kommt er wieder.

Die Leute reden nicht. Das ist eine Art geheimer Brauch hier.

Die Mächtigen bringen jetzt die Mächtigen um. Früher stritten sie sich mit denen von der Camera del lavoro, weil sie die Armen führten. Es gibt welche, die bringen um wegen der Macht, und die anderen, um sich zu verteidigen. Die Bevölkerung verliert bei diesen Ereignissen den Mut, die Bevölkerung ist gelähmt. Sie denken: Bevor du zur Waffe greifst, tu ich es. Es gibt ein Wettrennen. Jeder von beiden beeilt sich, zuerst daran zu denken. Die Bevölkerung mischt sich nicht ein, sie bleibt gleichgültig. Den Mafiaboß hat es immer gegeben. Der Mafiaboß hat überall Freunde: er hat seine geheimen Freunde und die armen Leute, die nach außen hin so tun, als wären sie Freunde, aber im Inneren bleiben sie gleichgültig. Möglicherweise grüßt er mich, aber möglicherweise – auch wenn ich nichts Schlimmes getan habe gegen ihn – bringt er mich um. Meiner Meinung nach kann es kein Mittel geben, das diesen Gedanken aufhalten kann, diese Strömung, sagen wir so.

Es gibt Jungen, die wachsen in Furcht auf, aber die anderen wachsen mit dem Gedanken auf, auch so zu werden, und möchten zu dieser rauhen Partei gehören. Die Jungen spielen Banditen. Von einer Ecke zur anderen, von einer Straße zur anderen verfolgen sie sich. Der erste tut, als ob er schießt, er tut nur so, weil sie keine Gewehre haben. Und dann schreit er: „Getroffen!", und dann sagt möglicherweise einer: „Jetzt geh ich hin und geb ihm den Rest", und er geht an den Kopf und markiert mit der Pistole, daß er ihn in den Kopf schießt. Oft war ich dabei, wenn zwei Kinder, zwei kleine Jungen, sich mit Stöcken prügelten, und die Leute lachen vielleicht dazu oder feuern sie an, den anderen unterzukriegen. Sicher gibt es auch ein paar, die sie trennen, sie zurechtweisen, wie ich es auch gemacht habe, und die sie wegschicken, jeden mit einem Tritt in den Hintern – wenn sie kleiner sind; denn wenn sie größer sind, ist es möglich, daß sie auch gegen die losgehen, die ihnen Vorhaltungen machen. Manche trennen sie, manche feuern sie an, und es gibt einen Teil, der bleibt neutral, gleichgültig, damit niemand zu ihnen sagen kann: Was geht denn dich das an?

Von den jungen Burschen wird dann der, der jemanden umbringt, mehr geachtet, und je mehr sie umbringen, desto mehr können sie den anderen, die jünger in diesem Gewerbe sind, Befehle geben. Sie entwickeln sich. Pietrino Maiuri zum Beispiel war einundzwanzig Jahre, als er umgebracht wurde, nachdem er am Mord an Navarra und Russo und einem anderen teilgenommen hatte.

In der Zeit des Faschismus redeten die Leute freier. Jetzt, nach dem Sturz des Faschismus, ist die Mafia zügellos, noch mehr als vor dem Faschismus, und im Reden und Handeln sind wir weniger frei. Die armen Leute waren frei in der Zeit des Faschismus.

Wenn etwas vorkommt, ruft der denjenigen, der es war, und sagt zu ihm: Halt still. Und der verhält sich still. Oft, wenn es zwischen Familien Streit gibt wegen Land oder Geschäften, versuchen sie, sie auszusöhnen. So wie diese Leute versuchen Schlechtes zu tun, versuchen sie Gutes zu tun.

Vieh zu halten ist schwer, denn man hat Angst, daß es gestohlen wird, zuerst brauchen wir Gerechtigkeit. Um die Viehzucht zu vergrößern, müßte es die öffentliche Sicherheit geben. Das anständige Benehmen kommt erst, wenn man in Ruhe leben kann. Es fehlen die öffentliche Sicherheit, befahrbare Straßen und Wohnungen auf dem Land.

Jetzt sind sie alle gleich: Mafia und Kirche. Die Kirche

braucht die wegen der Politik, und das Volk hat einen gewissen Respekt. Die Kirche schützt die vor dem Gesetz.

Die Mafiabosse von hier haben sich für die Kirche eingesetzt, und ein gut Teil von den Leuten hier stimmt bei den Wahlen für die Kirche. Die Kirche benutzt die, um Stimmen zu kriegen, und die benutzen die Kirche für ihren Schutz.

Mit dem Sinn für Menschlichkeit geht es hier nicht vorwärts. Jeder versucht so zu handeln: Verschwinde von hier, hier will ich hin! Das ist eine Denkweise, die fast allgemein herrscht.

Diese Leute sagen: Besser kommandieren als kommandiert werden. Hauptsache oben sein, und wenn's nur im Sack ist. Das bedeutet: herrschen, und die anderen müssen unter seiner Herrschaft sein wie ein Sack, den man unterm Arm trägt und den man hierhin und dorthin schlenkert, wie man will. Oft hängt er an einem Baum ... Die sagen: „Hauptsache oben sein, dann könnte man schon dieses dumme Pack mit Füßen treten." – „Was sucht dieses Pack denn auf der Welt? Wozu seid ihr geboren?! Ihr wißt ja nicht einmal, wo rechts und links ist."

Die Leute sagen: „Recht so", wenn sie einen umbringen, der sich nicht um seine eigenen Angelegenheiten kümmert, der Vieh stiehlt, einbricht; wer ein bißchen angibt, den holt sich die Mafia zuerst, und wenn sie ihn für sich benutzt hat, dann räumen die ihn aus dem Weg. Die Jungen sind zuerst ihre Handlanger, dann, wenn sie stark geworden sind, versuchen sie selbst zu kommandieren, und die Strafe bleibt nicht aus. Viele gehen diesen Weg auch aus Not. Es gibt Streitigkeiten zwischen Mann und Frau. Es ist eine Hölle, wenn man nach Hause kommt und die Kinder sind hungrig und ich suche nach Brot und finde nichts, und ich geh zu einem Freund, und der kann mir nicht helfen, und ich geh zu einem anderen, und der kann mir nicht helfen, und da kommt der Moment, wo ich zum Äußersten getrieben werde. Man erreicht nichts, man sucht Arbeit und kriegt keine. Da ist man dann zum Äußersten getrieben.

Die Bevölkerung sagt also: „Sie haben recht getan" in drei Fällen: Ehre, Blut, Tragödie. Ehre: das haben wir erklärt. Blut: wenn ich einen Sohn habe oder einen Vater oder einen anderen aus der Familie, den sie mir umbringen, dann fordert das Blut Rache. Tragödie: Tragödie bedeutet, daß ich mit einem Sowieso Streit habe, und ein anderer, der sieht, daß ich Streit habe, benutzt die Gelegenheit und bringt mich um, so denken die Leute, es ist der erste gewesen, und der kommt ins Gefängnis. Derjenige, der einen Streit benutzt, der wird Tragödienmacher genannt. In allen diesen Fällen nehmen es die Leute überhaupt nicht zur Kenntnis, so als wäre nichts geschehen.

Wenn einer redet, zu den Leuten oder bei der Polizei, dann sagt heutzutage mehr als die Hälfte: „Er hat recht getan, nun weint der, der gerechterweise weinen muß." Aber die anderen sagen, er ist ein Verräter, und sobald sie können, bringen sie ihn um. Wenn die Polizei manchmal einen faßt, der unschuldig ist, dann schicken sie anonyme Briefe und sagen, wer es gewesen ist; anonym, damit der Verrat nicht herauskommt. Zum Beispiel ich, ich kauf mir unter Opfern einen Maulesel, und dann stehlen sie ihn mir, und einige haben gesehen, wer es gewesen ist, und dann sehen sie, daß der umgebracht worden ist; und alle sagen: „Gesegnet die Hände, die den umgebracht haben."

Für eine Familie zählt der Mann am meisten, weil er ja den Verdienst nach Hause bringt für den Unterhalt der Familie, er hat die größte Zuneigung zu seiner Familie. Was die Freunde betrifft, die anständige Leute sind, wenn sich einer gut benimmt, dann wird er als Freund geachtet, und sie helfen ihm auch, leihen ihm zehntausend Lire, einen halben Scheffel Weizen... Was die andere Schicht von Leuten betrifft, die sich nicht um ihre eigenen Angelegenheiten kümmern, wenn da einer was braucht und geht nicht zu denen, dann ist er ein Dummkopf, und er wird als einer betrachtet, der nicht viel wert ist. Richtige

Mafialeute oder mit der Neigung dazu oder Anhänger von Mafialeuten sind hier ungefähr hundert. Die Mehrheit der Bevölkerung wäscht ihre Hände in Unschuld. Denen macht ein Menschenleben kein Kopfzerbrechen, für sie zählt es nichts. In der Bevölkerung hört man auch: „Den haben sie umgebracht? Na, wir haben ja die Hebamme nicht bezahlt." Die sind daran gewöhnt, es beeindruckt sie überhaupt nicht. Das ist wie wenn einer seinen ersten Jagdschein bekommt und auf die Jagd geht und auf ein Kaninchen schießt, beim erstenmal ist er aufgeregt, dann gewöhnt er sich daran, und es ist wie nichts. Nach ihrer Auffassung sind sie allein auf der Welt was wert, die anderen zählen nicht. Wenn sie das nicht berücksichtigen, gehen die Leute hier zugrunde. Das Gold, zum Beispiel, ist hier für alle wichtig; aber ein Mensch zählt nur für die Verwandten oder die Freunde oder die Freunde der Freunde, für andere zählt er nicht.

Die beste Regel ist heutzutage, sich um seine eigenen Angelegenheiten zu kümmern und sich nicht in die von anderen einzumischen. „Wer sich nicht um seine eigenen Angelegenheiten kümmert, der sucht sein Unglück mit der Laterne", sagt ein Sprichwort bei uns.

Alles, was der Bevölkerung Schaden bringt, die Kette von Gewalttätigkeit, geht bis in den Staat hinein; wenn das Innenministerium nicht die Hand darüber hielte, dann könnte man diese Gewalt beseitigen. Wer privilegiert ist, der ist mit den anderen Privilegierten verbunden und wird von ihnen verteidigt. Wer gewalttätig ist, ist mit den anderen Gewalttätigen verbunden. Ich versuche mir über die Dinge in ihrem Inneren klarzuwerden. Die Barone, die Großgrundbesitzer haben nach dem Krieg, um die Bauernbewegung aufzuhalten, die Mafialeute auf ihren Grund und Boden gesetzt. Aber die Bauern hielten sehr zusammen, und sie schafften es, den Boden zu besetzen, und da haben die Barone, die Großgrundbesitzer mit Zustimmung der Priester eine große Menge Polizisten geschickt, um die Bauern-

bewegung aufzuhalten. Hier gibt es Polizisten, Carabinieri, Feldhüter, viele, zusammen an die hundert, und man kann sagen,
sie sind es, die das Verbrecherunwesen erhalten, weil sie die
Mafialeute schützen und weil sie die armen Leute daran hin-
dern (denen es manchmal passiert, daß sie was anstellen), selbst
Land zu haben und sich mit ihrer Arbeit ihr Brot zu verdienen.

Mir sind noch andere eingefallen:

Der Baron Mangiameli ist umgebracht worden, als er auf
dem Balkon stand, weil sie sein Land wollten.

Auf Giovannino Pitarro ist 1949 geschossen worden, aber
er ist davongekommen.

Giacomo Moscato, ein Ehrenmann, ist vor dem Café Bentivegna erschossen worden, morgens um fünf.

Paternostro Biagio, den haben sie erschossen und ihm den
Schädel eingeschlagen aus Rache.

Den Splendido Pietro, der Wächter war bei der Firma, die
den Tunnel baute, den haben sie umgebracht und ihm den Schädel eingeschlagen, wegen einer großen Beleidigung.

Canzoniere Leoluca, er war Wächter in der Gegend von
Figazzana, und ein Kollege von ihm, Steva Vincenzo, verschwunden.

Manchmal nimmt man Wachs, bevor man die Patrone lädt,
sie tränken die Schrotladung mit Wachs, und wenn sie dann
schießen, dann fängt derjenige Feuer, dort, wo er getroffen ist.
Viele von denen.

Auf Morello haben sie geschossen; auf Mariano Giovanni . . .
Wie soll man sich an alle erinnern?

Ein Freund von Placido

Durch seinen Vater war ihm bekannt geworden, wie die Mafia vorging, wie die Mafia den Reichen diente. Als Mussolini an die Macht kam, brauchten die Reichen die Mafia nicht mehr, und seinen Vater, den haben sie ins Gefängnis geworfen. Seine Gefühle fingen an zu reifen, weil er alles durch seinen Vater wußte und durch die Verwandten, von denen einige anscheinend auch mit der alten Mafia von Angelo Spatafora zu tun hatten, während sie gleichzeitig zur Genossenschaft von Bernardino Verro gehörten. Auch er kam ins Gefängnis, für sechs Monate, als er jünger war, ich weiß nicht warum. Er ging dann zu den Gewerkschaften, weil er begriff, daß durch die Gewerkschaften das Los der armen Bauern erleichtert werden konnte. Er war gegen jene, die die großen Güter pachteten, weil er die Meinung vertrat, der Pächter sei ein noch größerer Schinder, sei noch maßloser als der Grundbesitzer. Er erklärte auch warum. Er meinte, daß die Pacht abgeschafft werden müßte. Er wußte, daß sein Vater Gutspächter gewesen war, er wußte, daß sein Vater nicht gearbeitet und wie er die Bauern behandelt hatte, er berief sich auf eigene Erfahrungen. Ich fragte ihn: „Wie kommt es nur, daß du, statt die Richtung deiner Familie einzuschlagen, in die entgegengesetzte Richtung gehst?" Er antwortete mir mit den Taten der Mafia, weil er von Morden, von Gewalttaten wußte, er wußte so viele, daß es kein Ende nahm. „Auch wenn ich vor Hunger krepieren müßte, die Mafialeute bitte ich nicht um Land."

Er hatte sich gegen die gestellt, die die Ölpressen besaßen, gegen sie gestellt in dem Sinn: sie forderten einen zu hohen Preis für das Ölpressen, und dann, wenn das Öl gewonnen wird, stehlen sie dieses Öl den Bauern, und mitten auf der Piazza, vor der Gemeindeverwaltung, hat er eine Auseinandersetzung gehabt, eine gewaltsame, würde ich sagen, mit diesen Besitzern der Ölpressen, und bei denen ist immer die Mafia dabei. Er war verschiedene Male aufs Feld gegangen, um dabeizusein, wenn die Gewerkschaftsfunktionäre das unbebaute Land besichtigten, und diese Ländereien hatten alle die Mafialeute in Händen. Und dann hat er mit den Mafialeuten selbst eine sehr gewaltsame Auseinandersetzung gehabt. Es war die Zeit der Rationierung, und die Vorratslager, die hatte die Mafia in der Hand, sie schoben mit Zucker, sie schoben mit Mehl, sie schoben mit Teigwaren, und außer diesen Schiebergeschäften hatten sie es erreicht, einen Preiszuschlag für diese Lebensmittel zu erhalten – in Absprache mit einem Mitglied des Gemeinderats, das später angezeigt worden ist. Und er ist dafür eingetreten, dieses Lager den Mafialeuten wegzunehmen und es von einer öffentlichen Stelle verwalten zu lassen oder von Leuten, die es im Interesse der Bevölkerung taten.

Darum haben sie ihn umgebracht, weil er sich in alle diese Dinge einmischte, weil er herumstöberte, er kümmerte sich nicht um seine eigenen Angelegenheiten, sagten manche; er mischte sich in Sachen, die ihn nichts angingen, sagten sie. Und das schönste ist, daß ich das auch gesagt habe. „Aber Placido, gerade du willst den Mohren weißwaschen?" Und jetzt sage ich dir, wie er mir geantwortet hat: „Der Streit geht um die Decke" – er meinte, ums Eigentum. „Man muß dieses Rennen nach Bereicherung abschaffen" – so sah er es –, „von dem Augenblick an, wo es nicht mehr nötig ist, Besitz zu erwerben, um sein Leben zu fristen, ist der Streit um die Decke von selbst vorbei." Er studierte nicht Bücher, er studierte die Dinge. Ich sagte zu ihm: „Paß bloß auf, die bringen dich um." Warum ich sagte: „Paß auf, die bringen dich um"? Weil sie schon einige Sekretäre der Camera del lavoro ermordet hatten, es war bekannt, wie viele. Aber der Ärmste war voller Illusionen, er antwortete mir: „Wenn sie mich umbringen, dann haben sie nichts gelöst, nach mir werden viele andere Sekretäre der Camera del lavoro aus dem Boden schießen. Es ist nicht so, daß alles zu Ende ist, wenn sie mich umbringen." Wir redeten davon, weil sie kurz zuvor einen in Sciacca umgebracht hatten, Miraglia, wenn ich mich recht erinnere.

Weißt du, was er sich einbildete? „Wenn sie mich umbringen, werden alle Bauern ein Gottesgericht abhalten" – er glaubte an einen Aufstand von seiten der Bauern, weil er immer für die Bauern gearbeitet hatte. Aber die Wahrheit war anders. Er hat sich gründlich geirrt. Nachdem sie ihn umgebracht hatten – nichts. Wir waren wie Brüder, er aß bei mir, ich bei ihm, wir waren immer zusammen: ungefähr zwei Jahre lang hat mich niemand mehr gegrüßt. Die Leute hatten Angst, mich zu grüßen. Kein einziger kam je in meine Nähe, um nicht von der Mafia gesehen zu werden. Ungefähr zwei Jahre lang mußte ich vor Sonnenuntergang nach Hause kommen, als wäre ich unter Polizeiaufsicht, mich an jeder Straßenecke umsehen, bevor ich weiterging. Nur damit du weißt, was die Bauern gemacht haben. Vor Angst haben sie sich zurückgezogen. Man sagt: „Wer dem Volk dient, der dient Schweinen", und es ist wahr. Die Spatzen pfiffen es von den Dächern, wer ihn umgebracht hatte, es war ein Mord, über den alle Bescheid wußten, sie wußten alle, wer ihn weggebracht hatte. Man flüsterte sich auch zu, wer ihn ermordet hatte; und was geflüstert wurde, entsprach der Wahrheit.

Wahrhaftig, alle Leute haben Angst gehabt, alle. Sie redeten nun so: „Einen Krug kann man nicht gegen einen Stein stoßen." Und da der Krug, der gegen einen Stein stößt, die armen Leute bedeutet, wer geht zugrunde? Die armen Leute. Ist das klar? Die anderen haben die Mittel, die sind organisiert. Man meint, um die Mafia zu beseitigen, wäre eine Antwort mit denselben Mitteln nötig, die sie benutzen, also das Gewehr. Aber wer greift heute zum Gewehr? Wer gezwungen ist, es zu tragen.

185

Wer zu bestimmten Dingen nicht gezwungen ist, die anständigen Leute, der tut bestimmte Dinge nicht. Und immer siegen die anderen.

Es ist dahin gekommen, daß wir in der Camera del lavoro acht oder zehn Leute waren. Dann sind sie allmählich zurückgekehrt, zum Teil weil sie sich schämten, Feiglinge zu sein, zum Teil weil sie sich von den Linksparteien geschützt fühlten, und zum Teil weil der Genosse Siracusa sofort seine Arbeit übernommen hat, ohne einen Schimmer Furcht: „Wenn sie mich umbringen, kommt ein anderer", und er hat versucht, ihnen Mut zu machen, den anderen zu helfen, sich von der Angst, der Feigheit zu befreien. Und dann sind die Leute allmählich wiedergekommen, sie brauchten Angaben aus den Einwohnerlisten und alle die Hilfe, die die Camera del lavoro geben konnte.

Aber kein Volkszorn, das glaubte Placido, daß die Leute schon begriffen hätten, auf welcher Seite das Gute und auf welcher Seite das Böse war, daß wir schon organisiert wären. Die Leute hatten wirklich nichts verstanden. Soll ich die Wahrheit sagen? Er hatte die Möglichkeit, eine Anstellung zu bekommen, und er war einer der ersten, die ins Regionalparlament einziehen konnten. Ich an seiner Stelle hätte mich dort niedergelassen und weiter politisch gearbeitet, weit weg von Corleone. Aber er hat das nicht gewollt. Was hatte er nur für einen Schädel: „Wenn sie mich umbringen", sagte er, „habe ich immer noch länger als ein Schwein gelebt." Er hatte es nicht darauf abgesehn, eine gute Stelle zu bekommen. Meiner Meinung nach kam ihm das, was er tat, immer wenig vor, er meinte, er täte nicht seine ganze Pflicht und Schuldigkeit für die Camera del lavoro, für die Bauern.

Sein Vater wollte es aus zwei Gründen nicht: einmal, weil er wußte, daß sie ihm was antun konnten. Immer sagte er zu ihm: „Wenn jemand zu dir sagt, er will dich sprechen, dann bitte ihn, eine halbe Stunde zu warten, und komm zu mir und sag es mir." Sein Vater wußte Bescheid mit diesen Geschichten, weil er sie alle kannte, und tatsächlich, als er gesehen hat, daß Placido nicht nach Hause gekommen war, im März, es war gegen vier Uhr im März, da kam er zu mir und fragte mich: „Wo seid ihr gestern abend mit Placido hingegangen?" Und da dachte ich, da ich ja verstanden hatte, daß Placido nicht nach Hause gekommen war, sie hätten Streit gehabt, weil sie ab und zu ein bißchen stritten wegen der Politik. Aber dann hörte der Vater, daß er mit Pasquale Criscione mitgegangen war. „Warum habt ihr meinen Sohn mit Pasquale Criscione gehen lassen? Sie haben meinen Sohn umgebracht, sie haben ihn umgebracht", und er fing an zu weinen. Ich sagte: „Er wird in Ficuzza, in Palermo sein." – „Woher denn Ficuzza, woher denn Palermo, meinen Sohn, den haben sie umgebracht" – gleich hat er das gesagt, weil er Criscione kannte und die Verbindungen dahinter.

Und dann wollte es der Vater nicht, weil die Aktivität für die anderen die Zeit verschlang, die er für die Arbeit verwenden konnte; zuviel lastete auf dem Sohn, einmal dies, einmal jenes. Er verstand wenig von den Ideen seines Sohnes. Später hat er sie besser verstanden und hat sich in die erste Reihe gestellt. Als sie ihn wirklich umgebracht hatten, da hat er verstanden, daß es eine ernste Sache war, er wollte das Werk seines Sohnes fortsetzen. Er hatte verstanden, aber nun war er alt. Es war auch eine Art Antwort, weil er den Sohn durch gesetzliche Mittel rächen wollte, und da er sah, daß die Linksparteien ihn unterstützten – und sein Sohn war für die Linke gestorben, das hatte er sehr gut verstanden –, mußte er notwendigerweise diese Richtung einschlagen. Schon vor dem Tod seines Sohnes hatte er den Linken nahegestanden. Dann, als sie ihm seinen Sohn umgebracht haben, ist er eingetreten. Er war stolz auf seinen Sohn, aber er sagte es ihm nicht, mir hat er's gesagt, er war stolz auf den Sohn, er war froh bei dem Gedanken, daß die Leute nicht sagen konnten, er habe seinen Sohn

auf den schlechten Weg gebracht, aber er hatte Angst, daß
sie ihn umbringen würden. Jeden Tag hat er ihn ermahnt,
sich auf der Straße umzuschauen, bevor er losging, sich die
Leute anzusehen, die um ihn waren, aufzupassen, ob er jemanden im Kapuzenmantel sah, der das Gesicht verdeckte. Er
fragte ihn aus, ob ihn jemand von diesen verdächtigen Leuten
besonders freundlich behandelte. Dann antwortete der Sohn:
„Aber die Leute achten mich, auch der Doktor Navarra." Da
hat sein Vater, einmal, als ich dabei war, geantwortet: „Paß
auf, wenn dich der Teufel streichelt, dann will er deine Seele."
Placido dachte darüber nach, wir haben darüber gesprochen,
aber was er beschlossen hatte, das weiß ich nicht, er gab nichts
darauf. Der Vater dagegen dachte immerzu daran. Aber Placido meinte, die anderen würden es für nutzlos halten, ihn zu
beseitigen. Und er merkte, daß so viele ihn gern hatten. Weil
er sich in die Sorgen der anderen hineinversetzte, auch wenn
sie nicht seine politischen Ansichten teilten.

Zum Beispiel, ich erzähle dir eine Sache, die passiert ist;
genauso wie sie passiert ist. Damals war das Petroleum knapp;
es war schwierig, welches aufzutreiben, und er hat es durch
die Camera del lavoro erreicht, Petroleumzuteilungen zu bekommen, so daß etwas an die Bevölkerung verteilt werden
konnte. Nun, wer dieses Petroleum am nötigsten brauchte, das
waren die Leute, die Herden hatten, Häuser in den Feldern,
höher gelegenes Land. Und da kam also eines Abends dieser
Mann von der Mafia zu ihm, von dem ich dir gestern erzählt
habe, den sie dahinten umgebracht haben, und er redete mit
ihm. Er rief ihn beiseite, denn wir waren zusammen. Als er
wiederkam, habe ich ihn gefragt, was der wollte, weil wir wußten, daß der ein Verbrecher war, und er hat mir geantwortet:
„Er will ein bißchen Petroleum, weil er es für sein Landgut
braucht." Und da habe ich gesagt: „Und du, was hast du gesagt?" – „Daß ich es ihm gebe." – „Ich würde ihm eine Gift-
pille geben." – „Gut, die Leute sind, wie sie sind, aber sie

leben auf dem Land" – er wußte, wie schwierig es ist, im Dunkeln im Stall zu arbeiten –, „ich kenne die Schinderei mit einem Kerzenstummel; und außerdem werden sie so begreifen, daß wir keine Übeltäter sind" – denn damals wurde erzählt, die Sozialisten und die Kommunisten würden Kinder fressen und wir seien so wie wilde Tiere. Und dann sagte er: „Und außerdem, auch wenn er ein Verbrecher ist, braucht er Petroleum." – „Und wieviel Flanell hat er dem Doktor Navarra gegeben?" – „Was hat seine Frau damit zu tun, wenn er ein Verbrecher ist?" Er war so edel, daß es schon dumm war. Denn am Ende haben sie ihn als Dank in eine Grube geworfen, sechzig Meter tief, das ist meine persönliche Ansicht. Er trennte die Bedürfnisse des Menschen von den Gedanken und Taten des Menschen. Das kann dem, der das später liest, als eine Übertreibung vorkommen, aber ich muß gewissenhaft die Wahrheit sagen, und von dem, was ich darüber denke, absehen.

Er behandelte sie gut, auch die Verbrecher, aber wenn sie etwas von ihm verlangten, was die Interessen der Arbeiter von der Camera del lavoro verletzte, dann ging er auf sie los wie ein Hund.

Außer daß er die Dinge mit eigenen Augen gesehen hatte, wurde er durch das Partisanenleben ganz und gar geweckt. Ich war Soldat in Rom, da kam er als Partisan hin. Er erzählte mir von ihren organisierten Versammlungen. Ich habe dann bemerkt, daß er sich in den Versammlungen, die er hier abhielt, oft auf das Partisanenleben bezog, ganze Abende erzählte er Geschichten, er sprach vom Faschismus, von den Schäden, die die Deutschen anrichteten, und wie sich die Partisanen verteidigten, und sie verteidigten sich gut. Als er vom Militärdienst zurückgekommen ist, hat die Mafia ihn, das hat er mir erzählt, aufgefordert, als Feldhüter zu arbeiten. Aber da hatte er schon klare Ansichten. Ich merkte, daß er anders war, weil er schon in der Lage war, die Missetaten des Faschismus zu kritisieren, er war kein studierter Mann, also hatte er es aus der Erfahrung gelernt. Er hatte Initiative, er war nun entschlossen und dessen sicher, was er tat. Er beschloß und handelte und wußte, was er tat. Vorher war er nur ein Bauer von gutmütigem Charakter, er war kein Dummkopf, er war schlau; als er zurückkam, war er ein Mann, er hatte Anziehungskraft: wenn er dann eine Versammlung in der Camera del lavoro abhielt mit hundert Menschen, da hörten ihm alle zu und verstanden ihn, und er gefiel ihnen.

Der Faschismus hatte das Ideal von Bernardino Verro erstickt; wir, die wir im Faschismus aufgewachsen waren, konnten nicht begreifen, wieviel uns die gewerkschaftliche Organisation geben konnte: man durfte ja nicht davon sprechen. Man sagte, man wußte, daß denen, die von Bernardino Verro sprachen, die Verbannung drohte. Und niemand sprach von ihm. Wie sind die Esel? Man packt sie beim Kopf und zieht sie: so waren wir. Bei den Alten gab es noch die Erinnerungen, und sie sprachen zu Hause von ihm, daß er viel Gutes getan hatte, er war nicht leicht auszulöschen. Als Junge war er Schneider gewesen, dann Angestellter bei der Gemeinde, dann hat er sich an die Spitze der Bauern gestellt, hat eine Genossenschaft gegründet, er ist Mitglied des Gemeinderats geworden, und dann haben sie ihn umgebracht. Ganz einfach. Es war ihm gelungen, ein Gut aufzuteilen, Zuccarone, und damit hat er die Mafia gereizt. Sie fürchteten, er würde seinen Vormarsch fortsetzen, und sie haben ihn mit Gewehrschüssen ermordet. Ein Attentat war schon auf ihn verübt worden, als er in der Apotheke in der Via Roma saß. Weder das eine noch das andere Mal haben sie den gefaßt, der es gewesen war, und man wußte sogar, in welchem Haus sie ihn umgebracht hatten.

Placido schrieb Briefe, Tagesordnungen, Berichte, er bereitete das Schriftliche vor, und dann gab er es mir zum Korrigieren der Grammatikfehler. Aber er wollte nicht, daß man den Inhalt anrührte: seine Gedanken mußten bleiben, wie sie waren. Er sagte so vieles, er machte so viele Rechnungen, daß wir anfingen zu lachen. Wenn man den Gutspächter abschaffte, meinte er, würde die Produktion zunehmen, und das Kapital, was dazukam, würde investiert werden und damit die Beschäftigung erhöhen. Er war der Meinung, daß der Arbeitstag, den er ja auch als Zwölf-, Dreizehn-, Vierzehnstundentag kannte, dadurch kürzer werden könnte und höhere Einkünfte brächte. Er diskutierte endlos über diese Geschichten. Ob er Bücher von Marx gelesen hatte? Einmal haben sie ihm ein Buch von Marx geliehen, aber er hat es wieder aus der Hand gelegt, er sagte, er sei nicht auf der Höhe, um das zu begreifen, denn Bildung hatte er nicht, aber diese Sachen begriff er von allein. Ich war sogar auf die Idee gekommen, daß er weniger Lust zum Arbeiten haben mochte und sich deswegen so zermürbte, sich den Kopf zerbrach über diese Probleme, weil er immer weniger arbeiten wollte. Was er sagte, war dies: alles Blut, was die Reichen den Armen aussaugen, das bringen sie auf die Banken, so daß sie es nur für sich selbst nutzen, und sie verwenden es nicht, um die anderen arbeiten und produzieren zu lassen. Vier oder fünf Stunden lang wurde an manchen Abenden darüber diskutiert, daß die Einkünfte, wenn es auf diese Art und Weise weiterging, nicht für alle wachsen würden. Das war der Gegenstand seiner Diskussionen, es war seine Leidenschaft, tiefer in diese Frage einzudringen. Er hatte keine Bildung, aber er war ein Denker: er betrachtete eine Sache von allen Seiten. Er war ein scharfer Kritiker, auch uns selbst gegenüber, er sagte immer: „Das durfte man nicht sagen, das mußte man tun" – aber er studierte keine Bücher, er hatte seinen eigenen Kopf.

Placido war, als er vom Militär zurückkam, voll Organisationswut, so nannte ich es, er versuchte, die Leute zusammenzufassen. Die Camera del lavoro zum Beispiel arbeitete anscheinend gut, es kamen viele Leute; aber die Leute waren unzufrieden, sie hatten kein Vertrauen zu dem, der da war, sie sagten, er stehle, und er ist tatsächlich angezeigt und verurteilt worden, und jetzt ist er in der Democrazia Cristiana als Gewerkschafter. Als sich die Leute beschwerten, hat er natürlich versucht, herauszubekommen, ob es stimmte, daß der da den Bauern Schaden zufügte. Der kam dann ins Gefängnis. Und gleich darauf wurde er ernannt.

Was ihr eigentliches Interesse war, ihn beiseitezuschaffen? Meiner Meinung nach sahen die Mafialeute hier im Ort in Placido einen, der in alle Probleme eindringen wollte, sie hatten gesehen, daß er schon in der Gemeindeverwaltung mitredete, daß alle immer zu ihm gingen, um sich Rat zu holen. Sie hatten gesehen, daß er, sagen wir so, von der Masse getragen, geliebt wurde. Es war bekannt, daß die sozialistische Ortsgruppe ihn als Kandidaten für die Wahlen zum Regionalparlament vorgeschlagen hatte, aber er hat das strikt abgelehnt, weil er sich nicht für fähig hielt, Gesetze zu machen, und er sagte: „Soll ich dort hingehen, um den Stuhl anzuwärmen?" Die Mafia hatte das alles gesehen, sie kannte ihn als schlau, als einen, der dazugehört hatte und weggegangen war, wie der Hund, der den Knochen aus dem eigenen Haus wegträgt, das heißt, er war als Sohn seines Vaters in die Geheimnisse eingedrungen, und sie sah, daß er tatsächlich gefährlich für sie war.

Außerdem haben sie den Beweis gehabt, daß er es ernst meinte mit dem, was er sagte und tat, als die Partisanen durchkamen. Ein Lastwagen mit Partisanen fuhr durch, alles junge Burschen, die sangen, und sie hielten auf der Piazza an. Einer ging Placido Rizzotto holen, und die anderen blieben im Lastwagen auf der Piazza. Zu dieser Tageszeit, es war nachmittags, waren viele Leute draußen, und die Mafialeute waren auf der Piazza, denn die sind immer da und passen auf, wer kommt und geht und was die Leute anhaben, um alles zu erfahren und zu wissen. Gleich sind die Jungen, vor allem die Schüler, zur Stelle und gaffen. Also, was passiert? Da war ein Häufchen Mafialeute, zwanzig, dreißig Meter entfernt, die forderten die Schüler auf, sie sollten die Partisanen als russische Spione beschimpfen (und das sagten sie auch von Rizzotto, er sei ein russischer Spion, er, der nicht mal wußte, wo Rußland liegt).

Das beleidigte natürlich die Partisanen, alles junge Burschen, die keine Angst vor diesen paar Schuljungen hatten, und als Antwort ohrfeigten sie sie. Ein Handgemenge entsteht, in diesem Augenblick kommt Rizzotto. Er wirft sich dazwischen, bringt sie auseinander, stellt sich in die Mitte und fängt an: „Das ist kein gutes Beispiel von Gastfreundschaft. Diese Leute waren im Krieg. Man muß einander achten", und so weiter, er redete allen gut zu, sich zu beruhigen. Also sind die Schüler abgezogen. Er ist auf der Piazza bei den Partisanen geblieben, aber ihm war klar, daß es damit nicht sein Bewenden hatte, er kannte ja diese Leute. Später hat er die Partisanen zum Ortsausgang begleitet. Aber die anderen hatten sich weiter hinten versteckt, und nachdem Rizzotto sich verabschiedet hatte, waren einhundertfünfzig Meter weiter, hinter einer Kurve, die Schüler auf der Lauer, alle flach auf der Erde. Wortwechsel. Der Lastwagen hält. Die Sache wurde übel. Faustschläge, Ohrfeigen, Fußtritte flogen nur so. Und da läuft Placido los, reißt einen Pfahl aus – in der Nähe war ein Weinberg –, obendran war Stacheldraht, und das hat natürlich Schaden angerichtet, das ist wahr, und er hat die Schüler verjagt. Unter ihnen war ein Mafiajüngelchen, Jüngelchen, na ja, er war vierunddreißig oder fünfunddreißig Jahre alt, und der hat auch was abgekriegt. Gleich wurde im Ort gesagt: „Da seht ihr's, daß er ein russischer Spion ist, wenn er kein russischer Spion wäre, hätte er die Landsleute verteidigt." Und einige Wochen lang haben die jungen Leute von der Camera del lavoro Placido Abend für Abend nach Hause gebracht und auf ihn aufgepaßt, bis Placido eines Tages selbst gesagt hat, sie sollten es sein lassen, die würden ihm nichts tun. Meinte er. Das war der Tropfen, der das Faß zum Überlaufen brachte, aber sie hätten ihn sowieso ermordet. Er griff nicht bestimmte Leute an, sondern versuchte, die Mafia zu unterhöhlen, indem er ihr das Land wegnahm.

Ich hatte ihn gern, denn er war aufrichtig. Alles, was er tat, das tat er nie aus List oder mit Hintergedanken. Dann war er sehr anhänglich: er war ein sehr ernsthafter Mensch und war immer bereit, einem jeden Gefallen zu tun.

Abergläubisch war er nicht. Was die Kirche betrifft, so hielt er das Wirken der Kirche für nützlich, weil sie die schlechten Instinkte des Menschen zügeln und ein bestimmtes Maß an Erziehung geben konnte. Trotzdem kritisierte er die Priester scharf. „Wenn die Armen dasselbe tun sollten wie die Priester, das wäre der Untergang" – denn er betrachtete die Priester als Bettler. Und da man eine gewisse Unverschämtheit braucht, um zu betteln, sagte er, sie seien unverschämt. Er war nicht einverstanden mit der Handlungsweise der Kirche auf politischem und wirtschaftlichem Gebiet, aber er achtete die Kirche, was die persönliche und moralische Erziehung angeht. Was die Priester betrifft, die immer versuchen Geld aufzutreiben, er war Vorsitzender des Festes der Madonna della Rocca und organisierte das Komitee für die Sammlung, um daraus ein allgemeines Fest zu machen, für alle, außerhalb der Kirche, so daß die Leute sich amüsierten und etwas lernten.

Seine Ansicht war so: Ich hab meinen Kopf, und ob ich nun glaube oder nicht, ich tue nichts Schlechtes, ich brauche nicht von der Angst vor göttlicher Strafe gezügelt zu werden, während für die anderen, die glauben, ist es ein Gewinn: sie zügeln sich selbst. Aber er glaubte nicht an die Dogmen, er glaubte an nichts, er achtete den Willen des Volkes, weil jeder frei sein soll, seinen Glauben zu haben. Er ist niemals zur Messe gegangen – aber wenn du das aufschreibst, werden die Leute dann nicht sagen, daß er ein Tier war? Er ging nur in die Sakristei zu den Versammlungen für das Fest. Er klagte über dieses Amt, das sie ihm gaben, aber da die Leute ihn wollten, hielt er es für unhöflich abzulehnen. Mehrmals hat er gesagt: „Aber dieses Geld, bringen wir es doch den Kleinen vom ‚Salvatore' " – das ist das Waisenhaus, ich weiß nicht, ob du das weißt –, „dieses Geld wird vergeudet."

Denn hier muß man sich umsehen, um die Dinge zu begreifen; der größte Teil der Leute geht weiter in die Kirche, um nicht kritisiert zu werden. Du mußt dir vorstellen, alles, was außerhalb des Herkömmlichen ist, das ist schändlich. Ich zum Beispiel gehe nicht in die Kirche. Der Priester sagt zu den Kindern: „Sag deinem Vater, er soll in die Kirche gehen." Und die Kinder sagen zu mir: „Papa, warum gehst du nicht?" Und ich sage zu ihnen: „Ich gehe hin, aber er sieht mich nicht." Das mit der Absicht, den Kindern eine Erziehung zu geben. Überlegen wir doch mal. Unsere Umwelt ist, wie sie ist. Weder die Gemeinde noch ein modernes Institut erziehen diese Kinder. Du brauchst deine Kinder nicht taufen zu lassen, du bist ein freier Mensch. Aber ich, bin ich ein freier Mensch? Ich lebe in dieser Umwelt, wenn ich arbeiten will, muß ich mich dieser Umwelt anpassen; ebenso die Bauern, die Land wollen, Arbeit; und alle anderen. Wer anders leben will, muß weggehen von hier: „Vogel friß oder stirb." Es gibt sehr viele Leute, die in die Kirche gehen und an überhaupt nichts glauben: Leute, die morden und dann die Madonna in der Prozession tragen. Du kommst zu einer Prozession und sagst: „Heilige Jungfrau, wieviel Katholiken es gibt!" Und dann ist gar nichts wahr: da sind Diebe, Mörder, alle möglichen Leute, die an alles andere denken, nur nicht an die Madonna, alles, um sich zu tarnen, alles nur, um zu essen.

So sind es zum Beispiel auch wenige, die an die Abgeordneten glauben: aber man geht weiter zur Wahl. Hier ist das Leben so wie eine Mühle, immer im Kreis.

Die Reichen, die Kirche haben Angst, daß sich die Dinge zu ihrem Nachteil ändern, aber die Armen sind ungeheuer niedergeschlagen, ich komme immer mit ihnen zusammen, auf der Straße, überall. Die Reichen nehmen die Welt, wie sie ist, und sie wenden alle Mittel an, um sie in dem Zustand zu halten, in dem sie sich befindet. Die Reichen, die Parteien der Reichen und die Mafia. Im „Klub der Gebildeten" spielen sie Karten und reden schlecht von den anderen, und weiter nichts. Ab und zu gibt es eine Rauferei. Und die Gemeinde, linksgerichtet, schickt sie nicht weg, weil einer sagt: „Hier herrscht das Gewehr, und ich soll mich umbringen lassen?"

Die Kirche sind die Vollkommenen – sagen sie. Die Kirche zielt besonders auf die Kinder, mit Druck, mit ausgeklügelten Mitteln – nicht damit alles bleibt, wie es ist, sondern um zurückzugehen, das sagen sie selbst, in aller Öffentlichkeit, das habe ich nicht erfunden. Für sie ist Entwicklung Verdammnis. Zum Beispiel: „An die Dinge des Herrn rührt man nicht. Die Russen begehen eine Todsünde, wenn sie diese Dinger zum Mond schicken. An die göttlichen Dinge rührt man nicht." Veränderungen, etwas Neues wünschen ist Sünde. Sie haben das Fernsehen, aber nur, um ihre Ideen zu verbreiten, die alte Welt, die unbewegliche Welt.

Die Landarbeiter, die Bauern, wenn ich die Wahrheit sagen soll nach dem, was ich von ihnen gehört habe, die glaubten daran, daß sich alles ändern könnte, aber heute glauben sie es nicht mehr, zum größten Teil. Sie glaubten daran nach dem Krieg. Viel ist versprochen worden, wenig ist erreicht worden. Sie sind apathisch, enttäuscht. Sie begreifen, daß sie schwach sind. Viele der Armen sagen: „Bei wem soll ich mich einkratzen, beim Armen oder beim Reichen, wenn ich nicht verhungern will? Beim Reichen fällt was für mich ab." Der andere Teil der Armen möchte zusammenhalten, aber sie schaffen es nicht oder nicht richtig. Sie schaffen es höchstens, wenn sie einer Organisation folgen, die sie unterstützt. Placidos Ziel war es dagegen, die Leute dazu zu bringen, selbst Initiative zu entwickeln und sich selbst zu organisieren. Wenn sie die Erfahrung gehabt hätten, daß sich durch ihren Anstoß etwas ändert, dann hätten sie daran geglaubt. Und außerdem, die Leute haben wirre Vorstellungen, denn es gibt die gegnerische Propaganda, und die gute Propaganda überzeugt sie nicht, weil sie von Dingen außerhalb ihrer Erfahrung spricht.

Placido dachte, daß die Menschen gemeinsam mehr erreichen und mehr produzieren würden. Darum rief er alle auf, sich zu Genossenschaften zu vereinigen. In einem Ort wie diesem, wo man immer ans Gewehr denkt, an einen Bewaffneten, der einem etwas antun kann, hat das Sprichwort „Einigkeit macht stark" besonderen Wert. Jeder, der hier mit jemandem spricht, dem er nicht traut, redet „mit der Quitte im Bauch", so sagen wir, man spricht nicht alles aus, man sagt nicht, was man denkt. Und der andere macht dasselbe. Der Mechanismus einer solchen Unterhaltung ist folgendermaßen, nehmen wir ein praktisches Beispiel, einer fragt mich, was ich von dem und dem halte. Meine wirkliche Meinung sage ich nie, weil ich nicht weiß, ob der nicht morgen Verrat begeht und dem anderen alles hinterbringt. Mein Gesprächspartner stimmt mir vielleicht auch noch zu, mit einem Lächeln auf den Lippen, und tut, als wäre nichts. Sollte ich mich verplappern, würde er mir zustimmen, würde sagen, ich habe recht, voll und ganz. Die ganze Unterhaltung wird ein einziges Theater. Und hier wird das ganze Leben ein Theater. Wir kennen uns alle, jeder weiß, wie der andere denkt: zum Beispiel, einer von den Linken unterhält sich mit einem Freund der Mafia über einen von der Mafia. Der fragt: „Was sagst du zu der Sache, die passiert ist?" Und der erste sagt: „Aber das ist doch nicht möglich, daß der Sowieso etwas Derartiges tut, das ist doch ein vernünftiger Mensch, ein guter Kerl." Der andere bohrt: „Man sagt aber dies, man sagt das", weil er wissen will, ob wir uns in dieser Sache auskennen, ob wir darüber Bescheid wissen, denn uns Linke betrachten sie als Verräter, als Spione. „Ach wo, du wirst sehen, wenn sie vor Gericht kommen, werden sie freigesprochen" – man stellt sich dumm. Von früh bis spät muß man aufpassen, wer einem in die Nähe kommt, damit man weiß, wie man antworten soll. Aber ist denn das ein Leben? Ein unaufhörliches Lavieren. Und dann sagt einer: „Warum vereinigt ihr euch nicht?" Die Erfahrung. In den Versammlungen, die wir mit Placido abhielten, war ein Verwandter von ihm, der hinterbrachte alles. Es ist wirklich eine schreckliche Vergeudung. Wenn ich nur ein falsches, gefährliches Wort sage, dann muß ich tagelang darüber nachdenken, wie ich diesen Fehler wiedergutmachen kann. Vergeudung von Energie, von Aufmerksamkeit, von Zeit, von allem: Tausenden, Zehntausenden geht es so. Wenn einer die Übereinkunft, die Spielregeln nicht einhält, wird er umgebracht, damit ist das Moralprinzip wiederhergestellt. Und da man bestimmte Sachen nicht schreiben kann, zählt ein Wort, ein Blick in die Augen.

Als Folge dieser Erscheinung werden die wenigen, die wirklich den Willen haben, etwas im Interesse der Gemeinschaft zu tun, gehindert, beseitigt oder erstickt. Und inzwischen verirrt man sich in einem Nebel aus Geschwätz, Geschwätz auf den Plätzen, Geschwätz im Regionalparlament, Geschwätz in den Gerichten. Und alle haben wir Angst, der eine zeigt es, der andere nicht, manche spielen die Mutigen, aber Angst haben sie doch. Wir sind gebrannte Kinder, und nicht nur von einem Mal. Sieh dich um, ob ein einziges Verbrechen an einem Gewerkschafter in Sizilien bestraft worden ist. Ich hatte Angst, als der Richter Marcatoio gekommen ist wegen der Vernehmungen über das Verschwinden von Rizzotto, daß das, was ich ihm sagte, gleich den Betreffenden bekannt würde. Begreifst du, was ich denke, während du gerade schreibst? Ich habe meinen Namen auf einer Seite bei dir gesehen. Wenn du jetzt zum Beispiel ans Telefon gerufen wirst und jemand bringt dich um, wenn die Polizei herkommt und sieht meinen Namen geschrieben, was passiert?

Placido hatte erkannt, daß in diesem Morast alles verweste. Das ist hier wie ein stehendes Gewässer: wenn ein Sumpf entsteht, verfault alles, Insekten keimen, und die Epidemie entsteht. Und die Fäulnis vergiftet alles. Er sagte: „Ich glaube nicht, daß wir hier immer Tiere bleiben müssen, die Zeit wird kommen, da werden die Leute die Augen aufmachen." Er wollte Bewegung, Entwicklung, dafür arbeitete er. Ich kann kein Urteil darüber abgeben: er ist gestorben, und wenn er gestorben ist, hat er sich geirrt, möchte ich sagen, nach meinem Gefühl. Wenn ich von einer anderen Seite her urteile, war das Ideal von Placido bewunderungswürdig, weil er mit ganzem Herzen im Interesse der Menschheit gewirkt hat. – Aber am Ende ist er gestorben, muß ich doch wieder sagen, die Wahrheit ist, daß sie ihn umgebracht haben. Sie hatten sich überlegt, ihn dort hineinzuwerfen, in die Grube von Roccabusambra, damit jede Spur verschwinden sollte, die Raben konnten dort den Gestank nicht riechen und darüber kreisen, denn sie war zu tief. Und sie hatten sich überlegt, daß sie ihn nicht im Ort ermorden wollten, um die Leute nicht gegen sich aufzubringen.

Es ist eine Lehre gewesen. Die Camera del lavoro ist schwer erschüttert worden, aber sie hat sich erholt und ist stärker als vorher geworden, als Placido da war, viel stärker. Aber als Ergebnis? Wir haben nichts erreicht. Die Leute sind auseinandergelaufen, sie sind uns nicht mehr gefolgt. Dieser arme Junge, warum ist er gestorben? Vielleicht denke ich so aus Egoismus, weil wir Freunde waren? Ich weiß es nicht. Wenn jeder der Bauern, die Placido gefolgt waren, einen Stein von hundert Gramm aufgehoben hätte, dann hätten sie diese paar Mafialeute vernichtet, aber das haben sie nicht getan. Als sie ihn umgebracht haben, sind alle verschwunden. Aber vorher hatten sie ihn gern, wenn er sich für die Einwohnerlisten einsetzte, wenn man Hilfe brauchte, wenn er sie bei der Aufteilung der Ernte verteidigte: da rannten alle zu Placido. Und er ging nicht einfach vorneweg, ohne sich um die Entwicklung der anderen zu kümmern, er brachte alle zum Reden, und wenn sich jemand nicht beteiligte, dann redete er ihm zu, forderte ihn auf, fragte ihn. Niemals wollte er nur nach seinem Kopf handeln: zuerst wollte er die Gedanken hören, die entstanden, wenn alle zusammenkamen.

Das ist meine Ansicht. Aber andererseits weiß ich, daß sie

falsch ist. Weil ich weiß, daß es ohne solche Leute keine Entwicklung geben wird. Ich weiß es nicht. Ich weiß, daß ich ihn gern hatte. Die Kinder sterben, und wenn sich einer rührt, um etwas zu ändern, bringen sie ihn auch um. Was sollen wir tun? Wenn ein Körperteil krank ist, dann wird der ganze Körper behandelt, das gesunde Blut, das kreist, heilt das Übel. Man kann nicht verlangen, daß ausgerechnet das kranke Glied sich selbst heilt. Finde ich. Ich weiß nicht.

Für mich wäre es ein Paradies, wenn man endlich leben könnte, ohne immer lügen zu müssen. Du denkst, ich bin ein Pessimist? Weißt du, wie es sich abgespielt hat? Nachmittags hatte Placido gearbeitet und war ein Stückchen spazieren gegangen. Gegen neun ist der Sowieso gekommen, den du kennst. Er versucht, ein Gespräch anzuknüpfen, fünf Minuten lang haben wir ihm nicht geantwortet, er kam uns nicht überzeugend vor. Er machte weiter Späße. Wir mußten einkaufen gehen. Wir entschuldigen uns. Er kommt mit. Dann gehen wir nach Hause. Er bietet seine Begleitung an. Wir können es ihm nicht abschlagen. Als ich an meinem Haus bin, gehe ich hinein, kein Gedanke daran, daß etwas passieren kann: ringsum sind Leute, überall. Von dort drüben folgen ihm zwei Männer, die in einem Café waren. Sie stoßen ihm den Revolver in den Rücken. Er bleibt stehen und fragt sie, was sie wollen. Sie sind mitten auf dem Marktplatz. Es ist März, die Tage sind schon lang. Es hatte nicht geregnet, die Leute waren draußen. Die Leute ringsum verschwinden vom Platz. Der Platz ist verlassen. Einige Türen schließen sich. Es bleibt ihm nichts anderes übrig, als ihrer Aufforderung zu folgen, vielleicht sagen sie ihm, es handele sich nur um eine Unterredung. Auf der Straße sind Leute, die sie sehen. Dutzende. Wo ist die Polizei? Fragezeichen. Niemand will etwas merken. Als sie bei den Stufen sind, die vom Corso Bentivegna in die Via Santo Rocco führen, sind da plötzlich noch zwei Männer, die auf ihn gewartet haben.

In diesem Moment begreift er, versucht zu entkommen, die Stufen rechts hinauf. Als er oben ist, werfen ihm zwei andere Männer Decken über den Kopf, packen ihn, trampeln auf ihm herum wie auf Weintrauben, schleppen ihn weg, werfen ihn in ein Auto, das zwanzig Meter weiter bereitsteht, und weg. Er schreit, ruft. Niemand will ihn hören.

Meinst du, daß es richtig ist, daß sich einer umbringen läßt für Leute, die nicht sehen und nicht hören wollen?

Das ist der Grund meines maßlosen Schmerzes: sie konnten ihn retten. Warum sind sie nicht hingerannt? Warum haben sie zugelassen, daß er umgebracht wurde?

Bastiano

Der ganze Dung des Dorfes geht verloren. Die Leute holen ihn aus den Ställen und werfen ihn vors Dorf, ringsherum. Da sind große Haufen, hier einer, da einer, wenn man ums Dorf geht, findet man überall Dung. Sie kommen aus Partinico, aus Alcamo, aus Mazara, mit Lastwagen, und holen ihn; auch aus Palermo kommen welche. Die Leute werfen ihn als Abfall hin, in großen Haufen rings ums Dorf, sie werfen auch Steine hin, Knochen, Hausabfälle, denn sie schätzen das alles nicht. Je nach dem Wind bringt das auch Krankheiten ins Dorf, Fliegen entstehen aus dem Dung, und wenn kein Wind ist, kommen sie bis an die Häuser, sie beißen nämlich, und die Leute fühlen sich, als hätten sie die Krätze. Und mit diesem Gestank im Dorf hat sich nämlich der Typhus entwickelt, verschiedene Kinder sind krank geworden, und dann ist da auch der Gestank vom Dorf selbst, denn die Abwässer fließen an den Häusern vorbei und berühren sie fast.

Der Mist kocht von allein und dampft, und wenn es regnet, dann sickert der Nährstoff raus. Und oft verbrennt dieser Mist, und es bleibt Asche übrig: weil die Frauen zu Hause Brot backen, und was machen sie mit der Asche und dem Kohlengrus, die zurückbleiben? Sie werfen alles in den Korb, vielleicht ein paar Wasserspritzer darüber, und bringen es, weil sie's so gewohnt sind, auf den Misthaufen. Und was passiert? In dem Kohlenstaub ist noch ein bißchen Feuer, das nicht erstickt ist, und das flammt wieder auf, und der ganze Mist brennt ab – aus Achtlosigkeit oder fehlender Klugheit. Das brennt zwei oder drei Tage lang, der Rauch, der Gestank, kommt ins Dorf, je nach dem Wind, woher der kommt. Manchmal von der einen

Seite des Dorfes, manchmal von der anderen. Und man atmet Gestank. So tun die uns einen großen Gefallen, die von außerhalb kommen und den Mist mit Lastwagen abholen, um uns im Dorf ein bißchen Sauberkeit zu geben. Die ganze Pisse, alles alles geht verloren. Als sie mich nach Deutschland geschickt haben, im Krieg, da hab ich gesehen, daß sie die ganze Pisse vom Vieh in Gräben sammeln, und dann haben sie sie in Fässer mit Rädern gepumpt, und wenn die Ochsen zogen, und vorne drauf der Mann wie ein Kutscher, floß sie aus dem Hahn auf die Wiese, und dann wässerten sie, und das Gras wurde so hoch, schön dicht zum Absicheln. Hier gibt es im ganzen Dorf fünf Karren, den von Pietrino Pizzo, von Gioacchino Messina, von Spadoro und von Roccolo. Und den von Francesco.

Diese Felder hier können sich nicht entwickeln, auch aus Wassermangel. Vom See Piana dei Greci fließt der linke Belice, vorbei an Aquila und Saladino, die sind wirklich in einer Wüste, dort können sich keine Gärten entwickeln, weil die Bewässerungskanäle fehlen: vom Flußaustritt aus dem See bis nach Menfi sind es Tausende Hektar Land, die Gärten sein könnten, aber nicht bebaut werden, weil das Wasser fehlt. Warum baut die Regierung den Staudamm am Bruca nicht? Wer weiß. Die Untersuchungen waren alle gut, ich weiß es, weil ich dort gearbeitet habe. Abgesehen von den vielen Quellen, den Wasserläufen aus den Bergen. Wenn der Winter regenreich, schwer ist, sieht der Fluß aus wie eine Meereszunge, die herunterkommt, und bei der starken Strömung, die dieses Wasser führt, können tatsächlich nicht einmal Boote hinüberfahren. Der Wasserlauf vom Berg des Ficuzza-Waldes vor allem, der Wasserlauf vom Berg San Giuseppe Jato, die linke Seite, die Wasserläufe von den Bergen von Corleone, Prizzi, Campofiorito, Contessa Entellina; und dann die rechte Seite, die Abflüsse von den Hügeln von Camporeale, von Roccamena und so weiter bis Menfi. Wenn es stark regnet – und ein Damm ist nicht da –, überschwemmt das Wasser das bebaute Land in der Nähe des Flusses, und der Fluß wühlt, er trägt das Erdreich weg, zuerst unterhöhlt er das Land, das heißt, er wühlt von unten, und dann, wenn das Land unterwühlt ist, gibt es von allein nach. Fünf Kilometer von hier ist das Hochwasser über die Ufer getreten und hat sich ein neues Bett gesucht, dabei hat es viel neues Land zugrunde gerichtet, und das alte Flußbett hat es verlassen, in dem man nichts anbauen kann, weil es nur aus Steinen besteht. Und der Fluß ist noch nicht fest. Weil es nämlich bewegliche Erde ist, weicher Sand, er löst sich im Wasser auf, und der Fluß verbreitert sich. Die Weingärten, die Schilfpflanzungen in der Nähe, trägt er sie nicht im ersten Jahr weg, dann allmählich im nächsten. Er nimmt alles mit und wird immer breiter. Und zur gleichen Zeit pflügen sie hier auf dem Hügel abwärts, weil sie die Lage nicht begreifen, denn so geht die fruchtbare Erde weg. Beim Abwärtspflügen bilden sich ja riesige Senken, so daß man von einer Seite nicht mehr zur anderen herübergehen kann. Aber wir wußten nicht, daß durch das Abwärtspflügen die fruchtbare Erde wegging.

Wenn am Bruca der Staudamm wäre, könnte das ganze Tal bis nach Menfi, alles unterhalb von Poggioreale und Salaparuta, ein wunderschöner Garten sein, es wäre kühl, und man könnte im Schatten arbeiten und essen, ein neues Leben. Überall Kühle, überall Grün, auch Orangen, der Boden, der jetzt eine Million kostet, würde vier oder fünf Millionen kosten. Ich sehe alles voller Bäume, auch blühende Orangen, wie wir sie in der Umgebung von Palermo haben. Ich bin Maurermeister, ich versteh nicht soviel von der Landwirtschaft, aber ich bin der Sohn eines Südfrüchtehändlers aus Palermo, verstehst du. In meiner Phantasie würde ich zwischen den Bäumen Häuser sehen, mit den Blüten kämen die Bienen, mit den Früchten ein strahlendes Rot, die Kinder könnten das Obst essen, das jetzt aus Neapel kommt und teuer ist, und manchmal ist es fast vertrocknet. Wie der Salat, den essen wir, wenn er schon ein paar Tage alt ist, dieses Zeug kommt hierher, wenn in der Stadt es nicht einmal mehr die Hunde fressen.

Hoch in den Bergen, an den steilen Hängen, müßte überall Wald sein und Mandelbäume, Pistazien, das ist ein Gewürz für Süßigkeiten, auch ein paar Weinberge, wo die Hänge nicht so steil sind, oder wo man Terrassen macht, große Stufen. Unten, wenn der See da ist, verändert sich alles: ein großer Garten, dreißig Kilometer lang, von Roccamena bis Menfi; und außerdem könnte man elektrischen Strom vom Staudamm haben. Mit dem Staudamm könnten die Frauen Arbeit bekommen, mit dem Gemüse. Wenn sie den Staudamm bauen würden, gäbe es auch Fabriken. Alles wäre ein Garten. Wieviel Weide – wie viele Rinder könnte man halten? Mindestens tausend bis tausendfünfhundert allein mit dem Gras in den Zitronenplantagen, man könnte die Körbe füllen und ein Milchparadies haben. Fünfundzwanzig oder dreißig Kilometer weit, den Weg des Flusses bis zum Meer, kann jeder, der etwas Land hat, zwei oder drei Stück Vieh halten und Milch im Haus haben. So ist die Frau daheim, im Haus, der Mann geht fort zur Arbeit, und die Frau holt Futter in der Nähe, macht den Korb voll und bringt ihn den Kühen, melkt sie, macht sie sauber. Sie hält ein Schwein, Tauben, Hühner. Und das Leben zeigt sich schöner, ein neues Leben, auch für die Frauen. Dann fahren Autobusse, Autos vorbei. Statt dessen: von hier bis Castelvetrano verlorene Erde, verlorenes Land: Korn und Lupinen. Wenn die Ernte vorbei ist, danach, ist alles öde. Es ist alles öde, man sieht nur ein paar Schäfer, ein paar Kuhhirten, die ihre Herde die Stoppeln abweiden lassen, da es nichts Grünes gibt. Die Kühe bleiben stehen, weithin, aber sie fressen nicht, weil kein Wasser da ist. Eine hört auf zu fressen, zuerst ein Kälbchen, dann eine andere, dann noch eine, alle stehen still, sie fühlen, daß ihre Kehle trocken ist, und sie fressen die Stoppeln nicht mehr, ihr Hals ist trocken. Und sie treiben sie weg und treiben sie gegen fünf Uhr wieder hin. Manchmal, in den heißesten Stunden im Sommer, setzen sich ihnen dicke Brummer unter den Schwanz, beißen sie, und die Kuh rennt mit aufgerichtetem Schwanz wild hierhin und dorthin, und der Kuhhirt hinterher. Die Männer sitzen auf dem Pferd und haben ein großes Tuch, das ringsherum von der Mütze runterhängt. Auch die Ziegen bleiben stehen, eine nach der anderen, sie recken die Hörner und schauen umher, ihnen vergeht die Lust zu fressen.

Es gibt einige wenige Streifen Grün an den Ufern des Flusses, die Tiere trinken das Flußwasser, auch der Hirt trinkt aus dem Fluß, weil er kein Trinkwasser hat. Und ab und zu sieht man einen, der sucht Frösche und Aale. Abends füttern sie diese Kühe mit etwas Heu und Kakteenblättern, wenn sie welche finden, und die Kühe sind fast vertrocknet. Und die Milch geht zurück und ist nicht gut wie die Milch im Winter für die Käseherstellung, so trocken ist sie, nicht so fein wie die im Winter, sie ist herber und schmeckt nicht so wie die andere.

Die Erde kriegt Risse, solche Risse, bei der starken Hitze; und sie trocknet bis in die Tiefen aus, und manchmal bricht sich auch ein Maulesel oder ein Rind ein Bein, sie rutschen mit den Füßen in die Spalten. Die Erde nimmt überall einen scharfen Geruch an, Geruch nach verbrannter Erde, und dann sieht man alles wie Gold flimmern über den Stoppelfeldern, und man atmet eine Luft, die einen erstickt; die Luft scheint sich zu bewegen, sie macht, ich weiß nicht, solche Wellenbewegungen. Und monatelang ist es kilometerweit so. Es gibt keine Bäume, es ist so öde, daß es den Augen weh tut. Wenn man unterwegs auf ein Stückchen Land mit Baumwollpflanzen trifft, dann erholen sich die Augen, wenn sie das Grün sehen. Ebenso, wo es ein paar Reben gibt, da erholen sich die Augen, wenn man auf der Straße an ihnen vorbeiwandert. Das Vieh, Maulesel und Pferde, drängt sich zusammen, um sich gegenseitig Schatten zu geben, eins ans andere; die Hirten unter Strohhüten, um keinen Sonnenstich zu kriegen. Die Pferde stehen zu zweit, Kopf an Schwanz, weil sie gewohnt sind, mit dem Schwanz die Stechfliegen zu verjagen, und eines hilft dem anderen, und sie schnauben, um die Fliegen zu verjagen. Auch die Hunde leiden verdammt und lassen die Zunge raushängen, lang wie eine Hand.

Die Ebene im Tal könnte ganz und gar verwandelt werden in eine große Aussicht auf Orangen- und Zitronenhaine, Gemüsegärten, Obstplantagen. An einer Stelle wird das Tal eng, aber gleich dahinter wird es weit, und wo sich die beiden Flüsse Belice treffen, bei Due Braccia, da ist die Ebene an manchen Stellen zwei oder drei Kilometer breit. Was kann ein Mann allein tun? Kann ein Bauer sich das Wasser vom Winter in einen Kanal leiten? Kann er den Staudamm bauen? Ein Mann allein kann keinen Staudamm bauen. Das müßte die Regierung tun, anstatt das Geld zurückzuhalten oder die Vergnügungen der Reichen zu unterstützen, die dort oben etwas zu sagen haben.

Und jetzt kauft man das Gemüse außerhalb, die Kartoffeln aus Neapel, die Bohnen aus Turin, Pfirsiche aus Neapel, die Birnen und Äpfel aus Norditalien, die Milch Marke „Stella" aus Lodi, die Butter aus Mailand, die Eier aus Belgien und Holland.

Wenn am Bruca ein Staudamm hinkäme, würde uns diese Erde alles geben. Was für Gemüse du auch pflanzt – alles gedeiht. Das hier ist eine heiße Gegend, wenn man nicht Wasser herbeischafft, vertrocknen alle Pflanzen. Alle Untersuchungen und Prüfungen sind gemacht worden. Die Regierung muß nur den Willen haben, den Staudamm zu bauen. Und hier könnte man Milliarden verdienen: ich habe mit den Ingenieuren gesprochen, die die Untersuchungen machten. Aber die Leute hier begreifen nicht. Diese Ländereien sind verloren ohne Wasser. Sie bearbeiten sie nur einmal, und wenn nichts wächst, tun sie nichts. Sie sagen, sie benutzen den Mist nicht, weil er die Erde verschmutzt. Sie verbrennen die Spreu, weil sie nicht wissen, was sie damit tun sollen. Wein bauen sie nicht an, denn wenn ihn einer allein anbaut, ernten ihn die anderen. Die Steine holen sie nicht raus, weil sie in dem einen Jahr den einen Bauern nehmen, ein anderes Jahr einen anderen Bauern, und darum setzen sie auch keine Bäume. „Ich gehe weg", sagt der, „soll ich einem anderen den Nutzen lassen?"

Abgesehen davon, manche Grundbesitzer haben zehn salme und kommen nicht überallhin und lassen die anderen arbeiten. Wenn jeder soviel Land behielte, wie er halten könnte ... nicht so, daß sie Samen hinwerfen, und dann sehen wir zur Erntezeit mal nach.

Die ganze Masse der jungen Leute brauchte Lehrstellen, aber nicht nur dem Namen nach, sondern richtige, wo man etwas von der Ausbildung versteht, damit sie zwischen achtzehn und fünfundzwanzig Jahren, auch jünger, etwas lernen können. Statt dessen sind diese Jungen sich selbst überlassen, sie lungern herum, spielen im Café Karten; statt morgens den Autobus zu nehmen, spielen manche schon im Café.

Wenn einer nichts zu arbeiten hat, nach der Ernte zum Beispiel, hat er nichts mehr zu tun. Man geht morgens raus, und wo soll man hingehn? Auf die Piazza, ins Café, man setzt sich, wer kein Geld hat, sieht beim Spiel zu. Du bringst mich zum Lachen, ich bringe dich zum Lachen, man schlägt die Zeit tot. Eine Stunde vergeht, zwei Stunden vergehen, man rückt seinen Stuhl mal so herum und mal so herum, wenn man müde ist zu sitzen, steht man auf, man spricht über eine Partei, über eine andere, es fehlt eine Pulverladung. Man spielt um eine Tasse Kaffee, in dieser Jahreszeit um ein Eis zu fünfundzwanzig, je nachdem. Dann geht man nach Hause. Manchmal schimpft die Frau, es gibt Krach, zu essen gibt es manchmal nichts. Brot, Zwiebeln, Tomatensalat. Und was tut man dann? Nichts. Man geht raus, ins Café, wenn man Geld hat, spielt man, hat man keins, sieht man wieder zu. „Du hast falsch gespielt, du mußtest den König nehmen, As, Trumpf..." – „Das geht dich gar nichts an, das ist nicht deine Sache." Und der erste sagt: „Ich rede, was ich will." Manchmal gibt's Raufereien, sie werfen sich die Karten ins Gesicht; aber das ist selten. Sie sagen: „Du bist ein Herumtreiber, immer sitzt du im Café, arbeiten gehst du nicht", und dann stiftet einer Frieden, und sie müssen sich die Hand geben. Dann sagt er: „Nur seinetwegen laß ich's dabei bewenden." Der Wirt sagt: „Euretwegen verliere ich noch die Lizenz!" Dann setzt er sich hin und guckt auch zu, weil sie kein Geld haben. Monatelang zwanzig, dreißig Leute und mehr in den Cafés, Hunderte jeden Tag. Einige gehen zum Bauernverband und sitzen dort. Und dann? Nichts. Immer dasselbe Lied, auf der Piazza spazierengehen. Wir wünschten uns ein anderes Leben, aber wo anfangen? Für mich ist die gebildetste, die geistvollste Zerstreuung die Jagd, weil man meist mit studierten Leuten verkehrt, mit Doktoren, Anwälten. Man lernt vieles, was man nicht weiß, und gut sprechen.

Ein Kind von acht, zehn Jahren hütet Schafe, Kühe, bei diesem Regen; das Kind ist klitschnaß, allein, den ganzen Tag steht es da und kriegt die Füße nicht hoch, weil sie so voll Schlamm sind. Bei den Kleinen geht es schon los, die haben schon Schwielen, und ihr Gang ist schief und krumm. Roccamena ist arm an allem, nur an Schwielen ist es reich. Man erkennt nicht, wie alt ein Kind ist. Es ist struppig, vernachlässigt, schwere Arbeit. Man weiß nicht, ob es ein Zwerg ist oder noch ein Kind. Hier, mein Junge, da weiß man, er ist elf oder zwölf, aber der dort, da weiß man nicht, wie alt er ist. Sie sind so heruntergekommen, weil ihr Vater sie nicht ernähren kann.

Hier kennen die meisten Kinder das Meer nicht; von der Rocca del Signore aus sehen es die wildesten, die oft dorthin gehn, um mit Steinen, mit Kakteenblättern zu schmeißen, um

Mandeln zu stehlen, bestimmt gehn sie nicht hin, um das Meer zu sehen. Und das Meer, dreißig Kilometer Luftlinie entfernt, ist verloren für diese Kinder, so wie es für uns verloren ist, als ob es nicht da wäre. Sie sind auf der Straße, mitten im Staub, und sie waschen sich je nach Familie, manche alle vier, fünf Monate im Waschzuber. Dieses Jahr haben sie fünfzehn Kinder ausgelost, die ins Ferienheim ans Meer fahren: sie haben Kärtchen mit den Namen der Kinder gemacht, und dann haben sie gezogen. Wer rauskommt, gewinnt in der Lotterie. Die Lehrer dagegen haben das Recht zu reisen, und viele kommen um neun an, dann frühstücken sie, und die Kinder sehen zu, wie diese Herren essen, vielleicht sogar Kekse vor ihren Augen, dann machen sie sich's bequem, und was man schafft, das schafft man, und sie fahren ab, kaum daß die Schule vorbei ist; und sie tauschen die Lehrer innerhalb des Schuljahres aus, mindestens die Hälfte des Jahres wissen die Kinder nicht, welcher Lehrer sie unterrichten wird, und so ist es in allen Dörfern hier, Jahr für Jahr. Und die Kinder verlieren Unterrichtsstunden. Auch die Luft, wieviel geht hier verloren: manchmal atmen die Kinder zusammen mit dem Maulesel, der Ziege, mit Vater, Mutter, Geschwistern, Hühnern in einem Raum ohne Licht, schändlich.

Das Register unserer Baustelle ist ein einziger Friedhof: überall Kreuze von Analphabeten. Und wenn man nicht Bescheid weiß mit den Akten in den Ämtern, muß man sich überall ausnutzen lassen ... Das ist wie bei einer Pflanze, die schon wenig trägt und auf der andere wuchern, wie bei der Bohne, auf die sich der Sommerwurz setzt und ihr die Nahrung aussaugt, und der Sommerwurz wächst, und die Bohne stirbt.

Bei den Wahlen war ich Wahlhelfer; um zu zeigen, daß sie durch die rechte oder die linke Tür gehen sollten, mußte ich bei einem guten Teil der Wähler sagen, damit sie begriffen: rechter Hand, linker Hand, aber trotzdem haben es einige falsch gemacht. Die Leute verstehen nicht, was eine Partei bedeutet, weil sie ihr Programm nicht kennen. Ein Teil des Volkes hat Vertrauen zu den Linksparteien, denn wenn ein Bedürftiger zu einem linken Abgeordneten geht und mit ihm spricht, dann ist es, als würde er mit seinem Bruder sprechen. Bei den anderen Parteien ist es nicht so, auch nicht beim MSI (Mussolini würde es tun, aber nicht seine Nachfolger) und besonders den Christdemokraten: den Christus, den sie in der Hand halten, benutzen sie als Werkzeug, um diese armen, unwissenden Leute zu täuschen, die von dem Gedanken an Jesus verzückt sind. Die Democrazia Cristiana häufte ja das Geld in den Banken auf und hungerte das Volk aus, und Milazzo, der einer von ihnen war, wußte, wo das Geld liegt, und nach dem Bruch mit ihnen hat er das Glück gehabt, selbst an der Macht zu sein, und er hat dieses Geld frei gemacht und für jedes verhungerte Dorf Geld gegeben, hat Baustellen eingerichtet, Arbeit gegeben.

Viele Frauen wählen insgeheim anders als ihr Mann, weil sie sich vom Priester täuschen lassen, sie sind noch unwissender als die Männer, die kommen ja wenigstens ein bißchen herum, während die Frauen immer drinnen sind; darum hat einer zur Stunde der Wahl seine Frau und seine Töchter zu Hause eingeschlossen. Vor den Wahlen ruft der Priester die vom „Zweifel" zusammen, so nennen wir die Brüderschaft der Unbefleckten, und auch die Brüderschaft vom Kreuz, und sagt ihnen, daß sie von Haus zu Haus gehen und die Leute überzeugen sollen, und sie weinen und sagen, wenn die anderen siegen, werden sie nicht mehr Herr über Frau und Kinder sein.

In Sizilien ist es an der Tagesordnung, daß man Angehörige verliert, ja. Und wenn sie der Familie nichts tun, tun sie es den Kühen, dem Vieh, aus Haß, Neid oder aus Eifersucht.

Gesellschaften können sich nicht bilden, einmal weil es an Vertrauen fehlt, zum anderen sind wir arm. Am Vertrauen liegt es, darum gehn die Leute nicht zusammen. Zum Beispiel, ich will zwei Millionen investieren: wenn ich hier bin, kann ich nicht dort sein oder dauernd bei den Geschäften dabeisein, dann denke ich, daß mich mein Teilhaber oder die anderen Mitglieder der Gesellschaft bestehlen können, eben weil ich nicht da bin. Also beschließe ich, für mich allein zu investieren, und oft habe ich Verluste, weil ich allein bin: zum Beispiel wenn ich Orangen aufs Festland schicken will, bin ich hier, dann kann ich nicht dort sein, bin ich dort, dann bin ich nicht hier. Manches kann man nicht machen, wenn man sich nicht zusammenschließt; und fast ein Teil von unserem Leben geht verloren, weil man kein Vertrauen in die eigenen Teilhaber hat, weil jeder für seinen eigenen Nutzen arbeitet und nicht für den Nutzen der Gesellschaft. Sie begreifen nicht, daß eine Gesellschaft auseinanderbricht, wenn sie nur für den eigenen Nutzen arbeiten. Es geht Leben verloren, weil man nicht zusammenhält, es geht Leben verloren, weil es keine Organisation gibt. Mein Vater exportierte Zitronen nach New York und London. Absender die Firma Randazzo, Empfänger Gebrüder Saitta. Einer Reihe von Händlern ließen die Geschäftspartner in Amerika ausrichten, daß die Ware verfault angekommen sei und daß der, der sie abgeschickt hatte, ihnen Kosten und Spesen ersetzen sollte. Darum eben können Gesellschaften in Sizilien nicht funktionieren. Heute kommt der vorwärts, der die Mittel hat und allein arbeitet. Wenn die Leute zusammenhielten und überlegten, was sie tun sollen, wäre Sizilien wirklich eine goldene Muschel. Wenn es Ehrlichkeit gäbe. Zuallererst Ehrlichkeit. Wenn einer nämlich ehrlich ist, geht alles gut.

Es ist eine einzige Unordnung. Bauern aus San Giuseppe Jato, die haben sie nach Capparrini geschickt, vierzig Kilometer von hier. Und Bauern aus Roccamena, denen haben sie in De Sisa, in San Giuseppe Land zugeteilt. Manche Bauern, denen sie so weit entfernt gelegenes Land zuteilen, verlieren zwei Arbeitstage in der Woche: von hier nach Marcanzotto, zum Beispiel, muß man über Monreale, weil die Wege im Winter nicht befahrbar sind, sie müssen einen Weg von zwölf und vier, also sechzehn Kilometern machen, das sind ungefähr dreißig Kilometer. Die Tiere sind müde, sie können sie nicht vor den Pflug spannen; sie müssen sie ausruhen lassen und sie Dienstag früh anspannen. Es gibt eine Menge Landstücke, die weit entfernt sind, bei der Zuteilung ging alles durcheinander. Wenn sie Kontakt mit den Bauern hätten, gäbe es nicht so ein Durcheinander.

Es ist eine einzige Unordnung, und manchmal auch verlorene Arbeit: zum Beispiel Capparrini hier unten. Und auch die anderen Dörfer, die sie nach dem Krieg gebaut haben: Saladino und Aquila, De Sisa bei San Cipirello, Marcanzotto hinter Camporeale, dann Modichella bei den Bergen von Alcamo, La Pietra weiter drüben, vor Camporeale. Es fehlt Wasser, Licht, mal ist ein Stück Straße gebaut, mal nicht, so wie hier. Im Augenblick liegt alles still, sie lassen alles so. Was wissen wir warum?

Ich weiß, warum ich herumgehe und Arbeit suche. Ja, die haben Milliarden ausgegeben. Diese Häuser nehmen dasselbe Ende wie die, die der Faschismus gebaut hat. Weil niemand dort wohnt, reißt einer eine Tür raus, einer reißt ein Fenster raus, die Dachziegel holen sie weg, jeder, der sich ein Haus baut ... mit einem bißchen Kalk baut man ein Haus. Auch die Steine holen sie dann, weil ja alles verlassen ist. Sogar die Steine, die auf der Erde liegen, holen sich die Bauunternehmer weg, um zu sparen.

Antonio

Mit dem Licht tauchen die Fische fast aus dem Wasser auf, den Kopf in der Luft, da stehn sie schön still, friedlich wie die Schafe, weil ihnen die Temperatur der Luft gefällt, sie stehn da schön still, fühlen gutes Wetter unter der Lampe, ganz genau wie wir, wenn wir im Winter um die Kohlenglut sitzen. Sie haben es so eilig, unters Licht zu kommen, sie schnellen beinah aus dem Wasser, sie machen Sprünge, um eher da zu sein, dann bilden sie alle einen Halbkreis, die Mäuler machen sie auf und zu, immer so. Aber da ist eins. In Sciacca zum Beispiel gibt es an die hundert Kutter, jeder mit sechzehn, achtzehn Mann, und jeder Kutter fährt abends raus, mit zwei oder drei Booten mit den Lampen. Alle haben zu tun, der holt die Kisten, der Petroleum, der steckt Gaze in die Lampen, Kohle, und um die Bomben legen sie Ton, damit sie auf Grund gehen, erst Steine und dann Ton, vier oder fünf Kilo, damit sie gleich auf Grund gehen. Die Bombe wird so gemacht: aus einem Paket Explosivstoff, das dreißig Dynamits enthält, nehmen sie zwei; man nimmt eine Blechbüchse, tut den Sprengstoff rein, gut zusammengedrückt, Lunte und Ladung; ein bißchen Ölpapier, und dann tut man etwas Tonerde obendrauf, damit das Wasser nicht an den Sprengstoff kann, und dann ringsherum Stein und noch mal Ton. Jeder Kutter hat ungefähr hundert von diesen Bomben, wenn er abends rausfährt, man weiß nie, wie es auf dem Meer geht, wie der Fang ist, und da nehmen sie viele mit. Wer nicht so reich ist, nimmt weniger mit, denn jedes Paket kostet 4 500 Lire.

Sie fahren los, das hängt von dem Weg ab, den jeder zurücklegen muß, sie suchen sich einen Platz an einer Stelle des Meeres. Wenn man allmählich die Fische hochkommen sieht, zwanzig, dreißig Zentner, denn man sieht sie alle mit dem bloßen Auge, alle dicht bei dicht, einer über dem anderen, manchmal so dicht wie Sand, dann wirft man diese Bombe. Wenn man diese Bombe wirft, dann sieht man die ganze Masse Fische oben schwimmen, benommen, betrunken, sie schlagen hin und her, die Rückengräte ist ihnen gebrochen, sie sind ganz weich, nicht schön fest wie die anderen Fische. Die in der Nähe der Explosion sterben und werden von der Strömung weggetrieben. In dieser ganzen Masse sind die Kleinen, die sterben alle, und sie treiben mit der Strömung ab, wenn sie tot sind.

Die Menge, die zerstört wird, ist viel größer als die, die man fängt, auch weil die kleinen Fische zuerst sterben und nicht mehr groß werden. Entschuldige, wenn du hier eine Bombe wirfst, nur einmal als Beispiel, dann kommen sicher die großen Leute eher davon, die kleinen sterben alle. Du mußt dich an die einfache Praxis halten. Wenn du nun hundert von diesen Kuttern siehst, dann töten die mindestens vierzig, sechzig Zentner in einer Nacht, rechne dir aus, wieviel das ist. Manchmal töten sie von einem einzigen Kutter aus Hunderte von Zentnern. Wenn wir, ich beziehe mich da manchmal auch mit ein, wenn man diesen Sprengstoff ins Meer geworfen hat, ist auch das Wasser mißhandelt, und die Fische kommen nicht mehr unter die Lampe. Weil das Wasser trübe wird, vom Grund treibt es den Schlamm hoch, man sieht die Spur der Lunte bis zum Grund, sie brennt auch im Wasser, dann macht es so: aauuuh..., es gibt keinen Knall, es macht so: aauuuh; die weit weg sind, hören einen ordentlichen Knall, aber wer nahe dabei ist, hört nur dieses Aauuuh, das Wasser, das auseinandergeht, weil die Kraft der Bombe unten das Wasser, den Schlamm und alles nach oben wirft, die Fische fliegen alle durch die Luft, und dann gehen sie unter, und dann, wenn sich das Wasser geklärt hat, sieht man alles, die, die mit der Strömung abtreiben, den Rücken gebrochen, zerfleischt, und die großen, die völlig betäubt sind, mit kaputtem Rücken, die nahe beim Licht bleiben wollen, sie haben nur noch ein bißchen Leben in sich und machen so, sie gucken, sie sterben schon und versammeln sich um das Licht, weil sie das Licht immer lieben, im Dunkeln sehen sie auch, aber sie lieben das Licht; wenn es dunkel ist, kommen diese Fische alle zu einem Haufen zusammen, denn diese Fische sind geboren, um zusammen zu wandern, und vielleicht haben sie mehr Angst im Dunkeln. Auch wenn ich ans Boot schlage, so, schwimmen sie nicht weg, weil sie's lieben, ihr Rückgrat ist gebrochen, genau wie bei einem Menschen, das Rückgrat gebrochen und betäubt, und immer noch zufrieden, noch im Licht zu sein. Dann wirft man das Netz aus und holt es ein. Betäubte und tote, die man nicht fängt, sind viele, viele, auf dem Grund, an den Seiten, überall sieht man tote Fische. Auf fünfzig Meter sieht man tote Fische, dann sieht man sie nicht mehr, sie treiben ab mit der Strömung, denn wir liegen vor Anker, zwanzig Faden tief.

In der Nacht sieht man die Fischkutter vorbeifahren, dieser fährt dahin, dieser dorthin, dieser landeinwärts. Am Ufer hört man aauuuh, aauuuh; unter dem Boot macht es ciauh, manchmal ist es, als geht das Boot auseinander, wie wenn dich ein Fisch angreift, wie wenn ein Hai auf das Boot losgeht, wie ein Raubtier, das im Schatten losspringt, er sieht etwas Weißes und schwimmt draufzu, er meint, es ist ein toter Fisch, ein Hund, ein Mensch, und er schwimmt mit offenem Maul draufzu. Hier in Selinunte hatte ein Hai den Russo Francesco angegriffen und das Boot mit dem Maul erfaßt, und die Zähne blieben im Boot drin, im Holz steckten sie: einer heil, ganz, und die anderen zerbrochen. Zwölf oder dreizehn Zentner muß der gewogen haben.

Manchmal wird diese Bombe auch wegen der Delphine geworfen, denn wenn die die Fische sehen, gehen sie auf das Netz los, um es zu zerreißen, sie fressen alle Fische auf; oben, oberhalb des Wassers, und das betäubt den ganzen Golf, und die Delphine reißen aus; das Fleisch vom Delphin ist wie Menschenfleisch, man kann es nicht essen; sind wir nicht ganz und gar aus Öl? Ein bißchen Blut, ein bißchen Fleisch: was bleibt? Alles Öl. Beim Delphin, da machst du so, ein Messerschnitt, und das blutet, er verliert zehn Liter Blut; und wir, wie sind wir zusammengesetzt? Blut und Öl, es bleibt wenig Fleisch. Die Fische dagegen, die sind, wie sie sind, die bluten nicht.

Hundert Kutter und dreihundert Boote, wenn nicht Vollmond ist. Jeder Kutter an die zwanzig Bomben pro Nacht, sechs je Lampe, rechne dir aus, es sind achtzehn. Ein Durchschnitt. Aber sie werfen auch viel mehr. In Terrasini ist ein Mann mit allen seinen Söhnen in die Luft geflogen, und sie sind alle umgekommen. In Mazara ist einem die Sprengladung in der Hand explodiert, und die ganze Hand ist ihm weggeflogen, so, abgerissen. Die ganze Brut stirbt, da bleibt nichts, auch nicht der Laich auf dem Grund, alles, alles, was klein ist, stirbt, auch die, die aus den Eiern kommen sollen. Wir mit den kleineren Booten, wenn die Kutter die Bomben werfen, da geht der Fisch erschrocken zum Grund, nach einer halben, dreiviertel Stunde will er zurück zum Licht, und da geht eine andere Bombe los, und er geht wieder auf den Grund, der Fisch. Und wir können nicht fischen. Die Küstenpolizei sagt, daß keine Bomben mit an Bord genommen werden dürfen, sonst beschlagnahmt sie das Boot, sagt sie. Manchmal kommen sie an Bord und durchsuchen die kleinen Boote. Aber bei den Kuttern, bei den großen Tieren, da machen sie keine Durchsuchungen, oder, bestimmt, sie einigen sich untereinander.

Wenn es manchmal keine Strömung gibt, dann bleiben auch die kleinen getöteten Fische im Netz, und die werden dann wieder ins Meer geworfen, man kann sie nicht verkaufen, wenn du sie in die Hand nimmst, sind sie wie Gummi, wie Schlamm.

Ich kenne den Fischfang aus Terrasini, Trappeto, Castellamare. Dort benutzen sie keine Bomben oder wenig, sie zerstören das Meer nicht mit Bomben, wie sie es hier zerstören, dort sehen sie einen Zentner Fisch, solche Fische, und sie werfen die Bombe, Fische, die man in ganz Italien ißt, aber nicht viel wert. Aber aus Palermo kommen Kutter, die fischen die Brut, mit Netzen, die raustina heißen, die sind ganz dicht, das Wasser kommt kaum durch, wie Leinewand; die Mutter hat diese Kinder, die Brut, und sie töten sie klein, man nennt sie die Nackten, weil sie nackt sind, wenn sie klein sind, wie eine Nadel, ohne Schuppen. Und sie holen alle heraus, so klein, wie sie sind. Und so geht der Fisch verloren, denn er kann nie wachsen. Dieser Fisch fehlt nun. Es gibt auch die Schleppnetze, die die Nackten und die Neugeborenen wegfangen, die zu klein sind und nicht wachsen, weil sie sie umbringen. Und für uns bleibt wenig Fisch, der Fisch geht verloren. Es gibt die kleinen Krebse, winzige Krebse, und weil die nicht mehr da sind (denn wo dieses Netz durchgeht, ist es, wie wenn es brennt: wenn sie hier Feuer legen und dort Feuer legen, wohin soll ich fliehen?), finden die Fische diese Nahrung nicht mehr, das Meer gefällt ihnen nicht mehr, sie suchen sich eine andere Stelle, die Fische, weil sie nichts zu fressen finden.

Hier in Marinella sind wir an die sechzig Boote. Die Küste hier, die kenne ich, bis nach Mazara, Marsala, Trapani; Fischausrottung gibt es viel, sie benutzen Kalisalz. Am schlimmsten ist es in Mazara. Das mit dem Kalisalz machen sie so: hier werfen sie das Netz aus, dann fahren sie so herum, werfen das Kalisalz und holen alle Fische heraus, die da sind, denn sie können weder oben noch unten raus, und monatelang kommt hier kein Fisch her wegen des Gestanks. Wir riechen ihn, aber der Fisch riecht ihn noch viel mehr, es ist wie ein Giftgas. Wenn ich diese Asche hier reinwerfe, riechen wir nichts; das ist ein Fleckmittel, um Flecke zu entfernen, es ist etwas Schreckliches für die Fische. Viele Monate lang kommt nicht ein einziger Fisch mehr her. Es müssen erst einige Unwetter kommen, um den Gestank zu vertreiben. Zuerst legt man das Netz aus, dann wirft man dieses schlimme Zeug ins Meer, es sind solche Stücke, Stückchen, dicker als eine Tablette, wenn wir Kopfschmerzen haben. Nach wenigen Minuten lösen sie sich auf, und das Meer wird ganz weiß, von dem Kalk, und sie kriegen rote Augen und wissen nicht mehr, wo sie hinschwimmen. Bei den Bomben, da kommen die Fische zwei oder drei Tage lang nicht wieder, aber bei dem Fleckmittel vergehen Monate, und die Fische kommen nicht wieder, wenn gutes Wetter ist. Wenn ich es auf diesem Stück Meer einmal mache, dann kann das ganze Dorf nicht mehr leben. Sie machen es erst da, dann dort und zerstören die gesamte kleine Fischerei. Von Partinico bis Castelvetrano sind es einhundertzwanzig Kilometer Landweg. Auf dem Meer sind es zweihundert Kilometer voller Unordnung. Wenn man es von weitem sieht, erscheint alles wie eine große Stadt in Festbeleuchtung; für die Leute, die vom Ufer aus gucken, sieht es schön aus, und dabei ist alles eine einzige Unordnung. Von weitem, so wie ihr es seht, erscheint es wie ein wunderschönes Fest auf dem Meer, und dabei ist es, als schneiden wir uns gegenseitig die Kehle durch, der eine schmeißt Bomben, und ich kann nicht arbeiten. Alle die umgebrachten Fische, alle diese Fische mit gebrochenem Rückgrat, jede Nacht Hunderte, Tausende Zentner verloren, Schätze, die man im Meer zerstört. Es gab Hunderte von Booten, die hierherkamen, die alle in diesen Golf vor Selinunte kamen, und heute regen sich viele, viele Fischer nicht mehr von der Stelle, weil das Meer hier jetzt kaputt ist, und heutzutage suchen sie nach einer anderen Arbeit.

Wenn hier einer stirbt, wird ihm bis zum Bahnhof das Geleit gegeben (nämlich hier in Marinella, in Selinunte, gibt es keinen Friedhof, man bringt sie nach Castelvetrano), alle Fischer; wir Fischer sind alle befreundet, wir sprechen den Angehörigen unser Beileid aus: „Er war ein guter Mensch" – so zum Beispiel –, „schade um ihn, er hätte noch auf dieser Erde bleiben können." Dann gehen wir wieder an unsere Arbeit im Hafen, und alle sprechen wir von diesem Toten, und drei Tage lang fahren wir nicht auf Fang. Und die am meisten trauern, ein naher Verwandter oder ein Nachbar, der sorgt acht Tage für das Essen der Familie.

Sicher, man muß sich durchschlagen.

Wenn die Leute nichts verdienen können, um die Familie zu ernähren, was tun sie? Sie versuchen irgendwie zurechtzukommen. Auch in Gela, in Segesta und Solunto, in Agrigento zum Beispiel, suchen die, die keine Arbeit haben, in den Gräbern. Nachts, man ist ganz betäubt da drinnen, man sucht etwas, man versucht zu sehen, was es da drinnen gibt; den Leichnam belästigt man nicht, was hat der mir denn getan? Ich stehle ihm, was er hat, und gehe weg. Ich kriege Angst, wenn ich einen Arm erfasse, und warum soll ich diesem Menschen auch einen Arm wegnehmen? Da ist eine Platte unter ihm, wo er liegt, eine an der Seite, eine andere an der anderen Seite, eine am Kopf und eine an den Füßen, und darüber eine, ordentlich draufgedrückt, so daß keine Luft hereinkann. Das Skelett, das findet man manchmal fast unberührt, die Sachen dagegen sind nicht immer unberührt. Sie taten zwei Flaschen rein, zwei Amphoren, mit gemalten Figuren drauf, Öllampen, ein paar Tassen, Schmuckkästchen, sicher, da gab's den Reichen, und da gab's den Armen, sie taten Krater rein, so nennen sie die; Statuen; Ringe aus Silber; Obstschalen; Armbänder aus Bronze, ich hab immer nur welche aus Bronze gefunden; und ich hab Ringe aus gebranntem Ton gefunden. Man kriecht rein, zwei Meter unter die Erde, mit der Taschenlampe, natürlich hat man ein bißchen Angst, manchmal macht man's allein, man findet ein Skelett, und da muß man Mut haben, es anzufassen. An manchen Stellen fahren Traktoren drüber und holen Gräber raus; in der Nähe von den Begräbnisstätten, da gibt es Tausende von Gräbern, alle verlassen. Es gibt Königsgräber und Gräber, die wenig wert sind. Man sieht es, wenn ein Grab schön gebaut ist, und man sieht es, wenn ein Grab schlecht gebaut ist. In einem Grab findet man viel, im anderen nicht mal 10 000 Lire. Es gibt wirklich wundervolle Sachen, Reiter, die miteinander kämpfen, Hunderte von Menschen leben von den Gräbern.

Natürlich, wir haben alle einen Traum, ich träume, daß ich dort einen Schatz finde, aber anstelle eines Schatzes finde ich viele kleine Amphoren, viele Sachen, wer von diesen Sachen nichts versteht, macht sie kaputt, wenn er ahnungslos ist und immerzu meint, er muß den Schatz finden. Während einer Ausgrabung kann ich ein Grab oben, eins darunter, noch eins darunter feststellen, denn es sind sieben oder acht Gräber übereinander. Wenn also jetzt einer da runtersteigt, was macht er? Er gräbt, bricht durch und ist da unten. Zauberei, das ist die Angst, die einen packt, wenn einem der Boden unter den Füßen wegbleibt. Einer, der wenig Mut hat, der sagt, wenn er stürzt, daß es Zauberei war, und haut ab. Er kann das Loch überhaupt nicht sehen, so durcheinander ist er, aber wenn er dann Erfahrung hat, erschrickt er trotzdem, weil darunter ein anderes Grab ist, so groß und so hoch wie ein Zimmer. Der erste, der starb, den begruben sie unten, in dem Zimmer unten, da gruben sie beispielsweise acht Meter tief, dann machten sie das nächste darüber, dann alle anderen, vier, fünf, sechs, sieben, acht Gräber, bis es nur noch zwei Meter sind, oben.

Man arbeitet mit kleinen Eisenschaufeln, mit Stahlpicken, denn die Platten sind sehr dick. Wenn man oben draufschlägt, um ein Loch zum Reinkriechen zu machen, findet man den Leichnam nicht mehr ausgestreckt, wie er war, man findet ihn verändert, weil sich der Leichnam durch die Schläge von oben bewegt, und wir haben den Eindruck, daß sie diese Leichname lebend begraben haben. Ich habe niemals Kleidungsstücke gefunden oder ein unbeschädigtes Skelett. Seit zehn Jahren führen die Leute dieses Leben. Wenn man dort reinkriecht, ist es zum

Umkommen heiß, es war so viele Jahre verschlossen, da muß diese Hitze jetzt größere Kraft haben: wenn wir aufmachen, dann lassen wir es erst ein bißchen atmen, fünf Minuten, bevor wir reinkriechen. Man macht ein einziges Loch, dann schaut man mit der Taschenlampe rein, man schaut nach, wie tief es ist, und dann läßt man sich runter.

Wenn ich in ein Grab steige, sage ich mir manches Mal: Warum muß ich dieses Wesen bestehlen, wo ich nicht mal weiß, wer es ist? Man sieht, ob es eine Frau ist. Wie näht meine Frau? Mit einer Nadel. Und ich finde da Nadeln, Fingerhüte zum Nähen. Das war eine arme Frau, muß ich denken. Wenn ich dort reinkomme, ist mir, als wäre ich im Grab. Wenn ihr Mann käme, was würde der tun, wo ich seine Frau bestehle? Der Geist von ihrem Mann. Er würde uns ins Grab bringen. Angst haben wir, aber wir glauben nicht dran, daß dieser Geist kommt. Dann, wenn einer den Weg findet, um in die Gräber zu kommen, herrscht überall Neid. Also der eine geht hin, und der andere macht sich auch auf den Weg. Und während der eine dort bei der Arbeit ist, sieht er einen anderen auftauchen: daher kommt das Erschrecken. Das ganze Leben ist ruhelos, man ist in ewiger Angst. Und dann ist es einer wie ich, ein Arbeitskollege. Aber jeder arbeitet für sich. In vier, fünf Stunden Arbeit kann man einen Sack vollkriegen. Je nachdem, wie beim Fischen.

Zuerst sind da die Traktoren, die die Erde umwühlen. Weil wir ja nun Erfahrung mit den Gräbern haben und uns auskennen, gehen wir mit den Schaufeln hin und prüfen diese Gräber. Und auch das Amt, von der anderen Seite. Aber das Amt, was kann das finden? Es findet das wenigste, albernes Zeug. Es kann nichts finden. Wir haben ja mehr Erfahrung als das Amt, und wir sind vor ihm da, das ist ganz einfach. Ihnen ist das egal, die Gräber, die Toten, die Sachen. Das Amt pfeift auf die Toten und auf die Lebenden. Und wir sorgen für unsere Kinder, wir kaufen Netze, richten die Boote her.

Diese Arbeit, die ich nachts mache, möchte ich am Tag machen, denn jetzt hab ich Erfahrung, und die Sachen, die ich finde, der Regierung geben. Alles, was man findet, statt daß man es an Amerikaner, Franzosen, Deutsche und Engländer verschleudert, der Regierung geben, und sie müßte mir den Arbeitstag bezahlen, und es wäre für alle beide vorteilhaft. Das ist ganz einfach.

Santuzza

Jetzt kann ich nicht Ähren lesen gehn, weil ich keine Brille habe, keine Arbeit kann ich mehr tun, von weitem sehe ich nichts, von nahem sehe ich ein bißchen. Jedes Jahr hab ich Ähren gesammelt, überall auf den Feldern, um drei Uhr morgens ging ich los, je früher ich losgehen konnte, desto mehr konnte ich sammeln. Mein Rücken wurde krumm und lahm vom tagelangen Bücken, aber wenigstens konnte ich ein bißchen Korn fürs Essen zusammenbringen. Im Winter, was sollte ich da machen? Seit vierundzwanzig Jahren bin ich Witwe, manchmal, da gab's wenig, manchmal, da gab's viel. Wenn der Weizen große Ähren hatte, konnte man acht Kilo Körner sammeln, wenn er dünne Ähren hatte, sechs, fünf Kilo. Im Dorf haben wir mit Knüppeln draufgeschlagen, damit die Körner herauskamen, dann haben wir es von der Spreu getrennt, wir hoben es mit den Händen hoch, wenn Wind war, wir haben es gesiebt, und der Schmutz fiel durchs Sieb, und die Körner blieben schön sauber zurück.

Ich hab's dieses Jahr versucht, und ich kann nicht sammeln. Vier Tage bin ich gegangen, ich sehe nichts, ich habe nichts nach Hause gebracht. Ich seh Stroh, Stoppeln, einmal hab ich mich so tief gebückt, weil ich sehen wollte, ob zwischen den Stoppeln Ähren lagen, daß mich die Stoppeln ins Auge gestochen haben. Es ist schon ungefähr ein halbes Jahr her allmählich, als hätte mich einer geschlagen, so wie nach einem Fausthieb aufs Auge. Ich hab die Leute von weitem nicht mehr erkannt. Ich möchte die Augen reiben, ich mache so, putze sie mit dem Tuch, um sie blankzukriegen, aber es ist, als wären sie immer neblig. Hier, wenn hier eine kein Geld hat, dann bleibt sie allein, sie sitzt im Haus. Wenn ich Korn sammeln könnte, könnte ich es verkaufen und mir eine Brille kaufen und arbeiten. Fast einen Monat lang könnte ich Ähren lesen. Ich könnte Tomaten pflücken gehen, die Wintertomaten. Und anderes machen. Wenn ich arbeite, habe ich Geld, ich kaufe eine Brille und arbeite. Wenn ich's nicht habe, nichts, ich sitz zu Hause. Sie sagen zu mir, daß mit der Brille das Augenlicht wiederkommt, es ruht sich aus.

Hier herum sind wir alle arm. Wen soll ich drum bitten? Meine Tochter, die verheiratet ist (und ihr Mann ist jetzt nach Frankreich, denn er hatte keine Arbeit), wenn sie das Geld hätte, die würde es mir geben. Soll ich sagen, sie soll's mir geben? Wenn sie noch unverheiratet wäre... Jetzt, wo sie verheiratet ist, ist es da richtig? Hilfe hat mir das Kind nicht geben können. Ob ich's dem Priester erzählt habe? Was weiß ich denn, ob der damit was zu tun hat. Der ECA? Wer ist dieser ECA? Ich weiß nicht, was das ist. Der Bürgermeister? Schon als ich Medikamente brauchte, hat der mir gesagt, daß er kein Geld hat. Nach den Augen muß die Brille gemacht werden, man muß nach Palermo fahren. 800 Lire der Autobus für mich allein, wenn meine Tochter mich hinbringt, 1 600. Dann das Geld für die Brille, ich weiß nicht, wieviel die kostet. Ich hab nie eine gekauft. Sie sagen, sie kostet 10 000 Lire. Einer, der den grauen Star gehabt hat, sagt, wenn sie sie aufsetzen, die kostet 8 000 Lire, 10 000 Lire, ich weiß nicht. Ich bin durcheinandergekommen. Wenn ich esse, dann ist mir, als würden meine Augen besser, froher.

Der Abgeordnete Calò

Im allgemeinen gibt es eine Schicht Lumpenproletariat, dann das Proletariat und die Überentwickelten in einer Gesellschaft, die keine Vereinigung mehr braucht, die, da sie frei ist vom Bedürfnis, schon jegliche Form der Notwendigkeit der Organisation überwunden hat. Aber hier sind wir in Sizilien, ohne die Überentwickelten. Auch den kleinen Adligen dieses Gebiets betrachte ich als ein Lumpenproletariat, weil er sich nicht in diese Gesellschaft integriert hat.

Sehen Sie, es gibt keine Organisation, oder sie ist zu klein, auch nicht bei den Gewerkschaften: zur Coltivatori diretti zum Beispiel geht man, um Dünger zu erhalten, um eine Unterstützung zu erhalten, um etwas zu bekommen.

Wenn es nach mir ginge, dürfte es die CISL, die UIL, die CGIL, die CISNAL und so weiter nicht geben, sondern die unpolitische, parteilose Gewerkschaft. In denen allen ist der Wurm drin, es fehlt die Reife, weil die Bildung fehlt, das heißt, weil die Schule fehlt.

Genossenschaften habe ich zu Dutzenden gegründet, zu Dutzenden; ich, ich habe ans Genossenschaftswesen geglaubt, aber praktisch sind sie alle fehlgeschlagen.

Religiöse Organisation? Das ist etwas anderes. Ich bin Katholik, wenn mir meine Eltern die religiösen Gefühle eingeimpft haben. Die Religion kommt aus der Überzeugung, aus der Tradition, während die Organisation hier keine eigene Tradition hat: in Sizilien leben nur Klientelformen.

In die Parteien gehen neunzig Prozent, weil die DC sagt: „Ich garantiere dir dies", die PCI sagt: „Ich garantiere dir das", die anderen Parteien sagen: „Ich garantiere dir jenes." Also wer eintritt, wartet ab, bis er urteilt und eine Meinung hat; der formale Beitritt ist eine Sache, der inhaltliche Beitritt eine andere. Wenn einer nichts erreicht, wechselt er über, er geht von einer Partei zur anderen, springt ab; wenn einer seine Wünsche nicht sofort erreicht, geht er sofort zu einer anderen Partei oder Organisation, weil er in Not ist. In der Überentwicklung herrscht die Freiheit vom Bedürfnis, hier nicht.

In dieser Ökonomie des Großgrundbesitzes hat der Mensch seine Mentalität des Großgrundbesitzes, nämlich individualistisch, anarchisch und also absolut ohne Organisationsgeist. Warum? Auf dem isolierten Großgrundbesitz ist der Mensch isoliert. Das sind meine eigenen Gedanken. Höchstens kommt man bis zur Familie, was noch keine soziale Struktur ist. Das Zusammensein in den Dörfern ist nur ein Naturinstinkt, der sich nicht entäußert, sie übertragen ihn nicht in die Wirklichkeit.

Meine Tür ist offen. Zum Abgeordneten Calò kann man kommen, wie man will, wann man will. Er verlangt nicht, daß man sich zu einer Farbe bekennt, für mich sind die Wähler alle gleich. Meine Wähler sind eine Art Regenbogen. Wenn einer zu mir kommt, bedeutet es, daß er in Not ist. Auch wenn ich nur zu ihm sage: „Ich meine es gut mit dir", ist er erleichtert.

Auch die Post, ich lese alles persönlich, und ich verteile dann alles, ich sage den Sekretären, was sie tun sollen.

Meine Wählerschaft besteht aus Bauern, besonders aus Kleinbauern, aus Maurern – die sind leider wenige –, Handwerkern, aber vor allem Lawinen, Lawinen von Bauern, einundachtzigtausend Stimmen. Und zu diesen einundachtzigtausend muß man weitere einundachtzigtausend hinzufügen, die sagen, daß sie für mich stimmen werden, und dann nicht für mich stimmen: „Ich gebe dir meine Stimme, und du mußt dich an mich erinnern."

Es gibt keine Kundgebung der Partei, auf der ich nicht spreche, es gibt keine Kundgebung der Coltivatori diretti, auf der ich nicht spreche, in der Wahlzeit schaffe ich in sechs Wochen hundertfünfzig Versammlungen, sie nennen mich den Wahlbomber, drei Versammlungen pro Tag, dazu alle die nicht öffentlichen Sitzungen. Sie nennen mich den Wahlbomber. In normalen Zeiten mache ich jede Woche mindestens eine Versammlung. Heute habe ich gesprochen, morgen werde ich in Palermo sprechen, übermorgen werde ich in Bari sprechen, am Tag darauf werde ich in Rom sprechen.

Ein Straßenkehrer

Schön ist sie, sehr schön, aber schmutzig ist sie. Schmutzig am Rand, aber auch im Zentrum, je nach der Lage. In der Via Maqueda, da hält sie sich sauber; in der Via Roma oder in der Via Libertà hält sie sich sauber. Aber schon in der Via Carini ist sie schmutzig, und fast der ganze Rest der Stadt ist schmutzig.

Dies ist eine Stadt, die – außer den Arbeitern – spät aufwacht. Um vier, um fünf regt sich nichts. Gegen sechs fangen am Stadtrand ein paar Straßenhändler an, der eine verkauft Besen, der andere Grünzeug, ein paar Körbe kommen am Seil von den Balkons, die Kuhhirten ziehen mit den Kühen umher und verkaufen Milch, allmählich füllen sich die Autobusse, gegen sieben machen sich die Bauarbeiter auf den Weg zur Arbeit, auch mit Fahrrad und Motorroller. Die Masse von uns fängt halb acht an.

Wenn mein Bezirk hier ist, und ich muß weit bis zum Abladen, dann brauche ich eine Stunde, um hinzukommen. Wenn ich wieder hier bin, ist soviel Müll da, wie ich vorher schon weggeschafft habe. Stellen Sie sich vor, ich fege hier, das ist mein Stück, in der Zeit, in der ich mein Stück mache, haben sie hinter mir schon wieder den Müll hingeworfen. Zurückkehren und alles aufsammeln kann ich in der Via Maqueda, an den Stellen im Zentrum, wo die Herrschaften sind. An den zweitrangigen Stellen, wie Piazza Capo oder Piazza Garraffello, wo es sich einem sträubt wie bei einem Igel, da muß ich immer weiter, vorwärts.

Manchmal, wenn das Auto nicht zurückkommt, dann lassen wir den Müll auf einem Haufen auf der Straße für den nächsten

Tag, man muß ihn immer an die ärmste Stelle werfen, vor die Füße und vor die Nase der ärmsten Leute.

In der Gasse von der Piazza Bandiera zur Via Napoli, im Zentrum, kann man oft nicht treten: die Luxusgeschäfte aus den Nachbarstraßen werfen ihre Abfälle in dieses Gäßchen. Hier kommen die Leute her und holen sich Kartons und die anderen Sachen, die sie gebrauchen können, die Abfallwühler, sagen wir dazu. Viele arme Straßen im Zentrum werden Müllplätze.

Die Stadtverwaltung gibt der Firma Vaselli die Konzession, aber die will sparen und mehr verdienen und ist nicht ausgerüstet für diese Leistungen und bringt nicht die nötige Leistung. Man muß so was fühlen, darum geht es. Wenn das Auto zu uns an die verschiedenen Stellen kommt, um den Müll abzuholen, nämlich wir fangen morgens um halb sieben an zu arbeiten, und viertel, halb acht ist die Mülltonne schon voll. Und man muß warten, bis das Auto kommt, um zum erstenmal abladen zu können. Das Auto kommt viertel, halb neun, und wir laden ab. Während das Auto dasteht und wartet, geht der Straßenkehrer wieder los und füllt seine Tonne. Wenn er zurückkommt zum Abladen, lädt er ab, wenn noch Platz ist im Auto, sonst bleibt er dort an Ort und Stelle eine Stunde lang, anderthalb Stunden oder zwei, weil dieses Müllauto weit fahren muß, um den Müll abzuladen, und zurückkommen muß. Wir bleiben dort sitzen und warten, bis das Müllauto wiederkommt. Die Mülltonnen sind nicht gestrichen voll und fest verschlossen, auf den Müll häufen wir noch Säcke mit Müll, weil wir aus lauter Liebe den Müll aus unserem Abschnitt, von jedem einzelnen Straßenkehrer, wegschaffen wollen.

Nun gibt es noch eine andere Geschichte: heute hab ich Ruhetag, und an meiner Stelle müßte mich ein anderer vertreten. Statt dessen setzen sie niemanden auf meinen Platz, sie lassen ihn unbesetzt, und der Aufseher kommt zu Ihnen und sagt zu Ihnen: „Straßenkehrer, mach weiter bis zu dem unbesetzten Abschnitt", und zu einem anderen Straßenkehrer sagt er auch, er soll ein längeres Stück machen, und die Firma Vaselli behält das Geld in der Tasche, auch wenn sich die Straßenkehrer abmühen; viele Leute hassen uns, wir sind unbeliebt, obwohl wir den guten Willen haben, und die Straßen bleiben schmutzig. Es gibt viele schöne Häuser, alte und moderne, es kommt einem schlecht vor, aber die Angelegenheit ist sehr verworren: manchmal geht ein tüchtiger Straßenkehrer früh am Morgen durch die Straßen, und die Leute werfen den Kehricht erst nachdem sie aufgestanden sind auf die Straße, gegen acht oder neun, so bleibt der Kehricht den ganzen Tag auf der Straße.

Wir sehen ja Palermo nicht aus dem Fenster eines Luxusautos, wir sehen es immer im Staub. Bei jeder Bewegung Ihres Besens steigt der Staub hoch und legt sich auch auf die Beine der Passanten, verstehen Sie? Wir haben schon die Lungen voll davon, und auf uns macht er fast keinen Eindruck mehr. Am Anfang fühlt man, wie er in die Nase dringt, der Gestank, man fühlt ihn in den Augen; wenn Wind ist, brennen einem die Augen, wenn man fegt, kriegt man den Staub sogar in den Mund, in die Ohren, überallhin. Wo kein Pflaster ist, steigt der Staub bei einer Bewegung des Besens bis zum ersten Stock. Die Leute sind verärgert, gestört: „Gehn Sie weg!" – „Muß das gerade jetzt sein?" Das hängt davon ab, wo man arbeitet. Es gibt Leute, die verstehen es, es gibt welche, die verstehen es nicht und sagen zu uns: „Was wollen Sie hier? Warum haun Sie nicht ab?", von anderen Sachen ganz zu schweigen. Die Leute, die am besten angezogen sind, die sind natürlich am meisten verärgert, wenn sie Staub abkriegen.

Es gibt Leute, die verstehen, daß unsere Arbeit ein Opfer ist, wenn sie mich soweit bringen, daß mir das Blut zu Kopfe steigt, dann sage ich mal zu einem: „Wenn Sie meinen, daß ich nichts tu oder daß ich lieber nicht hier sein sollte, dann nehmen Sie doch den Besen und fegen Sie." Auf der anderen Seite gibt es Leute, die sagen: „Die armen Kerle", wenn sie uns wie Esel mitten im Staub sehen.

Die Passanten kommen, wenn wir soweit sind, daß wir ausladen wollen, wir sitzen da und warten nicht zu unserem Vergnügen, und die Leute sagen: „Diese Tagediebe wollen nichts tun." Wo ich arbeite, da ist einer, der ist so arm, daß ich ihn mir als Sklaven kaufen könnte, und der kommt an und sagt zu mir: „Ihr wollt wohl überhaupt nicht ran."

Der Staub geht in die Strümpfe, in die Schuhe, in die Hosen, von dem Staub und dem Schweiß werden die Sachen hart, sie werden Pappmaché. Man fegt, fegt, immerzu gehen einem die Gedanken durch den Kopf, man fegt und man denkt an zu Hause, jeder fegt und denkt an seine Angelegenheiten, an das, was er in seinem Gehirn hat.

Halb oder um neun öffnen die Geschäfte, die Angestellten müßten ins Büro gehen, aber... Ich bin der Bürochef, ich komme rein, läute die Glocke, und der Bürodiener erscheint: „Hör mal, wenn jemand kommt, sagst du, ich bin im Café oder ich bin mal einen Augenblick rausgegangen." Manche tragen sich in die Liste ein und gehen nach Hause. Das Monatsende kommt, sie kriegen ihr Gehalt: so ist es bei vielen, natürlich nicht bei allen; in den Ämtern der Region, der Provinz, in der Stadtverwaltung, im Arbeitsamt, in den Magistratsämtern, der Krankenkasse ist in manchen Augenblicken alles ein einziges Durcheinander. Um elf Uhr ist in manchen Büros noch niemand, um eins, halb zwei ist schon niemand mehr da. Wir sind schon verdorben in diesen Dingen. Sizilien ist so geboren und so stirbt es.

Giuliano hatte ganz Sizilien Angst eingejagt, er ja, er hätte hier Ordnung schaffen können, er hätte König von Sizilien werden müssen, um Ordnung zu schaffen. Aber sie haben ihn umbringen lassen: wer hier dafür sorgen will, daß die Armen leben, der wird umgebracht.

Der Staub steigt aus unseren Besen, der Staub wird von den Lastwagen aufgewirbelt, der Staub wird vom Wind aufgewirbelt. Jeder, der vorübergeht, kümmert sich im allgemeinen um seine eigenen Angelegenheiten, er geht seines Weges, sie erzählen uns nichts, ab und zu ist mal jemand, der mit uns redet, aber im allgemeinen reden sie nicht mit uns. Es kann vorkommen, daß heute einer mit mir redet, einer übermorgen, tagelang ist man allein mitten im Staub.

Jeder kümmert sich um seine eigenen Angelegenheiten, selten steckt mal jemand seine Nase in fremde Töpfe, aber mir gefällt Palermo auch deswegen, es ist schön, auch wenn es schmutzig ist, es ist eine Stadt, wo sich jeder um seine eigenen Angelegenheiten kümmert. Nicht alle, aber der größte Teil kümmert sich um seine Angelegenheiten. Wer reich ist, der lebt reich, wer arm ist, der lebt arm, jeder kümmert sich um sich. Sicher, auch ich möchte, daß mir's gut geht. Aber was soll ich machen, damit mir's gut geht? Stehlen? Arbeit und Kirche: das bedeutet Arbeit und Wohnung. Ich bin ein bescheidener Arbeiter.

Das eine Auge sieht nicht das andere. Ich bin Straßenkehrer, ein anderer kommt und will Straßenkehrer werden, eine Annahme, natürlich will ich, wenn ich ein Stück Brot habe, nicht, daß ein anderer kommt und es mir wegnimmt, aus Neid: solche gibt es. Aber im allgemeinen kümmert sich jeder um sich selbst. Wir haben die Gruppe A, von der Gemeinde angestellt, es sind 230; die Gruppe B, da sind wir 1 200 oder 1 300, ich weiß es nicht genau, wir sind angestellt bei der Vaselli. Immer bekommt die Vaselli die Aufträge. Ungefähr fünfzig, zweiundfünfzig oder vierundfünfzig sind im Justizpalast zum Saubermachen; dann gibt es die Posten, nur in meinem Abschnitt gibt es acht Posten, die den Abschnitt beobachten, insgesamt ungefähr vierzig oder fünfzig, die tun nichts, um die Wahrheit zu sagen. Der Posten, der hat als Arbeit nämlich die Arbeit, nichts zu tun. Ungefähr vierzig sind diese Wächter, die fast nichts tun. Das ist Palermo: wenn man Beziehungen hat, lebt man, ohne was zu tun, wenn man keine Beziehungen hat, ist man im Staub.

In manchen Familien geht die Frau einkaufen, aber oft ist es der Mann, der einkaufen geht. Hier wollen die Männer, daß die Frau und die Töchter im Haus bleiben. Von eins bis zwei ist der größte Verkehr von Autos und Menschen. Die Masse der Angestellten fährt zum Mittagessen nach Hause. Die Bauarbeiter, die essen meist am Arbeitsplatz, sie setzen sich auf den Bordstein. Das Volk begnügt sich mit Brot, Ölkuchen und irgendwas dazu.

Dann gehen die Angestellten schlafen, ihre Arbeit ist zu Ende, die Büros sind geschlossen bis zum nächsten Morgen zehn Uhr, wer stirbt, soll sterben. Aus dem oberen Palermo flanieren sie gegen Abend zum Zentrum, sommers fahren sie nach Mondello ans Meer.

Abends stehen die armen Leute vor ihrer Haustür oder auf dem Balkon, oder die, die sich's erlauben können, gehen ans Meer und essen Austern und Polypen. Am Stadtrand wird es früh still, weil sie am Morgen zur Arbeit müssen. Im Zentrum, am Politeama, auf der Piazza Massimo, in den Snoblokalen ist die Angestelltenmasse in Bewegung bis um eins oder zwei.

Wir hören halb fünf auf, die Straßenkehrer, man fühlt sich zerschlagen, eingestaubt, schmutzig, wir riechen an uns den Geruch von dem Zeug, das wir angefaßt haben, manchmal holen wir uns eine Vergiftung, die Augen brennen, ein andermal juckt die Haut; wenn es kalt ist und wir Regen abkriegen, können wir Rheuma bekommen: bestimmt können wir uns nicht bis Mitternacht oder zwei Uhr nachts amüsieren gehen, um acht bin ich schon im Bett.

Wenn wir streiken, wird die Stadt ein Sumpf, in zwei Tagen kann man nicht mehr treten vor Papier, Abfällen, Fliegen, Kindern zwischen dem Müll, aber manchmal sind wir gezwungen, für unsere Rechte zu streiken, auch wenn es uns leid tut, die Stadt so zu sehen. Wenn ich in diesem Viertel wohne, möchte ich gern, daß es sauber ist, zu Hause habe ich sogar Blumen im Garten, ich ziehe Jasmin und Passiflora. Man sagt: „Was du nicht willst, das man dir tu, das füg auch keinem andern zu." Ich würde gern die ganze Stadt sauber sehen, es ist meine Geburtsstadt, ich liebe sie.

Tausende von Bewerbungen um unsere Stellen gibt es, Tausende von Bewerbungen, Tausende von Leuten, die auf unseren Platz möchten. Um reinzukommen ... jeder Heilige hat seine Anhänger. Der hat Beziehungen zum Herrn X, der hat Beziehungen zu einem anderen. Es sind so viele, die uns beneiden und unseren Arbeitsplatz haben möchten! Um sicher reinzukommen, muß man fähig sein, einem Stadtverordneten eine bestimmte Zahl Stimmen bei den Wahlen zu verschaffen. Weil hier die Industrie fehlt, ist einer der Träume der Leute aus den Armenvierteln von Palermo der Straßenkehrer, um einen festen Arbeitsplatz für das ganze Jahr und die Familienzuschläge zu haben.

Gaetano

Gleich nach dem Krieg, 1945, arbeitete ich als Bäcker. Mein Vater, Heizer, war auf der Arbeit gestorben. Ich bin Bäcker geworden, weil ich gedacht hatte, daß ich dann Brot essen und auch welches nach Hause bringen könnte. Es wurde eine Ausgleichkasse bei der Camera del lavoro geschaffen: auf hundert Kilo Mehl kam ein Arbeiter. Wenn eine Bäckerei dreihundertsiebzig Kilo Mehl verarbeitete und drei Arbeiter und eine halbe Kraft dort arbeiteten, was geschieht dann? Da eine halbe Kraft fünfzig Kilo Mehl verarbeitete, blieben zwanzig übrig, die an die Kasse gingen. Wer arbeitslos war und zu dieser Kasse gehörte, erhielt seinen Tagessatz also durch die Solidarität derjenigen, die arbeiteten. Das dauerte bis 1948; die Arbeitgeber bezahlten die Bäcker nicht direkt, sondern die Kasse. Es waren harte Zeiten, aber voll Idealismus.

Ich war ein Junge, fünfzehn Jahre alt, mich beeindruckte es, daß ich etwas anderes fand als das, worin ich aufgewachsen war. Ich dachte, es könnte auch für die anderen Arten von Arbeit so kommen, daß die Arbeitgeber die Werktätigen nicht direkt bezahlten, sondern eine ähnliche Kasse, aber als das Mehl nicht mehr über die Genossenschaft kam, konnte man nicht mehr feststellen, wieviel es war, alles blieb in der Hand der einzelnen Unternehmer, die Kasse hat sich aufgelöst, und in den Berufsgruppen ging ein Chaos los, das noch immer besteht. Heute wird ein Bäcker nicht wöchentlich bezahlt, sondern tageweise, er ist ein Tagelöhner, der Chef kann zu ihm sagen: „Morgen brauche ich dich nicht"; es sind mehr Stunden. Es ist keine Berufsgruppe von geeinten Arbeitern, einer arbeitet hier, einer dort, es ist schwer, daß sich alle treffen wie die

Arbeiter einer Fabrik und ihre Probleme diskutieren. Darum meinte ich, besteht noch immer das Chaos.

1949 ging ich zur Marine, denn ich hatte meinen Militärdienst noch nicht gemacht, aber 1951 nahm ich meinen Abschied und ging als Hilfsarbeiter auf die Werft. Am Anfang hat mich die ungeheure Größe der Schiffe auf dem Trockendock beeindruckt. Das Dock war gemauert, wie schaffte es das Schiff, da reinzukommen und dann das Wasser aus sich rauszukriegen? Ich habe die Pumpen gesehen, die Arbeiter haben es mir erklärt. Es gab dort eintausendachthundert Arbeiter. Als ich ein Kind war, da war ein Onkel von mir Elektriker auf der Werft, immer war er in Sorge, daß er den Akkord nicht schaffte, dann wäre er entlassen worden, oft mußte er seine Arbeit nach Feierabend fertigmachen. Vor dem Krieg wurden die Arbeiter allgemein als Hilfsarbeiter betrachtet, sie wagten nicht mal zu fragen, ob sie austreten dürften. Mein Onkel hatte mir erzählt, daß einmal einige Kräne Bleche hochhoben, bei einem Windstoß zerbrach ein Blech eine Glasscheibe; der Direktor, der aus dem Fenster sah, veranlaßte, daß man ihn zu fünf Lire Strafe verurteilte und drei Tage von der Arbeit verwies. Die Arbeiter protestierten und erklärten, es sei Schuld des Windes gewesen. Der Direktor in eigener Person sagte: „Man sieht, daß drei Tage zuwenig sind, sagen wir, fünf." Weil diese Leute den Mut gehabt hatten, dagegen zu protestieren. Während des Krieges wurde ein Teil von diesen Arbeitern in andere Orte des Nordens versetzt, viele von ihnen wurden als Facharbeiter anerkannt; ein Teil blieb auch nach dem Krieg dort, ein anderer kehrte zurück und begann bei uns bekannt zu machen, wie die Arbeitssysteme und die Behandlung in den anderen Werften waren. So entstand Bewegung innerhalb der Werft, viele Unruhen. Gleich nach dem Krieg wurden die Einstellungen durch Vermittlung der Mafia vorgenommen, und es gab noch ein paar Chefs aus der faschistischen Zeit. Es gab einen Aufruhr unter den Arbeitern, um den am meisten gehaß-

240

ten faschistischen Diktator rauszuschmeißen, und man hat versucht, etwas gegen die Mafia zu machen, man hat versucht, die Mafialeute nicht in die Werft zu lassen und zu verhindern, daß sie sich in die Werftangelegenheiten einmischten, aber meistens mußte man nachgeben, weil unsere Gewerkschaftsführer geschlagen, bedroht und erpreßt wurden; zum Teil mußte man nachgeben. Einmal sind die Mafialeute sogar so weit gegangen zu schießen: eines Tages haben sie auf die Arbeiter geschossen, um ihnen Angst einzujagen, und einige sind verletzt worden.

Als ich anfing in der Werft, da waren die Arbeiter immer sehr begeistert von den Reden ihrer Vertreter, sie vertrauten dem ganz und gar, was ihre Vertreter sagten, aber wenn man sie fragte: „Was hat er gesagt?", antworteten sie: „Was er sagt, ist gut." – „Er hat schlecht von der Direktion gesprochen." – „Wie mutig, er hat gegen den Direktor gesprochen, der, ja der vertritt bestimmt unsere Interessen." Sie waren zufrieden, daß auf die Direktion geschimpft wurde, aber innerlich waren sie noch nicht soweit, daß sie sich als wesentlichen Teil der Veränderung, die kommen mußte, betrachteten, und sie hatten Schwierigkeiten, die Probleme genau zu verstehen. Die Direktion sah das, sie bemerkte es und versuchte sie mit Unterstützung der Mafia zu bestechen. Wer als Mitglied des Betriebsrats hervortrat, war oft nicht in der Lage, sich den Problemen zu stellen: kaum sah er eine Möglichkeit vorwärtszukommen, wurde er ein friedfertiger Angestellter und ließ die anderen im Stich. Das war die Politik der Direktion, um den Arbeitern ihre Kraft zu rauben und um sie zu betrügen und zu entmutigen. Diejenigen, die ideologisch und politisch am weitesten waren, die wurden entlassen.

1952, als die Arbeiter sahen, daß bestimmte Vertreter, denen sie vertraut hatten, sich geändert hatten und daß viele Funktionäre entlassen worden waren, bekamen sie von der Direktion Briefe, in denen gesagt wurde, daß die Werft geschlossen würde, wenn es so weiterginge. In dieser Zeit hat die CISL versucht, in die Werft einzudringen und die Arbeiter zu überzeugen, daß sie, wenn sie sich in ihr organisierten, ihren Arbeitsplatz sichern könnten.

1953 gab es Arbeitsplätze für sechstausend Arbeiter, es kamen viele Tanker, weil die Preise für Reparaturarbeiten niedrig waren, denn die Arbeitskräfte wurden schlecht bezahlt. Die sechstausend Arbeiter waren nicht immer effektiv vorhanden, manchmal waren zwanzig oder dreißig Schiffe in Reparatur, manchmal zehn. Was passierte? Für die verschiedenen Forderungen streikten die effektiv anwesenden Arbeiter, nicht die Aushilfsarbeiter, und das war der Direktion angenehm, weil, wenn die Arbeit gesichert war, die Werft nicht stillgelegt werden mußte. Um Gewerkschaftsaktionen zu verhindern, hielt die Direktion die Zahl der Aushilfsarbeiter hoch, die auf Empfehlung der Herren Parlamentsabgeordneten oder der Kardinalskurie oder der Mafia kamen.

Was kam dann? Vorher bekam ein Vorarbeiter eine Arbeit zugewiesen, die er mit einer Gruppe von Arbeitern auszuführen hatte, und sie arbeiteten unabhängig unter seiner Leitung, man stempelte die Karte, wenn man kam und wenn man ging. Es wurde ein neues Arbeitssystem eingeführt: jeder einzelne mußte, außer daß er die Anwesenheitskarte stempelte, eine besondere Rechnungskarte stempeln, wenn er eine Arbeit anfing und wenn er sie fertig hatte. Daraus ergab sich, daß sie bei einer bestimmten Arbeit, die erst einem Arbeiter gegeben wurde und dann einem anderen, die verwendete Zeit feststellten. Der Vorarbeiter war nicht mehr der Verantwortliche für die Arbeit, sondern er war der Antreiber: „Man darf nicht sagen, daß du mehr Zeit gebraucht hast als der." Wenn einer mehr Zeit brauchte, rügte er ihn, die Arbeiter standen nun unter größerem Druck, die Arbeit, die schon vorher schwer war, wurde jetzt eine Schinderei, die Gefahr, daß einem was passierte, wurde größer, die Unfälle haben zugenommen, jeder Arbeiter arbeitete mit Angst.

Die CISL hat es nicht erreicht, eine große Zahl von Mitgliedern zu gewinnen, aber sie war eine Störung, sie diente dazu, die Einheit zu zerbrechen. In der letzten Zeit, die ich dort war, 1953, 1954, 1955, wurde die Lage immer schwieriger. Von der Nachkriegszeit her waren wir überzeugt, daß es einen Anstoß geben mußte, um vorwärts zu gehen zu all den Forderungen, einige waren überzeugt, daß man zu demokratischen Formen der Betriebsführung kommen könnte, und sie erklärten, daß die Arbeit den ersten Rang einnehmen müßte. Dann aber fing man an, die Arbeiter gewissermaßen herabzusetzen, es fehlten Aufträge, vor dem Werfttor stand ein Überangebot von Arbeitskräften; manche Arbeiter, die schon von einer neuen Gesellschaft träumten, davon, die Lebensweise und den Charakter der Umwelt, in der wir lebten, umzuformen, die besten, sind in den Norden und ins Ausland ausgewandert: sie suchten bessere Perspektiven, nicht nur ökonomische. Die, die geblieben sind, wurden wie ein zäher Bodensatz, ihre Initiative für eine Bewegung nahm allmählich ab. Das Unternehmen wurde immer autoritärer zu den Abgestumpften und immer feindseliger zu den wenigen, die noch Hoffnungen hatten, die Lage zu ändern. Sobald ein Arbeiter auf eine Zwischenstellung kam, Vorarbeiter wurde, entfernte er sich allmählich von seinen Freunden, von seinen Arbeitskollegen, er fing an sich abzusondern, einer anderen Klasse anzugehören, ja, er grüßte sogar seine alten Kollegen kaum noch.

Ich bin von der Werft weggegangen, weil ich in derselben Lage wie meine Arbeitskollegen war: ich hatte das Bedürfnis, andere Menschen, andere Sitten kennenzulernen, ich wollte begreifen, wie man die Gesellschaft ändern könnte, ich wollte neue Lebensweisen der Gesellschaft kennenlernen, ich wollte wissen, wie man woanders lebt, ich wollte mehr verdienen, um einen Hausstand zu gründen, und 1957 habe ich mich entschlossen anzuheuern. Ich bin bis 1960 unterwegs gewesen, als Maschinist. Auf der ersten Reise bin ich nach Conakry ins französische Guinea gekommen, nach Newcastle in Schottland, nach Liverpool; dann nach Melbourne in Australien, dann nach Yokohama in Japan, ein ganzes Jahr im Hinteren Orient zwischen Java, Sumatra und Indonesien. In Amerika nur in Newfiudeland in Canada. Auch in Holland, wo ich viele ehemalige Kollegen aus der Werft getroffen habe. So habe ich mir eine Vorstellung machen können von unserem Entwicklungsstand im Vergleich zu anderen Ländern.

Natürlich, auf dem Schiff herrschen die Gesetze Gottes und des Kapitäns; der Seemann an Bord muß sich dem Gesetz des Kapitäns unterordnen, der der Herr über die Mannschaft ist. Der Kapitän hat eine besondere Verpflegung; die Unteroffiziere eine andere, die einfache Mannschaft wieder eine andere. Das rief bei den Unteren eine ständige Unzufriedenheit hervor, und den Oberen machte es den Abstand deutlich, beinahe als sollte das die Unterschiede rechtfertigen.

1957, bevor ich anheuerte, hatte ich geheiratet. Nach drei Jahren hatte ich zwei Kinder, ich fühlte die Trennung immer mehr, und ich habe mich entschlossen, an Land zu gehen. Ich machte die Prüfung als Heizer und ging in die Molkerei Barbera; man lebte in der Hoffnung, von der Stadtverwaltung übernommen zu werden wie in den anderen großen Städten, um eine gesicherte Arbeit und einen wenigstens gewerkschaftlichen Lohn zu haben. Die Behandlung war recht familiär, weil wir eine kleine Gruppe waren. Da ich nur nachts arbeitete, habe ich beschlossen, mir eine andere Arbeit zu suchen, und ich ging in eine neue Wäscherei. Dort wurden wir wirklich superausgebeutet, wir waren ungefähr sechzig; die Jungen und Mädchen von vierzehn, fünfzehn Jahren mit einem Tageslohn von 250 bis 300 Lire im Jahre 1961, ein erwachsener Arbeiter bekam 1200 Lire am Tag. Es war schwierig, gewerkschaftliche Aktionen zu unternehmen, weil es fast alles junge Mädchen und Frauen waren, und sie hatten Angst, es kam ihnen schlecht vor. „Wir brauchen es." – „Wir geben uns zufrieden, denn wenn wir etwas tun, dann entlassen sie uns, und niemand nimmt uns noch." Sie hatten keine Erfahrung.

Ich kannte einen Vorarbeiter von der Instandhaltung der SELIT, das bedeutet Elektronische Gesellschaft Italiens, ich habe eine Eignungsprüfung mit dem Abteilungschef gemacht und bin sofort eingestellt worden. Die Fabrik war 1957 entstanden, und als ich anfing, arbeiteten dort ungefähr dreihundert Menschen. Verglichen mit der Werft, gab es einen gewissen Unterschied: während man in der Werft allmählich abstumpfte, begannen hier, seltsamerweise, würde ich sagen, die Arbeiter, die als Schneider, Obstverkäufer, Schuster, vor allem als Bauern gekommen waren, sich zu versammeln, zu diskutieren, eine überraschend starke Bewegung zu bilden.

Am Anfang bekamen die Arbeiter einen sehr niedrigen Lohn, die Einstellungen wurden über die bischöfliche Kurie und über Paolino Bontade, den Mann von der Mafia, vorgenommen: wenn er einen Namen aussprach, war derjenige schon so gut wie eingestellt. Da war ein gewisser Puleo, ein flinker Junge, der etwas tun wollte, er wurde sofort von der Mafia gegriffen und gezwungen zu gehen. Aber die Arbeiter spürten den Zwang zu einem zermürbenden Arbeitsrhythmus bei niedrigem Lohn, sie hatten Angst vor diesem Bontade, den sie immer vor der Nase hatten, buchstäblich vor der Nase, in der Fabrik; da war auch ein Don Tricomi, der versuchte, die Gemüter zu besänftigen, als Vermittler zwischen den Arbeitern und der Direktion aufzutreten (heute gelingt es ihm nicht mehr so, weil die Leute aufgewacht sind, sich in der Gewerkschaft organisiert haben), und gleich nach dem Blutbad von Ciacculli, wo das Auto voll Sprengstoff explodiert ist und sieben Polizisten getötet wurden, ist es eingetreten – soweit ich bemerken konnte, mit der Entfernung von Paolini, der flüchtig war –, daß anläßlich einer drohenden Entlassung von einhundertfünfzig Arbeitern alle sofort zusammengestanden haben wie ein Block, auch mit der ELSI, das ist die andere Hälfte der Fabrik.

Zum einen, weil Bontade nicht da war, zum anderen, weil wir Angst vor der Entlassung hatten, haben wir uns alle vereint: da sich draußen die schlechte Konjunktur spürbar machte und sich neue Arbeitskräfte als Hilfsarbeiter vor dem Tor drängten, wurde der Generalstreik beschlossen und das gesamte Werk stillgelegt, ganz überraschend für die Werkleitung, die von Haus zu Haus gegangen ist und versucht hat, die Arbeiter zu überzeugen, aber ohne Erfolg. Nach drei Tagen ist es uns gelungen, eine zehnprozentige Erhöhung des Grundlohns zu erhalten, die Zurücknahme aller Entlassungen und eine Sonderzulage von 25000 Lire für jeden Beschäftigten, die Angestellten inbegriffen.

Man muß sich ins Gedächtnis rufen, daß zuvor die einzige starke Gewerkschaft die CISL war, sie war in der Lage, etwas zu unternehmen, ohne von Don Paolino Bontade und von Don Tricomi, also von der Kurie, behindert zu werden; jeder Chef hatte die Macht, die Arbeiter so zu behandeln, wie er wollte, die CGIL war nicht in der Lage, etwas zu tun, weil die Arbeiter Angst hatten, ihr beizutreten: „Wenn ich Mitglied werde, entlassen sie mich." – „Ich darf den nicht verärgern, der mir die Stelle besorgt hat." Die UIL gab es nicht; die CISNAL organisierte ein paar Angestellte.

Als beispielsweise Filippo Mingoia gekommen ist, haben sie ihn in die Direktion gerufen, der Fabrikdirektor fragt ihn: „Sie sind Barbier?" – „Ja." – „Ich hatte hier verschiedene Barbiere, die eine schlechte Figur gemacht haben, weil sie zart gebaut waren, schwächlich, und die Arbeit ist sehr schwer, ich möchte nicht, daß ich Sie drei Tage später rausschmeißen muß." Mingoia hat ihm geantwortet, daß es ihm immer schlecht gegangen ist, daß er als Barbier nicht das Notwendige verdienen konnte, um seine Familie zu ernähren, und versprach ihm, er würde mit ihm zufrieden sein. Da hat der gefragt: „Sind Sie in der CISL?" Er wußte, daß sie diese Frage stellten, bevor sie jemanden nahmen, und er hat zu ihm gesagt: „Ja,

246

ich bin in der CISL", ohne daß es stimmte (seit 1946 war er Kommunist, und jetzt ist er im Betriebsrat), denn nur so konnte er eine Stelle kriegen. Also: um eine Stelle zu kriegen, mußte man entweder nicht in den Gewerkschaften sein oder höchstens in der CISL.

Zuerst dachte jeder an seinen Fall und dachte, daß er ihn allein am besten lösen könnte und einen geeigneten Weg finden würde, dann plötzlich hat man bemerkt, daß es nötig war, daß alle zusammenstanden, um das eigene Problem, das das Problem von allen war, zu lösen.

Von diesem Augenblick an ließ sich jeder Arbeiter hören, er wachte auf wie aus einem Alptraum und fing an, am eigenen Arbeitsplatz Forderungen zu stellen, angefangen bei der Lüftung, oder: „Ich mache diese Arbeit schon so lange, mir steht eine höhere Lohngruppe zu." – „Für diese Arbeit habe ich Milch zu beanspruchen": wichtig war nicht so sehr diese oder jene Sache, sondern vor allem forderte man die Respektierung der Menschen, die Respektierung des Betriebsrates.

Gleich nach dem Streik haben wir Wahlen angesetzt für einen richtigen Betriebsrat, und die CGIL hat drei Mitglieder gestellt und die CISL eins. Die Angst vor denen oben war weg, sie sagten nun: „Ich bin in der CGIL, was ist daran schlecht?" Einer sagte geradezu zum Chef: „Wissen Sie, daß ich in der CGIL bin?" Als man in Palermo merkte, daß etwas gegen die Mafia in Bewegung geraten war, verloren die Arbeiter, auch die Angestellten, selbst die Gewerkschaftsfunktionäre etwas von ihrer Besorgnis, sie wurden mutiger, sie merkten, daß das Gesetz auf ihrer Seite war, es gab mehr Vertrauen in die Gesetze. Die Arbeiter, die ihre Rechte vor Gericht forderten, konnten nicht vergessen, daß die Direktion in direkter Verbindung mit der Mafia gestanden hatte, daß sie also mehr oder weniger freiwillig dieses Bündnis eingegangen war, und um so rechtmäßiger erschienen ihnen ihre Aktionen. Neue Hoffnungen konnten wachsen.

Das Werk ist weiter gewachsen, nimmt man beide Teile, sind es mehr als tausendzweihundert Arbeitsplätze. Vom technischen Gesichtspunkt aus ist das Werk modern, hat gute Perspektiven, vom Gesichtspunkt der Beziehungen aus, während man auf der Werft eine Front „alles bleibt unverändert" findet, umkreist man sich hier, weicht man hier aus, man schiebt hinaus, um Zeit zu gewinnen, die Front ist elastisch, public relation, man versucht den Arbeiter wie ein Kind zu behandeln, ein demokratisches System in dem Sinne anzuwenden, daß man die Dinge diskutieren kann, man beachtet die persönliche Lage des Arbeiters, man kümmert sich auch um die Freizeit, um die Seite der Erholung, man spricht von einer Werkverkaufsstelle, um dem Lohn größere Kaufkraft zu geben, aber der Besitzer ist der Besitzer, und die letzten Entscheidungen werden vom Besitzer getroffen: man diskutiert, ja, aber er hat das letzte Wort.

Warum die Leute noch nicht reif sind? Von seiten der Gewerkschaften ist es nicht gelungen, den Arbeitern klarzumachen, daß die Gewerkschaft von den Arbeitern selbst geformt werden muß. Ich habe es erlebt, als ich zum Mitglied des Betriebsrats gewählt worden bin: „Ich habe für dich gestimmt, jetzt bezahlst du mir einen Kaffee." – „Ich habe für dich gestimmt, ich bin dein Freund." Sie hatten nicht verstanden, daß ich eine Verantwortung übernahm.

Manchmal sagt meine Frau etwas zu mir, und ich bemerke es gar nicht, ich bin in Gedanken versunken und höre ihre Stimme nicht, sie sagte es mir später. Ich möchte in meinem Leben nicht alles nehmen, wie es kommt, ich möchte, daß mein Leben eine klare Perspektive hat, eine Methode; ich möchte mich nicht führen lassen oder nur dastehn und warten, sondern auch mein Gewicht in die Waagschale legen, und auch meine Nachbarn sollen das tun, das Gewicht ist vielleicht gering, aber zusammen groß für die Gesellschaft. Der Mensch ist nicht nur für das Geld gemacht, nicht das Geld macht den Menschen wichtig, sondern der Beitrag, den der Mensch der Gesellschaft zu geben vermag.

Manchmal habe ich mich umgesehen und habe mich angeschaut wie von weitem, wie von hoch oben: der Mensch ist eine winzige Sache, die sich bewegt, wenn du näherkommst, wird er größer, er scheint etwas einzelnes zu sein, und dabei braucht einer den anderen und kann nicht allein leben.

Angela

Als ich meinen Mann kennengelernt hab, war ich fünfzehn. Ich hab bei der Großmutter gewohnt, meine Mutter war gestorben, als ich vier Jahre alt war. Mit der Großmutter und der Tante hatte ich immer in dem Haus an der Arenella gewohnt, ich war niemals aus dem Haus herausgekommen und kannte niemanden. Tüchtige Leute, aber streng, ich durfte mich nicht draußen sehen lassen, ich war das vorletzte von sieben Kindern, allzu anständige Leute, denn man durfte sich mit niemandem treffen. Meine Großmutter hatte ein Lebensmittelgeschäft, wenn junge Männer etwas kaufen kamen, wir verkauften auch Zigaretten, und ich war drin, gab sie mir ein Zeichen rauszugehen, sie war zu vorsichtig, weil ich keine Mutter hatte, und sie fühlte zuviel Verantwortung. Ich ging nur einmal in der Woche raus, zur Messe, und danach kam ich sofort nach Hause. Ich verkehrte nicht mit Freundinnen, aber ich hatte Kinder gern und die Muttis. Die Mädchen, die ich kannte, waren fast alle so wie ich.

Dann, eines Tages stand ich vor der Tür, und ich hab einen Motor gehört, ein junger Mann ist vorbeigekommen, und er war mir sympathisch, aber ich hab ihn kritisiert, denn mir gefiel nicht, wie er ging, mit der Jacke schlenkerte er beim Gehen, er kam mir nervös vor. Und so habe ich ihn nur dies eine Mal gesehen, und ein Monat ist vergangen, ohne daß ich ihn gesehen hab. Dann ist eine Kusine von mir ins Kino gegangen, und am nächsten Morgen ist sie zu mir gekommen, und sie hat zu mir gesagt: „Hör mal, da war ein junger Mann, der zu unserer Familie herguckte." – „Kann sein, daß es der war, der hier mit einem Motorrad vorbeigekommen ist", und ich hab ihr erklärt, daß einer hier so vorbeigekommen war. Und dann vergingen die Tage, und ich habe gesehen, daß an der Arenella eine neue Bäckerei war, und während ich ein Kilo Spaghetti holen ging, hab ich gesehen, daß der junge Mann in der Bäckerei war. Und da sah er mich an und ich sah ihn an. Von dem Tag an kam er immer zur Bäckerei, weil er mit dem Besitzer befreundet war, und er stellte sich vor die Bäckerei, und ich trug die Tüten mit Keksen und anderen Sachen, und wenn ich vorüberging, schämte ich mich, denn ich spürte seine Augen, und die Sachen rutschten mir aus der Hand, und ich schämte mich noch mehr.

Da sagte eines Tages einer von meinen Brüdern zu mir: „Das muß aufhören, daß dieser Bursche sich vor die Bäckerei stellt, das ist eine Schande, und wir sind das nicht gewohnt." Und damit ich nicht zwischen dem Geschäft und der Wohnung hin und her ging, ließ mich mein Bruder nicht aus dem Haus, denn er war mißtrauisch geworden.

Da hat sich mein Mann meiner Familie erklärt, er hat um mich angehalten. Wir hatten noch nie miteinander gesprochen, er hatte mir manchmal ein Zeichen gegeben, aber darauf konnte ich nicht antworten, weil das nichts Ernstes war, dann hatte er mir über die Bäckersfrau ein Briefchen geschickt, darin stand: „Wenn du mich liebst, sag mir ja, wenn du mich nicht liebst, sag mir nein." Da hab ich draufgeschrieben: „Ja, ja, ja, ja", viermal. Mein Bruder hatte zu mir gesagt: „Paß auf, da ist einer, der dich will, der ist zehn Jahre älter als du, er ist zu alt für dich", er meinte, ich wäre noch ein kleines Mädchen, mit fünfzehn Jahren.

Und so hat er sich erklärt, und wir haben uns verlobt. Und wir hatten uns lieb, wir redeten immerzu, wenn wir zusammen waren, wir waren zu nahe beisammen, sagte die Großmutter, alle schämten sich für uns, sagte sie. Aber wir hatten eine so große Liebe, daß sie uns lästig waren, und so haben wir zwei Jahre verbracht, er war Mechaniker auf der Werft, ab und zu haben wir uns gestritten, aber gleich darauf haben wir uns wieder vertragen.

Er sagte immer zu mir: „Im Eheleben gibt es Rosen, aber es gibt auch Dornen, das Leben als Eheleute ist nicht leicht, es gibt auch viel Leid", aber ich liebte ihn, und es kam mir kindisch vor, an Schmerzen zu denken, ich dachte: Ob Gutes kommt oder Ungutes, ich muß es nehmen. Vielleicht hielt er mich für ein größeres Kind, als ich war.

Manchmal stritten er und meine Tante, weil er Sozialist war und sie eine allzu katholische Christdemokratin. Er wollte seine Ansichten erklären, meine Tante hatte Angst, daß beim Sieg des Sozialismus die Priester umgebracht und die Kirchen geschlossen würden und daß die Kirche untergehen würde. Ich wollte ihm nicht mißfallen, aber in meinem Inneren kam es mir vor, als hätte meine Tante recht, und ich fürchtete mich auch davor, daß die beiden sich streiten könnten.

Wir haben geheiratet, und ein Weilchen hat er noch in der Werft gearbeitet. Eines Abends hat er zu mir gesagt: „Weißt du, ich muß anheuern." Ich hab zu ihm gesagt: „Warum?" Ich war schwanger, ich weinte, ich wollte nicht, daß mein Mann wegfuhr, ich wollte nicht allein bleiben. Auf der Werft verdiente er wenig, mein Mann dachte, wenn die Kinder kommen, brauchen wir ein Haus, man muß vorausdenken, sagte er, aber ich hab zu ihm gesagt: „Das, was du nach Hause bringst, ist genug für uns, die Räume genügen uns, geh nicht fort." Aber er hörte nicht auf mich, weil er schon beschlossen hatte, daß er weg wollte.

„Und mich, mich läßt du hier? Dann laß mich wenigstens bei Großmutter." Und da hat er mich bei der Großmutter gelassen. Ich hab in der Nähe der Großmutter ein Zimmer gemietet und Möbel gekauft, nach und nach, als er Geld geschickt hat. Ich habe ein Mädchen geboren, und er ist zehn Monate später vom Persischen Golf gekommen. Ich habe in dieser Zeit kein Gas angezündet, mein Mann war nicht da, und ich wollte nicht kochen, ich aß irgendwas, was mir Großmutter schickte, ein Essen zu kochen wäre mir vorgekommen, als würde ich ein Fest feiern ohne meinen Mann.

Als er zurückkam, ist er zwei Monate geblieben. Ich habe immerzu zu ihm gesagt: „Laß es sein, fahr nicht wieder zur See." Den letzten Wechsel für die Möbel hatte ich bezahlen können. „Such dir hier eine Stelle." Während er wartete, daß er wieder an der Reihe war, an Bord zu gehen, war er nicht untätig, er hatte schon Arbeit in einer Werkstatt gefunden. Und als Geschenk ist er mit mir nach Turin gefahren, wo er einen Bruder hatte, und ich habe zum erstenmal Norditalien gesehen, denn ich war noch nie von zu Hause fortgekommen. Es kam mir vor wie eine Hochzeitsreise, es war in der Vorstadt, in der Nähe der Ebene, die Blumen, er zeigte mir alles, ich fand es sehr schön, so viel Grün auch im Sommer zu sehen.

Als wir zurückgekommen sind, ist er zwei Jahre weg gewesen, alle sechsundzwanzig Tage rief er mich an oder schickte mir ein Paket, oder ein paarmal bin ich nach Neapel gefahren, denn sein Schiff legte dort einen Tag an, bevor es zum Persischen Golf fuhr.

Dann ist er zurückgekommen. Ich war zu glücklich, als er zurückgekommen ist. Aber ich fand, daß er zu oft unterwegs war und zuwenig zu Hause: er hatte immer Gewerkschaftssachen, von der Partei, ich wollte mich nicht darum kümmern, weil ich dachte, daß ich nichts wußte, daß ich nichts verstand. Und er hat zu mir gesagt: „Du kennst das Leben draußen nicht, du kennst dich nur im Haushalt aus." Und ich hab zu ihm gesagt: „Laß das sein, kümmere dich um deine Angelegenheiten, was bist du schon allein? Mußt du allein es sein? Die Leute verstehen nicht, was man für sie tut." Er hat geantwortet: „Der Tag wird kommen, an dem sie begreifen müssen; wenn wir alle nur an unsere eigenen Angelegenheiten denken würden, dann könnten die Dinge nicht vorankommen, dann würde es nicht vorwärtsgehen."

Ich hatte mich nun schon ein bißchen damit abgefunden, meine anderen Kinder waren geboren. Wenn er heimkam, war er so müde, daß er sich hinlegte, er hatte so viele Dinge im Kopf, manchmal redete ich mit ihm, und er hörte mich nicht, und ich wurde wütend: „Wo hast du denn den Kopf? Kommst nach Hause und redest nicht?" Manchmal versuchte er mir zu erklären, aber mir kam es schwierig vor und langweilig, und ich dachte, daß ich soviel im Haushalt zu tun hatte. Manchmal kam er mir auch nicht so liebevoll vor, als hätte er mich nicht so gern, so sehr war er beschäftigt, manchmal mußte ich weinen. Ich dachte: Man kann doch nicht nur von Arbeit, Gewerkschaft, Partei leben. Warum leben wir denn? Ich hätte ihn am liebsten immer zu Hause gehabt, wenigstens nach der Arbeit.

Immer dieses Leben, bis gestern abend. Ein Anruf kommt, und er muß weggehen zur Gewerkschaft, und ich weiß nicht, wann ich mit ihm sprechen kann.

Ich bin froh, daß ich ihn geheiratet habe, es ist gut, sich mit der Gewerkschaft zu beschäftigen, aber er macht sich kaputt, weil er sich zu sehr hineinversetzt, er gibt nicht auf sich acht, ich kann nicht denken, daß es eine gute Sache ist, wenn er nach Hause kommt und Kopfschmerzen hat. Oft denke ich: Aber wer bringt dich denn dazu, du könntest in Ruhe zu Hause sitzen. So oft sage ich zu ihm: „Auch wenn ich nichts davon verstehe, die anderen sind doch nicht wie du, sie denken an sich, warum denkst du denn an die anderen?" Er bringt sich um für die Arbeiter. Mir kommt es vor, als würden die Arbeiter meinen Mann verurteilen, weil er sich nicht um seine eigenen Angelegenheiten kümmert. Ich mache mir immer Gedanken, daß sie ihn entlassen von einem Augenblick auf den anderen, aber, um die Wahrheit zu sagen, ich sorge mich nicht, weil ich Vertrauen in meinen Mann habe, aber manchmal kommt mir der Gedanke, sie können ihm was antun, jemand kann ihm aus Gemeinheit was antun.

Das ist meine Sorge: wenn er Sorgen hat, ißt er nicht; die

Dinge, die ihm Sorgen machen, legen sich ihm oft auf die Galle, und er ißt nichts; es ist gut, auch an die anderen zu denken, aber man kann es so und so machen, ich möchte, daß er ruhiger, heiterer ist. Es stimmt, ich bin stolz auf ihn, aber ich hab es ihm nie gesagt, wenn ich ehrlich sein soll.

Mein Traum wäre es, wenn mein Mann für uns ein Haus bauen würde, einzeln, mit einem Stück Land ringsherum, in der Vorstadt, vielleicht auch in den Bergen, wir könnten Blumen ziehen, es wäre still. Das Leben, das ich als Kind geführt hab, damit war ich nicht zufrieden, ich war dazu gezwungen, aber jetzt, wo ich verheiratet bin, ist mein Leben eigentlich nicht anders, auch wenn ich freier bin, nur manchmal gehe ich mit den Kindern spazieren, Blumen pflücken in die Favorita, kauf ihnen ein Eis. In Palermo, da kümmern wir Frauen uns um unsere eigenen Angelegenheiten: wir grüßen uns alle, ich gebe alles, was sie sich borgen kommen, aber jede bleibt für sich. Ich finde da nicht, was ich möchte. Ich möchte Ehrlichkeit und Zartgefühl der Eltern zu ihren Kindern, ich sehe es nicht gern, wenn sich jemand unwürdig benimmt und zu schnell vertraulich wird.

Keiner dürfte einfach verlorengehen; ich möchte, daß die Menschen verbrüdert sind, daß sie Gesundheit, Arbeit haben, aber auch daß jeder Stille hat: fühlen, daß man lebt, der Körper wünscht sich das auch, und daß alle verbrüdert sind, vereinigt, ja, aber daß mein Mann mehr zu Hause sein kann.

Sonia Alliata di Salaparuta

Ich finde, in den Kreisen der Aristokratie sind alle isoliert, einer vom anderen, jeder lebt für seine enge Familie.

Niemand von der Aristokratie lebt noch auf dem Lande, man trifft mal einen, wie hier in Bagheria, zwölf Kilometer von Palermo, mich oder die Fürstin Paternò.

Auch früher lebte jeder sein eigenes Leben, nur früher waren die Familien sehr reich und konnten große Feste geben, und so hatten sie mehr Kontakt untereinander. Sie hatten Geld, aber ich glaube keinesfalls, daß es im Adel eine Zusammenarbeit gab – außer in der engsten Familie, mit den eigenen Kindern und Enkeln, schon nicht mehr mit den Vettern. Jeder dachte an den Ruhm des eigenen Hauses, und der basierte natürlich auf dem Elend der anderen. Dessen bin ich ganz sicher, das ist immer so gewesen.

Man geht zu den wenigen Festen, die gegeben werden (weil ein Fest sehr teuer ist), man geht ins Teatro Massimo, man zeigt gern seine Juwelen, alle sollen einen beneiden, jeder möchte die anderen in den Schatten stellen. Auch mir gefällt es, ich muß die Wahrheit sagen, es gefällt mir, wenn die Leute sagen, solange ich lebe, daß das Haus Villafranca Salaparuta würdig geführt wird, daß ich zu seinem Glanz beigetragen habe, zu seinem Ansehen in den modernen Zeiten.

Der Adel stirbt ab: es ist die Götterdämmerung. Einst waren wir wirklich die Götter, und alle großen Genies, von Michelangelo bis zu Leonardo, unterwarfen sich uns, der auserwählten Rasse. Wir sind wie ein Museum, beinahe nutzlose Dinge, die man neugierig betrachtet. Wir haben nur noch wenig Leben. Schon die Kinder sind keine Fürsten und Fürstinnen mehr, weder finanziell noch moralisch. Ich hänge daran, ich bin alt und kann mich nicht mehr ändern.

Es gibt einen Ring, der uns alle verbindet, auch wenn er unsichtbar ist, und das ist das Ehrgefühl, dem Adel anzugehören. Ein Rennpferd ist einem Zugpferd nicht ähnlich. Ein Wissenschaftler, ich glaube, ein Philosoph, hat einmal gesagt, daß verschiedene Generationen nötig sind, damit das Zugpferd sein langes Haar ablegt. Jahrhunderte und Jahrhunderte der Verfeinerung.

Jetzt existiert nur die Mechanik, der Geist hat heutzutage keinen Ausdruck mehr.

Er überträgt sich nicht in etwas Organisiertes, aber es gibt ihn, es gibt den Geist der Verteidigung gewisser Werte, aber . . . dies ist die Götterdämmerung. Wir haben nicht mehr die Stärke zu reagieren, da unsere Währung außer Kurs ist. Der Widerstand gegen die Vulgarisierung hält uns zusammen.

Es gibt natürlich den Unterschied zwischen den großen Familien und den kleinen, den Grafen, Baronen. Aber es gibt Barone, die gelten soviel wie Fürsten, alles ist eine Frage des Geldes: auch in unserem aristokratischen Kreis gilt derjenige mehr, der mehr Geld hat, wer kein Geld mehr hat, gilt überhaupt nichts mehr. Früher stimmten alle Bauern für den Herrn, jeder der größeren hatte eine Provinz, man kann sagen, das Haus Villafranca hatte vierzig Staaten. Natürlich hatten sie die Senatoren, alle ernährten sich von ihnen. Jeder stimmt für den, der ihm sein Brot gibt.

Dem Volk geht es jetzt besser als uns, es gibt keine Armut, wenn einer arm ist, dann weil er nicht arbeiten will. Ich kenne Generalsgattinnen, Herzoginnen, Fürstinnen, die sich kein Hausmädchen mehr leisten können, weil sie zuviel kosten und zu hohe Ansprüche stellen. Diese Familien haben nur eine, zwei Hausangestellte, die Beziehung zwischen den Aristokraten und dem Volk ist dahin: Bauern haben sie nicht mehr, Diener haben sie nicht mehr. Früher war es eine wunderschöne Beziehung, die Angestellten kamen sehr gerne, Generationen hindurch (unser Gärtner war fünf Generationen in unserem Hause, vom Vater auf den Sohn, vom Vater auf den Sohn); die Freien gehen noch immer lieber zu einem Herrn, auch wenn sie weniger Lohn bekommen, als zu einem Bürgerlichen, weil sie weniger erniedrigt werden: „Wenn ich schon dienen muß, diene ich einem Herrn." – Er ist ihnen nicht gleich, sie fühlen das Höhere. Der Bürgerliche hat eine häßliche Art, wir dagegen behandeln sie als Herren, und wir vertrauen ihnen.

Mich schmerzt es, wenn das Volk vorwärts geht, weil sie mir natürlich wegnehmen, was sie anderen geben. Aber mit dem Kopf erkenne ich, daß es so sein muß: ich wünschte nur, daß sie es langsamer täten. Natura aborret saltum, Erschütterungen schmerzen.

Es war eine väterliche Beziehung, Väterlichkeit. „Euer Gnaden möge mich segnen", sagten alle (und viele sagen es noch), und wenn sie das sagten, bedeutet das, sie fühlten sich so, sie fühlten sich beschützt wie ein Kind vom Vater. Früher war das sehr häufig, aber es ist vergangen, es geht unter. Die Hocharistokratie war gnädig (nicht das Bürgertum), sie hielt sie natürlich immer in jener Sphäre, versteht sich, ich will mich nicht zu schön darstellen: hielt sie immer auf Distanz. Ich vergöttere die Hunde, bringe sie zum Tierarzt, füttere sie, weine, wenn sie sterben, aber es ist ein Hund. Nicht daß sie dachten, die Leute müßten eine andere Stellung haben, die Bauern sollten für immer Bauern bleiben – was für meine Begriffe falsch ist, aber ich glaube, wir sind sehr wenige, die so denken. Die Welt ist dabei, sich zu ändern, und die Veränderung bringt Schmerzen für die, die sich entfernen müssen, ihr müßt uns verstehen und ein wenig entschuldigen.

Man müßte unerbittlich gegen Gesetzesverletzer sein. Und das Wahlgeheimnis abschaffen. Jeder Mann oder jede Frau muß den Mut haben und die Offenheit dem gegenüber, den man wählt, um für ihn einzutreten, für jenes Ideal, das alle predigen. Die Wählenden müßten die nötigen Eigenschaften haben, um zu wählen, und also müßten sie eine kleine Prüfung ablegen, die ihre geistige Erziehung nachweist, eine minimale Kenntnis gesellschaftlicher Probleme und eine allgemeine vernünftige Haltung.

Die Magnaten holten die Genies an ihre Höfe und gaben ihnen umsonst zu essen. Mich bringt das zum Weinen: wo man die Augen hinwendet, sieht man Dummköpfe; die Bietnick, was für eine Musik, was für eine Malerei! Sehen Sie, die Blumen, die Rosen dort. Warum sollen sie keine Freude sein? Man muß an die geistigen Güter denken, an die Liebe zur Schönheit.

Wir haben etwas, was uns jeden Tag zusammenhält, das Canasta, zu vierundzwanzig treffen wir uns, nicht wegen des Geldes, sondern weil es ein intelligentes Spiel ist, und wir wetteifern untereinander, einmal bei der Marchesa X., einmal bei der Gräfin Y., eine unschuldige und sehr oberflächliche Angelegenheit, von ganz geringem Wert. Ich spiele jeden Tag, was wollen Sie, was soll ich sonst tun?

Anmerkungen

46 *bardascio* – (südital. Dialekte) Spitzbube.

73 *Salma* – Flächenmaß, 1,75 ha.

   Tumulo – Hohlmaß, 17,2 l.

74 *Die Partei* – Gemeint ist die Kommunistische Partei.

75 *Aufteilung der Ernte* – Von 1944 bis 1947 war die KPI an der Regierung beteiligt; unter dem kommunistischen Landwirtschaftsminister Gullo wurde 1947 ein Gesetz erlassen, das die Aufteilung der Ernte zwischen Gutsbesitzer und Halbpächter neu regelte: die Halbpächter sollten statt wie bisher die Hälfte nun 60% der Ernte erhalten.

78 *UPSEA* – Uffici provinciali servizi e alimentazione; während des Krieges und der ersten Nachkriegsjahre bestehende Ablieferungsstellen.

102 *Portella delle Ginestre* – Dort richtete am 1.Mai 1947 die im Dienst der Großgrundbesitzer stehende Mafia ein Blutbad an, um die Reformen fordernde Landbevölkerung einzuschüchtern.

123 *Rudilio Benincasa* – Veröffentlichte 1593 in Neapel den »Almanacco perpetuo« (Dauernden Almanach) oder »Cinquecento« (Sechzehntes Jahrhundert), eine Enzyklopädie mannigfaltiger Kenntnisse der Epoche, einschließlich der Alchimie, des Handlesens usw.

170 *Coltivatori diretti* – Christdemokratische Berufsorganisation der Kleinbauern.

186 *Regionalparlament* – Sizilien wurde 1946 Autonome Region mit eigenem Parlament, einer Regionalregierung und einem Präsidenten.

226 *ECA* – Ente Communale di Assistenza; Sozialfürsorgeamt der Gemeinde.

227 *Calò* – Calogero Volpe, christdemokratischer Abgeordneter in Sizilien, von der Mafia unterstützt.

   CISL – Confederazione Italiana Sindacati dei Lavoratori; christdemokratische Gewerkschaft.

   UIL – Unione Italiana del Lavoro; sozialdemokratische Gewerkschaft.

CGIL– Confederazione Generale Italiana del Lavoro; Gewerkschaft der Kommunisten und Sozialisten.

CISNAL– Confederazione Italiana Sindacati Nazionali dei Lavoratori; faschistische Gewerkschaft.

234 *Giuliano* – Salvatore Giuliano (1922–1950); Gesetzloser und Banditenführer, nannte sich selbst »Freund der Armen«, wurde aber zum Werkzeug des Großgrundbesitzers und der Mafia, die ihn schließlich ermordeten.

Bibliographie

Bücher von Danilo Dolci

Mit deutschen Übersetzungen; Englische Übersetzungen, sofern keine deutschen vorliegen.

L'ascessa alla felicità (Der Aufstieg zum Glück), 1948.
Voci nella città di Dio (Stimmen in der Stadt Gottes), 1951.
Fare presto (e bene) perché si muore La Nuova Italia Verlag, Firenze 1954.
Panditi a Partinico Laterza Verlag, Bari 1955.
Deutsche Übersetzung:
Banditen in Partinico Olten und Freiburg 1962. 279 S.
Inchiesta a Palermo Einaudi Verlag, Turin 1956. 459 Seiten. [5]1971. 305 Seiten.
Deutsche Übersetzung:
Umfrage in Palermo Olten und Freiburg 1959. 291 S. Übersetzung von Hans von Huelsen, Nachwort von Walter Dirks. Berlin 1961.
Englische Übersetzung:
Poverty in Sicily Einleitung von Aldous Huxley, Übersetzung von P D. Cummins. Harmondsworth, Penguin books 1966. 316 S. Ursprünglicher Titel: To feed the hungry.
Processo all'articolo 4 Reden und Dokumente aus dem Prozeß gegen Danilo Dolci im Zusammenhang mit dem »Umgekehrten Streik«. Einaudi Verlag, Turin 1956.
Una politica per la piena occupazione Beiträge auf Dolcis Kongreß zur Vollbeschäftigung vom 1. bis 3.11.1957. Einaudi Verlag, Turin 1958. 306 Seiten.
Spreco Einaudi Verlag, Turin 1960.
Deutsche Übersetzung:
Vergeudung Bericht über die Vergeudung im westlichen Sizilien. Übersetzungen und Anmerklungen von Editha T. Imperatori. EVZ-Verlag, Zürich 1965. 381 Seiten.
Conversazioni Einaudi Verlag, Turin 1962. 458 S.

Verso un mondo nuovo Einaudi Verlag, Turin 1963. 273 S.
Englische Übersetzung:
A New World in the making Übersetzung von R. Munroe. MacGibbon
& Kee Verlag, London 1965. Monthly review press, New York 1965.
Chi gioca solo Einaudi Verlag, Turin 1966. ²1967. 393 Seiten.
Englische Übersetzung:
The man who plays alone Übersetzung von Antonia Cowan. Mac Gib-
bon & Kee Verlag, London 1968. 367 Seiten. Pantheon Books, New
York 1969. Doubleday, New York 1970 (Taschenbuch)
Ai più giovani Feltrinelli Verlag, Mailand 1967.
Englische Übersetzung:
For the young Übersetzung von Antonia Cowan. Mac Gibbon & Kee
Verlag, London 1967. 175 Seiten.
Inventare il futuro Laterza Verlag, Bari 1968. 141 S.
Deutsche Übersetzung:
Die Zukunft gewinnen Gewaltlosigkeit und Entwicklungsplanung.
Übersetzung und Anmerkungen von Jutta Pfaff. Verlag Hinder &
Deelmann, Bellnhausen 1969. 125 Seiten.
Il limone lunare Poema per la radio dei poveri cristi. Laterza Verlag,
Bari. ²1971. 222 Seiten.
Il limone lunare Non sentite l'odore del fumo? Laterza Verlag, Bari
1972. 261 S.
Chissà se i pesci piangono Documentazione di un esperienza educativa.
Einaudi Verlag, Turin ²1973. 266 Seiten.
Racconti siciliani (Da: Panditi a Partinico, Inchiesta a Palermo, Spreco,
Chi gioca solo) Einaudi Verlag, Turin 1973. 318 S.
Deutsche Übersetzung:
Der Himmel ist aus Rauch gemacht Sizilianische Erzählungen (Aus:
Banditen in Partinico, Umfrage in Palermo, Vergeudung, Chi
gioca solo (Wer allein spielt) übersetzt von Anna Mudry und Chri-
stine Wolter, Vorwort von Christine Wolter. Aufbau Verlag, Berlin
1976.
Poema umano Einaudi Verlag, Turin 1974. 194 S.
Poema umano – Der Menschen Gedicht Gedichte von Danilo Dolci,
Italienisch und Deutsch. Einleitung und Übersetzung von Rolf Mä-
der. Paul Haupt Verlag, Berna 1974.
Non esiste il silenzio Einaudi Verlag, Turin 1974. 246 S.
Esperienze e riflessioni Laterza Verlag, Bari 1974. 302 S.
Il Dio delle zecche Mondadorio Verlag, Segrak 1976. 182 Seiten.
Creatura di creature Poesie 1949 – 1978. Feltrinelli Verlag, Mailand
1979. 293 Seiten.

Englische Übersetzung:
Creatura di creature – Creature of creatures Selected Poems. Übersetzung von Giustino Vitiello. Amna Libri, Saratoga, Calif. 1980. 104 Seiten.
Il ponte screpolato Stampatori Verlag 1979.
Da bocca a bocca Vorwort von Mario Luzi. Laterza Verlag, Rom 1981. 98 Seiten.
Palpitare di nessi Armando Verlag, Rom 1985

Bücher und Aufsätze über Danilo Dolci

Amman, Walter: *Danilo Dolci. 20 Jahre Sozialarbeit in Westsizilien.* Bern 1972. 133 S.

Boveri, Margret: *Die Elenden Siziliens.* In: Frankfurter Allgemeine Zeitung, 19.9.1962

Dirks, Walter: *Gegenüber der Not: Selig die Radikalen.* In: Frankfurter Hefte, Heft 4, April 1959, Seite 251ff.

Frommann, Anne: *Der Staudamm am Jato.* In: Sozialpädagogik, 20. Jahrgang/7.1978, Heft 4, Seite 176ff.

Galtung, Johann: In: Il ponte, 3'57

Ganachaud, G.: *Suivi des textes de Danilo Dolci.* In: Les Bandits de Dieu. 1957.

Mac Neish, James: *Fire under the Ashes. The life of Danilo Dolci.* 1965.

Mangione, Jerre G.: *The World around Danilo Dolci.* In: A passion for Sicilians. 1972.

Peachment, Brian: *The defiant ones.* Studien moderner Sozialreformer, u. a. Danilo Dolci, Pater Borrelli, Abbé Pierre. 1969.

Sassone, Sandra: *Sozialapostel auf Sizilien.* In: Die Zeit, 7.7.1967

Spangnoletti, Giaciuto: *Conversazioni con Danilo Dolci.* Mondadori Verlag, Mailand 1977.

Stappert, B.: *Danilo Dolci.* In: Schultz, H. J. (Hg.): Liebhaber des Friedens. Stuttgart 1982.

Steinmann, J.: *Pour ou contre Danilo Dolci.* 1959.

Vollenweider, Alice: *Ein Erfinder der Zukunft.* In: Neue Zürcher Zeitung, 2.9.1977.

Zehle, Sybille: *Danilo Dolci oder der Kampf gegen den »Gott der Zekken«.* In: Stuttgarter Zeitung, 18.3.1976

Der Dichter und die Armut. In: Die Zeit, 2.10.1959.

Es soll kein Mafia-Wasser werden. Bücher und Taten: Danilo Dolci hilft auf Sizilien: In: Hessischer Rundfunk, 6.5.1967.

»Apostel der Enterbten« verläßt Wirkungskreis. In: Frankfurter Allgemeine Zeitung, 15.5.1977.

Film
Die Zukunft gewinnen, die Zukunft erfinden.
Von Maximiliane Mainka und Hans Rolf Strobel. Kamera: Alfred Tichawsky und Kurt Lorenz. Musik: Amico Dolci. Produktion: Susanne Osterried Filmproduktion. Verleih: Peter Neugart Verleih und Vertrieb, Ismaninger Straße 156, 8000 München 80. 16 mm Farbe, 96 Min. 1983.

GIUSEPPE BERTO
DER BRIGANT

Roman
Aus dem Italienischen von Charlotte Birnbaum
Die Übersetzung wurde überarbeitet von Helge Malchow
KiWi 131

Dieser 1951 veröffentlichte Roman ist ein atemberauben-
der Politkrimi. Er erzählt aber darüber hinaus ein wichti-
ges Kapitel der italienischen Geschichte. Wohl kein anderes Land hat eine so reiche Tradition an sozialer Rebellion
wie Süditalien, wo zum Teil bis in die Gegenwart die Au-
ßergesetzlichen, die Briganten und ›guten‹ Banditen von
der Bevölkerung in romantischem Licht gesehen und be-
wundert werden.

KiWi Paperbackreihe bei Kiepenheuer&Witsch

CAMILLA CEDERNA
REISE IN DIE GEHEIMNISSE ITALIENS

Ein Reisebuch
Titel der Originalausgabe:
Casa nostra. Viaggio nei misteri d'Italia
Aus dem Italienischen von Martin Schneebeli und
Ulrich Hartmann
KiWi 134

Es gibt wohl kein vergleichbares Buch über das Reiseland
Italien, das dem Leser auf so spannende und unterhaltsa-
me Weise Einblick »hinter die Kulissen« eines Landes
eröffnet, das trotz der jährlichen Touristenströme auch
immer noch ein unbekanntes Land ist.
Wer von Italien mehr kennenlernen möchte als die üblichen Baudenkmäler, Museen und Urlaubsorte, sollte auf
diese Lese-Reise von Norditalien bis Sizilien nicht verzichten.

»Der Leser erfährt Dinge in diesem Buch, die sich ihm
selbst als gut informiertem Touristen verschließen ...
Camilla Cederna konfrontiert den Italienliebhaber mit
aufregenden Beobachtungen und Innenansichten der italienischen Gesellschaft. Wer seine nächste Italienreise
plant, dem ist dieses Buch unbedingt zu empfehlen.«
Süddeutscher Rundfunk

KiWi Paperbackreihe bei Kiepenheuer&Witsch

Ignazio Silone
Wein und Brot

Roman
Aus dem Italienischen von Hanna Dehio
KiWi 55

Wein und Brot, Silones berühmtester, anfangs verbotener
Roman, ist die Geschichte eines jungen Intellektuellen,
der sich, vom faschistischen Regime abgestoßen, den
Kommunisten zugewandt hat und auch hier Enttäuschun-
gen erlebt. Das Buch ist ein Abenteuerroman und politischer Thriller in einem und schildert zugleich auf unver-
gleichliche Weise die Landschaft der italienischen Abruzzen und eine ganze historische Epoche.

KiWi Paperbackreihe bei Kiepenheuer&Witsch

Ignazio Silone
Fontamara

Roman
Aus dem Italienischen von Hanna Dehio
KiWi 83

Schon in diesem ersten Roman Silones, den er während
der Emigration in der Schweiz verfaßte, beschreibt der
Autor im Stil des frühen italienischen Neorealismus das
Leben der Bauern in seiner Heimat, den Abruzzen. Dabei
zeigt er nicht nur die unvorstellbare Not dieser Menschen,
sondern auch die Vitalität, den Witz, die Alltagskultur, mit
der diese sich gegen die Übergriffe der alten und neuen
Machthaber wehrten und ihre Würde verteidigten. Der
Roman ist aber auch ein Panorama der italienischen Gesellschaft der 30er Jahre mit ihren Carabinieris, den kor-
rupten Beamten, den neureichen Kapitalisten, den bruta-
len Mussolini-Banden und den offiziellen »Vertretern
Gottes«, die zu allem Unrecht ihren Segen gaben.
Silones Interesse gilt dabei der Frage, wie in den Jahren
der faschistischen Unterdrückung Widerstand erwachsen
ist — von spontanen und organisierten Sabotageakten bis
zur Untergrundpresse und -agitation. Der Mensch als Opfer und als Subjekt der Geschichte — ein noch immer nicht
veraltetes Thema.

KiWi Paperbackreihe bei Kiepenheuer&Witsch

Ignazio Silone
Eine Handvoll Brombeeren

Roman
Titel der Originalausgabe: *Una manciata di more*
Aus dem Italienischen von Hanna Dehio
KiWi 80

Rocco, die Hauptfigur des Romans, hatte in den harten
Jahren der Emigration der Kommunistischen Partei diszi-
pliniert und bedingungslos für die Befreiung Italiens vom
Faschismus gekämpft. Sofort nach dem Sieg wird er in
seine alte Heimat, in die Dörfer der Abruzzen geschickt,
um dort als Funktionär die Interessen der armen Berg-
bauern und Tagelöhner zu vertreten und die Politik der
Partei durchzusetzen. Die Erfahrungen mit den aben-
teuerlichen archaisch-anarchischen Figuren in den Tälern
der Abruzzen, mit dem Leben der armseligen und ausge-
beuteten »Cafoni« auf den Feldern, vor allem aber seine
Konfrontation mit dem Krebsgeschwür des Stalinismus
führte ihn in immer größere Distanz zur Kommunistischen Partei.
Eine Handvoll Brombeeren, ein frühes Dokument des italienischen Neorealismus in der Literatur, ist aber nicht nur
ein spannender Entwicklungsroman, sondern gleichzeitig
die unsentimentale Geschichte einer großen Liebe
zwischen Rocco und dem jüdischen Mädchen Stella sowie
ein spannend erzählter politischer Thriller.

KiWi Paperbackreihe bei Kiepenheuer&Witsch

Ignazio Silone
Der Fuchs und die Kamelie

Roman
Titel der Originalausgabe: *La Volpe e le Camelie*
Aus dem Italienischen von Hanna Dehio
KiWi 115

Die 30er Jahre. Eine Schweizer Kleinstadt im Tessin. Die Grenze zum Italien Mussolinis ist nicht weit. Daniele, der Besitzer eines kleinen Landguts, führt ein gefährliches Doppelleben. Einesteils ist er Bauer und Familienvater, andernteils beteiligt er sich im Untergrund am Kampf gegen den Faschismus jenseits der Grenze — ein gefährliches Unternehmen, da der italienische Geheimdienst in der offiziell neutralen Schweiz wirkungsvolle Arme hat.

KiWi Paperbackreihe bei Kiepenheuer&Witsch